DET KAPITALISTISKA MANIFESTET

JOHAN NORBERG

Det kapitalistiska manifestet

Till den fria marknadens försvar i en allt mer ojämlik, kinesisk och uppvärmd värld

TIMBRO
förlag

AV JOHAN NORBERG PÅ TIMBRO FÖRLAG

MOTSTÅNDSMANNEN VILHELM MOBERG (1997)
DEN SVENSKA LIBERALISMENS HISTORIA (1998, 2020)
FULLSTÄNDIGA RÄTTIGHETER (1999)
STAT, INDIVID & MARKNAD (RED., 2000)
TILL VÄRLDSKAPITALISMENS FÖRSVAR (2001)
FRIHETENS KLASSIKER (RED. MED MATTIAS BENGTSSON, 2003)
NÄR MÄNNISKAN SKAPADE VÄRLDEN (2006)

UTGIVEN AV TIMBRO FÖRLAG, 2021
OMSLAG: MIROSLAV ŠOKČIĆ
SÄTTNING OCH FORMGIVNING INLAGA: TINA SELANDER
TRYCK: SCANDBOOK (LITAUEN), 2021
ISBN: 978-91-7703-263-2

INFO@TIMBRO.SE
WWW.TIMBRO.SE/FORLAG

Innehåll

Förord: Vart tog ni vägen, Reagan och Thatcher?

”Det är ingen som är särskilt sugen på globalisering nu, utom möjligen Johan Norberg.”

Po Tidholm, Spanarna i P1, 29 maj 2020

För tjugo år sedan skrev jag en bok till försvar för den globala kapitalismen.

Det hade jag aldrig trott att jag skulle göra.

Kapitalism, trodde jag, betydde giriga monopolister och mäktiga godsherrar. Tills jag började studera världen och insåg att det var i de minst marknadsbaserade samhällena som sådana eliter hade den största makten, skyddade från medborgarnas fria val. Det var paradoxalt nog kapitalismen, i form av fria marknader och fria avtal baserade på privat ägande, som störtade dem från piedestalerna. Kapitalism har vi ju inte för att kapitalister alltid beter sig väl – då hade vi kunnat ge dem monopol – utan för att de ofta inte gör det om de inte måste. Och det är valfrihet och konkurrens som gör att de måste.

Marx och Engels hade rätt när de i *Det kommunistiska manifestet* observerade att fria marknader på kort tid skapat större välstånd och mer teknisk innovation än alla föregående generationer tillsammans, och med oändligt förbättrade kommunikationer och billiga varupriser hade de rivit ned feodala strukturer och nationell inskränkthet. Marx och Engels insåg mycket bättre än många i dag att frihandeln är en formidabel progressiv kraft (tyvärr var de inte tillräckligt dialektiskt sinnade för att förstå att kommunismen var en reaktionär motkraft, som skulle föra samhällen tillbaka till en slags elektrifierad feodalism).[1]

Ett och ett halvt århundrade senare gjorde världskapitalismen det möjligt för allt fler människor att frigöra sig från de lokala herremännen och monopolen. Framväxande marknader gav dem möjligheten att för första gången välja, köpslå – och säga nej. Frihandeln gav dem billigare varor, ny teknik och tillgång till marknader. Det lyfte miljoner och åter miljoner ur hunger och armod.

För tjugo år sedan skrev jag därför *Till världskapitalismens försvar* (hädanefter: TVF). Till ”försvar”, då den vid millennieskiftet stod under hårt angrepp. En internationell antikapitalistisk rörelse ville att staten skulle ta mer kontroll över ekonomin med ett batteri av tullar, regleringar och skatter. Väldiga manifestationer ägde rum mot Världshandelsorganisationen WTO:s förhandlingar om öppnare marknader. Frihandel, utländska investeringar och multinationella bolag anklagades för att göra de fattiga fattigare. Attac, en fransk vänsterprotektionistisk grupp, spred sig snabbt över hela Europa. Jag såg dem som en reaktionär motkraft, som skulle beröva fattiga samhällen de friheter de just börjat ta sig.

Även Sverige smittades. Statsminister Göran Persson hyllade Attacrörelsen offentligt och i ett pressmeddelande förkunnade Miljöpartiets språkrör Lotta Nilsson Hedström stolt att hon anslutit sig till ”antiglobaliseringsrörelsen”.[2] Medierna talade om att protesterna höll på att leda till ”ett nytt 68”, där kapitalism och företagande generellt angreps. ”Det som samlade rörelsen”, förklarade en av dess ledare, ”var en kamp mot liberalismen”.[3]

På den tiden jobbade jag på Timbro med frihandelsfrågor och det kändes som att vi arbetade i hopplöst underläge. Jag flängde mellan tv-soffor och skolaulor och bibliotek tillsammans med vapendragare som Fredrik Erixon och Mauricio Rojas för att ta debatten med socialisterna och protektionisterna som tycktes vara överallt. I mild desperation över att dygnets timmar inte tycktes räcka till kom Mattias Bengtsson, då vd för Timbro, fram till att jag borde sammanställa argumenten mot globaliseringskritiken i en bok. Det blev TVF, publicerad 2001, en bok om att den globala rättvisan kräver mer kapitalism, inte mindre. Timing is everything och trots att jag främst sammanfattade andras forskning och argument blev boken närmast en explosiv framgång.

Inte för att alla uppskattade den. Vänsterdebattören Björn Elmbrant anklagade mig för att vara en ”intellektuell stenkastare”, vänsterpartisten Ali Esbati skrev att boken var ”pseudovetenskaplig prosa beställd av makten”, medan makten – i form av Myndighetspublikationen *Omvärlden* tyckte så illa om mitt budskap att den publicerade två arga recensioner i samma nummer, och i gestalt av den tunge tyske kristdemokratiske politikern Norbert Blüm utbrast den: ”Jag har sällan läst så mycket dumheter staplade på varann i en bok”.

Boken etablerade mig som något slags Mr Nyliberal i svensk debatt. Johannes Klenell berättade nyligen i *Arbetet* att jag kring millennieskiftet var känd för svensk vänster som ”liberal-Sauron”, ett av nyliberalismens ”mest kända och ondaste ansikten”.[4] Mikael Wiehe tillägnade mig en låt om liberalismens onda människosyn och Ulf Lundell ägnade åtskilliga mellansnack på konserterna åt undertecknad – ”det där propra nyliberala fanskapet”.[5]

Men andra var desto mer entusiastiska, en del kanske till och med lite väl mycket. Jag har fortfarande en skärmdump av fotnot sju i någons akademiska artikel om statsmaktens begränsningar, ”Norberg's book shows that all problems with trade are caused by states”. Och det är svårt att inte rodna när jag tänker på att Graham Watson som ordförande för den liberala partigruppen i EU höll installationstal om liberalismens stolta historia, och nämnde tänkare som Adam Smith, John Stuart Mill, Ludwig von Mises, Karl Popper – och mig.

TVF fick positiva recensioner i nästan hela den borgerliga pressen och även av en del mer globaliseringsvänliga socialdemokrater och vänsterpartister. Torbjörn Tännsjö kallade det ”en sympatisk bok” som även ”studiecirklar i arbetarrörelsens regi skulle ha något att hämta av”. Boken sålde som smör och publicerades i ständigt nya upplagor. För en ung liberal generation fungerade den bitvis som en argumentationshandledning. ”Det är den första bok vi brukar pracka på folk”, berättade Liberala ungdomsförbundets ordförande Romina Pourmokhtari nyligen. Fortfarande. En tjej på Finnvedens gymnasium i Värnamo läste boken inför trean på samhällsvetenskapliga programmet och beslöt sig därefter för att engagera sig politiskt. Efter att ha bytt efternamn är hon känd som Annie Lööf.

Den unge radikalen Michael Lindgren åkte till Latinamerika för att engagera sig i revolutionskampen, men ändrade sig efter att ha hittat *Till världskapitalismens försvar* på ett vandrarhem i Mexiko. Han sträckläste den samma natt och ” upptäckte till min förskräckelse att Norberg var väldigt övertygande i sina resonemang ... Fan! Kapitalism var ju ondska!”. Det var tur inte bara för Latinamerika, utan även för Sverige, där han startade humorgruppen

Grotesco och började sprida glädje i stället för kommunism.[6]

Boken blev en global framgång, översatt till mer än tjugofem språk, inte bara västerländska, utan även till exempel arabiska, persiska, turkiska och mongoliska. Jag vet faktiskt inte hur många. Då och då hittar jag en ny. Senast hittade jag två olika upplagor publicerade i Nigeria i en bokhylla. Det här var den upplevelse som fick mig att inse att världen verkligen var globaliserad. Jag fick plötsligt åka runt och tala om boken från Buenos Aires till Beirut, från Philadelphia till Peking, och överallt kändes det som om det var samma frågor som stod på dagordningen. Jag fick möjlighet att bråka i medierna med stjärnorna på den andra sidan, som Naomi Klein, Noreena Herz och George Monbiot, och jag fick göra en dokumentär baserad på boken för brittisk tv. Min stoltaste stund måste ha varit när en av mina favoritförfattare, Mario Vargas Llosa, på en stor konferens i Madrid förklarade att TVF var ”en underbar bok”.

För mig personligen fick boken en väldig betydelse för det var det här mottagandet som gav mig en global marknad för mitt budskap, vilket gör att jag i dag kan arbeta som frilansare, ge ut mina böcker på ett brittiskt förlag och regelbundet göra dokumentärfilmer för amerikansk public service-tv, vilket jag aldrig hade kunnat föreställa mig tidigare.

Och till slut började faktiskt vinden vända i globaliseringsdebatten. De som uppskattade marknadsekonomi fick råg i ryggen och började ta debatten. Den globaliseringskritiska publiken drevs ofta av ett rättvisepatos och en vrede över fattigdomen i världen. Vi frihandelsvänner kunde ta fasta på denna gemensamma motivation och visa med en realistisk världsbild och tydlig statistik att det som behövdes för att bekämpa fattigdom och hunger var friare marknader. Ju mer vi diskuterade, desto mer kändes det som att motståndarna insåg att det inte var så enkelt som de trott och som att delar av publiken svängde. De hade associerat globaliseringen med status quo, EU, Världsbanken och IMF, och blev överrumplade när de utmanades av någon som var lika missnöjd med dagens orättvisor och erbjöd radikala lösningar. Snart var den vanligaste ståndpunkten i debatten att fattiga länder behöver *mer* handel, investeringar och företag för att utvecklas ekonomiskt och socialt.

Göran Persson ville inte längre mysa med globaliseringskritiker. Efter ett år hade var tredje lokal Attacorganisation lagt ned. 2003 förklarade Attacs företrädare Hans Abrahamsson att ”Idag består Attac av en mobiltelefon och ett anteckningsblock”. Miljöpartiets Lotta Nilsson Hedström retuscherade sitt gamla pressmeddelande som låg kvar på partiets hemsida. Nu stod det inte längre att hon anslutit sig till ”antiglobaliseringsrörelsen” utan till ”rörelsen”.

Den brittiske antikapitalisten George Monbiot gjorde avbön för sin protektionism med en artikel i *The Guardian*: ”I was wrong about trade”. Där förklarade han att världen utan WTO nog trots allt skulle bli mer orättvis. Den största kampanjen mot EU:s jordbruksprotektionism genomfördes faktiskt av den brittiska välgörenhetsorganisationen Oxfam, som annars brukar luta mot vänster och globaliseringskritik.

”De senaste åren har jag fått en uppenbarelse om handelsutbyte som har vänt allting upp och ned för mig”, förklarade plötsligt Bono, den irländske rockmusikern och aktivisten mot global ojämlikhet: ”När man hanterar fattigdomen här och runt om i världen är välfärd och bistånd bara ett plåster, fri företagsamhet är ett botemedel.” Det var en omvändelse som överraskade inte bara fansen, utan också honom själv: ”Rockstjärna predikar *kapitalism!* Ibland när jag hör mig kan jag knappt tro det själv.”[7]

Nej, det här var sannerligen inte min boks förtjänst. Det fanns många andra som slogs dag och natt på min sida och det fanns många andra faktorer som spelade in. Oxfam dementerade till och med offentligt att deras nya perspektiv skulle bero på att de förläst sig på Johan Norberg. Och Bono har garanterat lyssnat mindre på mig än jag har lyssnat på U2.

Det är poängen: det var inte jag – det var världen. Sedan jag skrev TVF har den extrema fattigdomen i världen minskat med 70 procent. Det betyder att sedan jag skrev min bok har vi fått mer än 152 000 nya argument för världskapitalism varje dag. Det är så många människor som har lyft sig ur fattigdom varje dag under dessa två decennier. 152 000 män, kvinnor och barn. Varje dag.

Inget liknande har någonsin skådats i världshistorien. Och när den insikten började sippra in i debatten blev det naturligt för många att ställa sig frågan varför det inte kunde hända på fler ställen. Som FN-chefen Kofi Annan konstaterade var problemet i världen förmodligen att vi hade för lite globalisering, inte för mycket.

Men aldrig får man vara riktigt glad. Det blev visserligen ingen nedmontering av den globala kapitalismen – den fortsatte att tuffa på med 152 000 personer om dagen – men det blev inte heller någon ny skördetid. WTO-förhandlingarna körde fullständigt fast, och efter finanskrisen 2008 slutade handelns andel av BNP att öka för första gången sedan andra världskriget. Efter att ha ökat snabbt under föregående decennier slutade den globala ekonomiska friheten öka. Den våg av demokratisering som vi stod mitt i 2001, förbyttes i en auktoritär backlash.

Efter finanskrisen vände den politiska vinden. Den medvind fria marknader haft ersattes av en förnyad misstänksamhet. I Kina avbröts en trettioårig reformprocess och staten började återta förlorad mark. I västvärlden talades det återigen om att globaliseringen gått för långt, att företagsamheten måste kontrolleras och att ojämlikheten måste tyglas. Där internationella toppmöten tidigare talat om att öppna, avreglera och liberalisera (även om det inte alltid omsattes i handling) fluffades plötsligt språkbruket till och luddiga kodord som inklusivitet, hållbarhet, strategisk autonomi och "partnerskap" mellan ditten och datten trängde ut konkreta reformagendor.

Strax därefter inträffade en oväntad intellektuell rockad. Efter att vänsterkritiken mot globaliseringen hade tappat luft, migrerade plötsligt motståndet högerut. En ny generation konservativa politiker började låta som Attac gjorde 2001. Världen är farlig, det finns inte längre någon som styr och frihandeln förstör lokala traditioner och gör de fattiga fattigare. En "globalist", förklarade Donald Trump, är en person som "inte bryr sig om vårt land".

Utvecklingsländernas framsteg må ha visat västvärlden att dessa kunde dra nytta av globaliseringen, men eftersom föreställningen om att ekonomin är ett nollsummespel tyvärr fortfarande lever, drog allt fler nu slutsatsen att det är vi som förlorar på den. Tankemodellen är densamma, rollerna är bara ombytta – förr ansågs frihandel vara dåligt för att *vi* exploaterade *dem*, nu anses den dålig för att *de* exploaterar *oss*. För tjugo år sedan var kapitalismen fel för att den antogs göra de fattiga fattigare. Nu är den fel för att den gör de fattiga rikare.

När jag 2001 argumenterade för fri företagsamhet, fri handel och fri invandring (med reformer av bidragssystem och arbetsmarknad) angreps jag ofta för att vara ”tokhöger”. När jag framför samma argument i dag anklagas jag ibland för att vara ”pk-vänster”. Det är inte *jag* som har ändrat mig.

Men eftersom högernationalisterna inte har mycket mer av ekonomisk agenda än viljan att stoppa världen så man får kliva av (och slänga ut invandrarna) ger deras hets mot globaliseringen en ny öppning för det som brukade vara ett klassiskt vänsterprogram av förstatligande, skattehöjningar och regleringar. Kanske ett nytt 68?

Dagens stora berättelse om den globala kapitalismen, som delas av höger- och vänsterpopulister, men nu också i mildare form av stora delar av det politiska och ekonomiska etablissemanget, förnekar inte att välstånd har skapats under de här tjugo åren, men den säger att det hamnade i alldeles för få händer, och de händerna sitter på fel människors armar. Den stora globala vinnaren är Kina, som tog våra fabriker och våra jobb. Och det är en farlig vinnare, som stjäl vår teknik och underminerar vår nationella säkerhet. Det har i sin tur gjort det populärt att tala om den globala ekonomin som ett geopolitiskt nollsummespel, där vi måste slåss om de nya innovationerna, införa handelshinder och åternationalisera värdekedjorna.

Den mer stapplande tillväxten i västvärlden ska enligt denna berättelse främst ha gått till de redan rika, medan den breda allmänhetens löner har stagnerat. Ojämlikheten sköt i höjden och löntagarna blev ett nytt prekariat som får släpa sig fram med osäkra och stressiga anställningar.

Fabrikerna stängde och arbetarklassen utplånades, ibland till och med fysiskt, genom *deaths of despair*. På marknaden har monopolen återkommit, främst i form av en liten krets gigantiska techbolag som har tagit sig in på allt fler marknader och krossar de sympatiska småföretagen.

Så illa är det tydligen. Och det är innan vi ens har nämnt att den globala uppvärmningen håller på att förstöra vår miljö och människans levnadsbetingelser. För att motverka detta måste nu den stora staten återkomma, för att ta tillbaka kontrollen, omfördela resurser och med upplyst industripolitik satsa på nationella industrier och grön teknik.

Så såg debatten ut redan före pandemin. När det nya coronaviruset slog till formligen exploderade misstänksamheten mot omvärlden och mänskliga möten. Stater började stänga sina gränser och tala om att självförsörjning är framtiden. Det var nu Po Tidholm spanade om att Johan Norberg var den siste globaliseringsvännen. ”Jag vill inte ta ett ärevarv”, förklarade Trumps rätt entusiastiska finansminister om virusets härjningar, ”men jag tror att det kommer att göra det lättare att få hem jobben till Nordamerika”. Pandemin, förklarade socialdemokraternas Magdalena Andersson, var det definitiva ”slutet för den nyliberala eran som grundades under Thatcher och Reagan” (liksom finanskrisen, eurokrisen, migrationskrisen, klimatförändringarna, IT-bubblan och debatten om knattefotbollen tidigare också visade att nyliberalismen var död).[8]

Det där hör man inte bara från socialdemokrater. Nu säger även högerpopulister, borgerliga och affärspressen att ”Reagan/Thatcher-eran är över”, anspelandes på den brittiska premiärministern Margaret Thatcher (1979–

1990) och den amerikanske presidenten Ronald Reagan (1981–1989), vilka anses ha initierat den marknadsliberala epoken i västvärlden i början av 1980-talet. Och jag håller med om att det känns besvärande mycket som att deras era faktiskt är över.

Donald Trumps rådgivare Stephen Moore har markerat att republikanerna inte längre är Reagans parti, utan Trumps, och det är precis så republikanerna framträder i dess agitation mot frihandel, invandring och techbolag och dess konspirationsteorier och lögner om valfusk. Thatchers konservativa Tories lämnar inte bara EU:s inre marknad utan även den inhemska marknaden för ett program med muskulär statsintervention på alla nivåer, högre utgifter, statsstöd till utvalda bolag och ”Buy British”-paroller. En ny attityd som premiärminister Boris Johnson i ett obevakat ögonblick råkade sammanfatta som ”fuck business”.[9] Johnson har inte valt att åberopa sig på Thatchers icke-interventionism, utan tvärtom på hennes konservative motpol Michael Heseltine, som en gång utlovade: ”Jag kommer att intervenera före frukost, före lunch, före te och före middag, och jag kommer gå upp nästa morgon och börja om från början.”[10]

Men man brukar inte dödförklara Reagan och Thatcher för att sakligt bedöma vart vindarna blåser, utan för att döma deras politik. Dödförklaringarna formuleras som om deras epok var någon slags ideologisk avvikelse, då teoretiserande vildhjärnor vred politiken i dogmatisk nyliberal riktning och nu kan vi äntligen återgå till sunt, interventionistiskt förnuft. Så var det inte. Även om liberala ekonomer inspirerade många av reformerna var denna era aldrig något ideologiskt experiment, utan ett pragmatiskt, prövande sätt att hantera att en tidigare inflationsoch regleringsmodell med en ständigt expanderande stat befann sig i fritt fall.

Ett tecken på det är att Reagan/Thatcher-eran inleddes före Reagan och Thatcher. Den initierades faktiskt av deras politiska motståndare. Det var Reagans demokratiske företrädare, Jimmy Carter, som i sitt första State of the Union-tal 1978 förklarade: ”En efter en hugger vi ned snårskogar av onödiga federala regleringar med vilka staten allt för ofta ingriper i våra liv och affärer.”[11] Det var Carteradministrationen som systematiskt avreglerade flygfarten, järnvägarna och lastbilstrafiken. Och mikroölen! Före honom hade du inte kunnat dricka en Samuel Adams. Och det var Carter som utsåg centralbankschefen Paul Volcker som inledde kriget mot inflationen i oktober 1979.

I Storbritannien var det Thatchers labourföreträdare James Callaghan som förklarade för sin partikongress 1976 att partiet brukade tro att staten kunde göra slut på lågkonjunkturer genom högre utgifter och mer inflation: ”Jag säger er nu, alldeles uppriktigt, att det inte finns någon sådan möjlighet”, och om det någonsin funnits var det bara genom att ”injicera ständigt större doser inflation i ekonomin, följt av ökad arbetslöshet”.[12] Thatchers kamp mot facket för att stänga 115 förlustbringande och miljöförstörande kolgruvor gjorde henne beundrad och avskydd, men visste du att hennes två labourföreträdare Callaghan och Harold Wilson tillsammans stängde inte mindre än 257 kolgruvor?[13]

Det var mycket sällan marknadsliberala ideologer som genomförde de stora liberaliseringarna. Det var socialistiska partier som började avsocialisera Indien, Australien och Nya Zeeland. Protektionistiska partier öppnade Brasiliens och Mexikos ekonomier. I Kina, Vietnam och Chile genomfördes de ekonomiska reformerna av brutala diktatorer, vars hjärtan inte på något vis klappade för liberala värden.

Det rörde sig i de allra flesta fall om partier och ledare som gärna hade fortsatt att kontrollera ekonomierna och bestämma vem som skulle få vad. Men idén om den stora staten hade även för dem ett förargligt problem som de inte kom ifrån. Ett problem som den socialdemokratiske finansministern Kjell-Olof Feldt en gång sammanfattade, apropå drömmarna om demokratisk socialism i Sverige: ”Det var ju helt omöjligt. Det gick ju bara inte.”[14]

Och det är det som är poängen. Det kan låta hur bra som helst. De kan lova oss guld och gröna skogar, bevarade jobb, gratis grejor och en söt liten ponny. Men det går bara inte. Fortfarande inte. Politik är inte bara att vilja, det är också att kunna betala för allt du vill utan att göra slut på alla andras pengar eller trycka upp så många nya att du förstör deras värde. I den meningen lever vi fortfarande i *Carter/Callaghan-eran*.

Det är därför de ständigt måste dödförklara nyliberalismen. För den återuppstår hela tiden från de döda. För det de kallar nyliberalism är inget mer än konsekvensen av att deras modeller inte fungerar och att de ständigt måste väja för verklighetens alla hinder, korrigera riktning och skala tillbaka, med mer eller mindre lyckade försök till panikåtstramningar, pseudomarknader och halvprivatiseringar. Det kommer inte att hindra dem från att försöka igen. Så fort minnet bleknar av gamla fiaskon uppstår efterfrågan på nya försök. Och i dagens eldfängda åsiktsklimat mot utlänningar och entreprenörer är risken stor att vi får direkt irrationella försök till självförsörjning, massiv industripolitik, klumpiga regleringar och konfiskatoriska skatter. Det skulle krama tillväxten ur ekonomin och fördjupa ett redan stort utanförskap. För världens fattiga skulle det vara ett dråpslag.

Därför känner jag återigen ett behov att gå till världskapitalismens försvar, så här 20 år senare, nu utifrån dagens konflikter och gentemot de nya hoten mot den. Av alla de ovan angivna skälen – och ett till: Någonstans under det senaste decenniet ramlade ekonomin långt ned på dagordningen. Debatten mullrar som sagt på, men den blev en bisak. Det är något annat som har väckt starkare känslor och engagemang. När det kalla krigets konflikt mellan kapitalism och kommunism var över ansåg många att den ekonomiska politiken kunde nonchalera idéer och reduceras till en fråga om vem som har skaplig kompetens och administrativ fingerfärdighet. I stället för frihetskamp och klasskamp fick vi kulturkrig. Där vi en gång diskuterade vart vi var på väg började alla plötsligt fråga sig vilka vi är – och vilka som inte passar in. Både wokevänster och alternativhöger inledde en slags renhetsjakt mot det som inte får plats i deras trygga värld. Gränser skulle stängas, statyer vältas och oliktänkande skrikas ned. Alla började tävla om att vara mest kränkt över att behöva utsättas för motargument (”mikroaggression!”, ”men det får man väl inte säga i det här landet?”).

Kulturkriget är ett nollsummespel om vilken slags homogen identitet som ska pressas på minoriteten. Kapitalismen är ett plussummespel, som skapar större möjligheter för olika grupper att leva på sitt sätt och förverkliga sina livsprojekt. I stället för ”seger eller död” eller ”silence is violence” sätter liberalen lev och låt leva – så länge du inte bryter mitt ben eller skriker i mitt öra.

Den här boken är mitt bidrag till lite mindre kulturkrig och lite mer frihetskamp.

Det är inte en uppdatering av TVF, utan en helt ny bok. När jag började arbetet med den tänkte jag att jag skulle skriva som jag skulle ha skrivit TVF om jag hade gjort det i dag, med allt jag har lärt mig sedan dess och vad jag fick fel i, och med tanke på hur världen, forskningen och kritiken av kapitalism har förändrats sedan dess.

I bokens första två kapitel börjar jag med vad som egentligen har hänt under dessa 20 år och varför. Hur gick det med mina förväntningar om att världskapitalismen skulle lyfta allt fler människor på allt fler platser och hur stod den sig under pandemins prövningar? Efter det tar jag mig an var och en av de bärande delarna i den nya kapitalismkritiken. I tur och ordning bemöter jag följande föreställningar om världen:

Kapitel tre: Okej då, de fattiga länderna kanske tjänade på globaliseringen, men det var vi som fick betala priset. Fabrikerna och jobben flyttade ut. De industrijobb som bar upp våra samhällen och lokalmiljöer försvann och har ersatts med i bästa fall tunga, stressiga, prekära jobb till stagnerande löner. Botten gick ur för arbetarklassen, som slås i spillror av en ny typ av *deaths of despair*.

Kapitel fyra: Vi kanske på pappret blev rikare även i västvärlden, men det var de redan välbärgade som lade beslag på lejonparten, särskilt de superrika som nu lever på en helt annan planet än vi. Kring 1980 hade vi skapat ett unikt jämlikt och civiliserat samhälle, men sedan dess har det gått åt helvete.

Kapitel fem: Företagsamhet är förstås nödvändigt, men den råbarkade kapitalism vi har levt med de senaste decennierna har skapat ökad marknadskoncentration och nya monopol. De stora techbolagen kan fortsätta dominera i kraft av sin storlek och kontroll över data. Som konsument har man inte mycket att sätta emot deras påverkansmaskineri med nyskapade behov, planerat åldrande och rent bedrägeri.

Kapitel sex: Om nu innovation och tillväxt är så viktigt, hur kan vi lämna det till marknaden? Om vi ska ha möjlighet att dominera framtidens kunskap och innovationer måste staten ha en ambitiös industripolitik, som aktivt pekar ut framtidens sektorer och subventionerar vägen dit. Om inte vi gör det så kommer framtiden vara Made in China.

Kapitel sju: Apropå Kina, ja. Hur naiv får man vara? När vi handlade fritt med Kina reducerade vi oss till nyttiga idioter i kommunistpartiets långsiktiga plan för landets uppgång. Nu har de kommit exakt dit de ville och blivit en farligare fiende. För att inte förlora det geopolitiska nollsummespelet måste vi snabbt lära oss av Kinas förmåga att få alla samhällets krafter att dra åt samma håll, mot innovation och framtid.

Kapitel åtta: Oavsett vad vi kommer fram till i resten av boken finns det en sak som riskerar att göra allt annat meningslöst: den globala uppvärmningen. Och det räcker inte att komma dragandes med påståenden om att samma faktorer som har fört oss in i den här krisen – lite ny teknik och sagor om evig tillväxt – ska kunna ta oss ur den.

Kapital nio: Okej då, säg att vi blir rikare och friare, men gör det oss verkligen lyckligare? Konkurrenssamhället gör oss jagade och reducerar varje möte till en möjlighet att tjäna något på andra. Till slut sitter vi där, omgivna av prylar, men utan mänskliga relationer. Vad tjänar det till att fylla våra plånböcker om våra hjärtan töms?

Det kommer att visa sig på de följande sidorna att marknadsekonomi inte primärt handlar om konkurrens och strid, utan om samarbete och utbyte. Om att kunna göra något tillsammans som man inte skulle klara på egen hand. Inte heller den här boken trädde fram ur mina tankar som Athena ur Zeus huvud, fullvuxen och i skinande rustning. Det är resultatet av människor jag mött och böcker jag läst, av forskare som har vidgat min kunskap och meningsmotståndare som har hjälpt till att korrigera mina misstag. Den här boken är produkten av otroligt många människors insatser, precis som varje vara och tjänst på marknaden, även om eventuella fel och misstag förstås är mina.

I den andan av samarbete och solidaritet vill jag tacka Mattias Bengtsson, Andreas Birro, Christian Sandström, Fredrik Segerfeldt, Patrik Strömer, Mattias Svensson, Joakim Wernberg och Daniel Waldenström för idéer, inspiration och dataunderlag. Tack till Benjamin Dousa och Andreas Johansson Heinö för att ni mottog idén med sådan entusiasm och till Christian för ditt tjat. Ett särskilt tack vill jag rikta till Caspian Rehbinder för din diagramvirtuositet och synnerligen värdefulla kommentarer och förbättringsförslag, både i sak och form (ni ska veta att det är hans förtjänst att du i den färdiga boken får läsa om ”extrem inlåsning” snarare än ”exceptionella marginaleffekter”). Särskilt tacksam är jag mot dig Frida, för din tålighet, ditt mod och ditt tålamod. Jag älskar dig.

Må marknadskraften vara med er,
Johan Norberg, september 2021

1. I den barbariska kapitalismens tidevarv

"[Efter 1990] kunde kapitalismen plötsligt urarta i sin mest barbariska form"

Naomi Klein[15]

För 20 år sedan inledde jag *Till världskapitalismens försvar* med kapitlet "Det blir bättre och bättre...". Jag vände mig mot den bild som då dominerade debatten, att världen blev allt sämre och farligare och de fattiga allt fattigare. Som ärkebiskop K G Hammar nyligen hade uttryckt det: "färden går rent åt helskotta". I kontrast mot detta berättade jag om de märkligt okända framsteg som jag tyckte mig skönja i länder som hade börjat liberalisera sina ekonomier, i termer av bättre inkomster, livsmedelsproduktion, hälsa, vaccination och utbildning.

Det var inte lätt att få fram uppgifterna. Skattefinansierade internationella organisationer tjuvhöll fortfarande helst på sin kunskap på ett obegripligt sätt. Det var fyra år innan Gapminder grundades och Hans Rosling på ett makalöst pedagogiskt sätt började fylla våra kunskapsluckor om världens framsteg, och tio år innan Max Roser startade Our World in Data, som sammanställer en sanslös mängd statistik på ett användarvänligt vis. (Jag rekommenderar verkligen dessa guldgruvor!) Men det jag ändå hittade var tillräckligt för att imponera på mig och vända på den syn på världen jag vuxit upp med.

Inte minst var jag fascinerad över att den extrema fattigdomen i världen verkade ha minskat från 36 till 30 procent under 1990-talet.[16] Jag skrev att fattigdomen fortsatte att minska snabbt och redogjorde för en extremt optimistisk prognos om att den andelen skulle kunna halveras till år 2015. Den överträffades med råge. 2015 låg den extrema fattigdomen kring tio procent.

Mellan 2000 och 2019 minskade den extrema fattigdomen på ett sätt som vi aldrig tidigare skådat – från 27,8 procent av världens befolkning till 8,4 procent. För första gången i historien är färre än var tionde människa fattiga. Trots att världsbefolkningen ökade med mer än en och en halv miljard människor under denna tid så minskade antalet fattiga med 643 miljoner. 152 000 människor varje dag.

Det är det största som har hänt mänskligheten. Den skoningslösa nöd som den största delen av mänskligheten har lidit av under hela dess existens har tryckts tillbaka snabbare än någonsin de senaste decennierna. (Så sent som 1981 led 43 procent av det.) Det är en så anmärkningsvärd utveckling att jag måste medge att jag har svårt att ta författare och debattörer på allvar som inte tar den som en central utgångspunkt när de analyserar vår tid.

En vanlig invändning är att denna fattigdomsminskning inte är reell för det "är bara Kina". Det är lite märkligt att avfärda ett land som rymmer var femte invånare om man ska tala om global utveckling. Dessutom är det fel. Även om man tar bort Kina helt ur statistiken har den globala fattigdomen mellan 2002 och 2016 (de närmaste år vi har kinesiska data att justera för) mer än halverats, från 24,1 till 11,8 procent.

Utvecklingen för världens fattigaste länder har under globaliseringsepoken varit så kraftfull att den extrema fattigdomen i Ostasien, Sydasien, Latinamerika och Mellanöstern i dag faktiskt är lägre än den var i Västeuropa 1960, en tid som vi i dag minns som rekordåren. Bara i Afrika söder om Sahara är fattigdomen högre än den var i Västeuropa 1960.[17]

Nationalekonomen och Nobelpristagaren Angus Deaton har skrivit:

> Vissa hävdar att globaliseringen är en nyliberal konspiration avsedd att berika ett litet fåtal på bekostnad av det stora flertalet. Om det stämmer var den konspirationen ett katastrofalt misslyckande – eller åtminstone har den haft den oavsiktliga konsekvensen att hjälpa mer än en miljard människor. Man önskar att oavsiktliga konsekvenser alltid var så gynnsamma.[18]

Andra indikatorer som jag tittade på när jag skrev TVF har fortsatt att visa mycket snabba förbättringar, delvis för att tekniken har blivit allt billigare och för att den lokala köpkraften har blivit allt högre.[19] Mellan 1990 och det senast tillgängliga året, 2019, minskade andelen barn som dör före fem års ålder från 9,3 procent till 3,8 procent. Trots en betydligt större befolkning i dag betyder det att 7,3 miljoner färre barn dör årligen jämfört med början av 1990-talet. Under samma tid minskade mödradödligheten med mer än 55 procent.

Den globala medellivslängden ökade från 65 år till nästan 73 år mellan 1990 och 2019. Andelen som får grundläggande utbildning har skjutit i höjden och andelen av världens befolkning som är analfabeter nära nog halverades: från 25,7 procent till 13,5 procent. I åldersgruppen 15–24 år är analfabetismen nu strax över åtta procent. Mellan

2000 och 2020 minskade barnarbetet globalt i åldersgruppen fem till sjutton år från 16 till knappt 10 procent.[20]

Figur 1. Globala framsteg 1990–2019

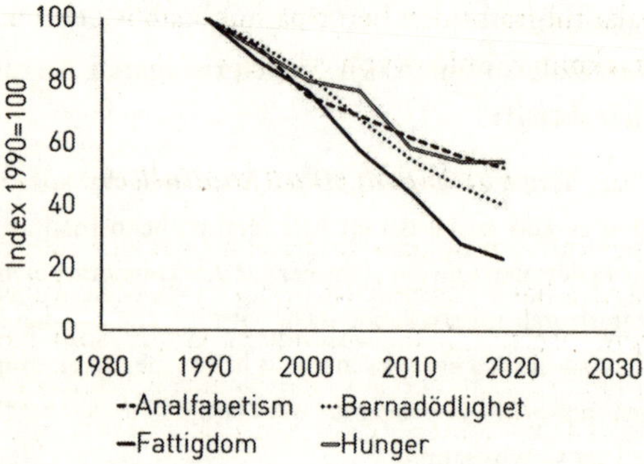

Indexgraf där andelen som led av respektive problem 1990 är satt till hundra procent för att spåra förändringen[21]

De tre decennierna efter 1990, då kapitalismen enligt Naomi Klein svepte över världen i dess "mest barbariska form", har medfört större förbättringar av de mänskliga levnadsbetingelserna än de tre årtusendena dessförinnan sammantaget. Det har också varit tre tunga decennier, fulla av krig, kriser och orättvisor. Jag säger inte att epoken har varit otvetydigt bra, bara att den har varit bättre än alla andra epoker mänskligheten någonsin varit med om.

Pandemin har kastat grus i maskineriet, när världen stängdes och handel, migration och undervisning blockerades, även om vi ännu inte har bra statistik för det senaste året. Baserat på olika institutioners mycket grova prognoser om sådant som BNP per capita, fattigdom och hälsa gissade jag tidigt att världen genom pandemin kastades tillbaka i tiden tre–fyra år.[22] Det är svårt att tänka sig ett starkare och mer tragiskt bevis för att det är öppna samhällen och ekonomier som skapar framsteg än den katastrof som plötslig slutenhet skapar. Hur snabbt vi tar oss tillbaka till framtiden beror på hur snabbt och i hur stor utsträckning världen öppnas igen.

Fördelningen av kapitalism

En person som är närsynt på ena ögat och långsynt på det andra har i genomsnitt perfekt syn. Alla siffror ovan är genomsnitt och det inkluderar länder som har fallit efter eller till och med fallit samman på grund av krig och politik (de två faktorer ”som har fördärvat vår jord”, som Evert Taube observerade). Det betyder att framstegen har varit ännu större på annat håll. Dessa framgångsrika länder finns på alla kontinenter och i alla kultursfärer. Den enda gemensamma nämnaren är att de av ett eller annat skäl har givit sina medborgare lite större frihet att skapa, arbeta, köpa och sälja.[23]

Vi kan se det historiskt. Under de första 1 800 åren under vår tideräkning förändrades genomsnittsinkomsten i världen knappt märkbart. Men för 200 år sedan hände plötsligt någonting i Storbritannien, som då var världens friaste ekonomi. Den industriella revolutionen började skapa snabb tillväxt och britternas extrema fattigdom halverades mellan 1820 och 1850, vilket då var något alldeles unikt i världshistorien. Sedan följdes de av Västeuropa och av USA, som började ta upp manteln som den friaste ekonomin. De skandinaviska ekonomierna började liberaliseras i mitten av 1800-talet och hade därefter hundra år av snabbare ekonomisk utveckling än några andra länder, med undantag för Japan, som öppnade sin ekonomi under Mejirestaurationen 1866–69 och minskade fattigdomen från 80 till drygt 20 procent på ett halvsekel.[24]

Figur 2. BNP per capita år 1–2020

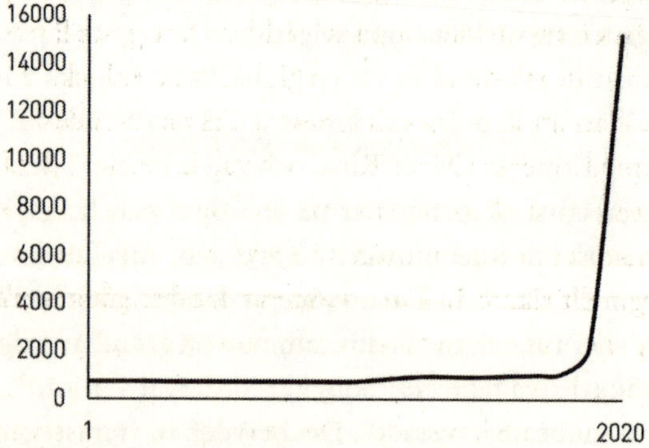

Amerikanska dollar i 2011 års penningvärde.[25]

Men det mesta av södern och östern, som drabbades av auktoritära ledare som tvingade på dem slutna kommandoekonomier, följde inte med i utvecklingen. Sociologen Max Weber såg sig tvungen att skriva böcker om varför konfucianism och hinduism gör det svårt att modernisera ekonomin. Vi vande oss vid att dela upp världen i i-länder och u-länder – industrialiserade länder och utvecklingsländer.

Fyra ostasiatiska tigrar skulle emellertid snart stöka till vår världsbild. Den brittiska kolonin Hongkong och stadsstaten Singapore gjorde tvärtemot alla andra länder, och öppnade sina ekonomier på vid gavel, utan tullar. Experterna hävdade att frihandeln skulle slå ut den lilla industri de hade, men tvärtom industrialiserades de mycket snabbt och chockerade omvärlden genom att till och med bli rikare än britterna som en gång koloniserat dem.

Taiwan och Sydkorea lärde sig av detta och började liberalisera sina ekonomier med fantastiska resultat.[26] Deras otroligt snabba tillväxt gjorde att de på ett par generationer gick från att vara några av världens fattigaste länder till några av de rikaste. Det var en global väckarklocka, för det var så lätt att jämföra vad kineser i Taiwan åstadkom jämfört med kineser i Maos Kina, och vad koreaner i det kapitalistiska syd skapade jämfört med koreaner i det kommunistiska nord. I mitten av 1950-talet var Taiwan bara marginellt rikare än Kina. 1980 var det fyra gånger rikare. 1955 var Nordkorea rikare än Sydkorea. I dag är Sydkorea 20 gånger rikare än Nordkorea.

Det gick inte längre att säga att det bara var västvärlden som kunde bli rik genom kapitalism, så det började utvecklas en ny berättelse: Några få utvecklingsländer kunde visserligen ta sig från periferin in på de globala marknaderna, men det är bara för att de är väldigt små. Märkligt nog hör man i dag ibland motsatsen; att det kan funka, men bara om de är väldigt stora.

Det beror på omvandlingen av de båda giganterna, Kina och Indien, som under decennier hållits nere av i det ena fallet en kommunistisk diktatur, i den andra en demokratisk men strängt protektionistisk kommandoekonomi. Därför började det utvecklas ett talesätt om att kineser och indier blir framgångsrika över allt i världen – utom i Kina och Indien. Men så, år 1976, gjorde Kinas diktator Mao Zedong, som Steven Radelet har uttryckt det, den största insats som någon människa har gjort för att minska den globala fattigdomen: han dog. Hans efterträdare, Deng Xiaoping, började acceptera det privata företagande som bönder och bybor ägnade sig åt i det fördolda och utsträckte det till hela ekonomin. Årtionden av tillbakahållen skaparkraft vällde fram och Kina växte med rekordfart. Intellektuella i omvärlden började förklara att detta i och för sig inte var konstigt, då konfucianismen gjorde det lätt att modernisera ekonomin.

Indien höll emot lite längre, men en indisk ekonom, Parth Shah, berättar för mig att landet började snegla mot vad som hände omkring dem, i Taiwan, Sydkorea och nu också Kina: ”Vi såg att de faktiskt ändrade sin modell och att de också lyckades med vad de hade gjort, och det var dags för Indien att ta lärdom.”[27]

Det blev avgörande 1991, när en lånefinansierad högkonjunktur kraschade och valutareserven hade minskat till en sådan nivå att Indien var tre veckor ifrån att få slut på pengar. Krisen fick finansminister Manmohan Singh att ställa sig upp i parlamentet och citera 1800-talsromantikern Victor Hugo: ”Ingen kan stå emot styrkan hos en idé vars tid är inne.” Idén var att montera ner tullmurarna och licensreglementet som hållit hälften av befolkningen i extrem fattigdom.

Tidigare talade ekonomer nedlåtande om ”hinduisk tillväxttakt” som om det fanns någon slags liknöjdhet inbyggd i landets tradition som gjorde att ekonomin aldrig kunde växa snabbare än befolkningen. Efter reformerna som inledde 1991 förändrades denna kultur som genom ett trollslag och tillväxten drog iväg. I dag är snittinkomsten tre gånger större än då och den extrema fattigdomen bara en femtedel.

Under denna tid föll kommunismen i Central- och Östeuropa till slut, men dess ekonomiska tävlan mot kapitalismen hade förstås avgjorts sedan länge. I dag tänker vi att dessa länder aldrig var i närheten, men 1950 hade länder som Sovjetunionen, Polen, Tjeckoslovakien och Ungern en BNP per capita ungefär en fjärdedel högre än fattiga västländer som Spanien, Portugal och Grekland. 1989 var öststaterna inte längre i närheten av dem. Östra Tyskland var rikare än västra Tysklands före andra världskriget. När Berlinmuren föll 9 november 1989 var Östtysklands BNP per capita inte ens hälften av Västtysklands.[28]

Av dessa länder är det sedermera de som har liberaliserats mest som har utvecklats snabbast och etablerat starkast demokratier. En analys av 26 postkommunistiska länder visade att en tioprocentig ökning av den ekonomiska friheten var associerad med en 2,7 procent snabbare årlig tillväxt.[29] Institutionerna har förbättrats mest i de central- och östeuropeiska länder som nu är medlemmar i EU, inte minst de baltiska länderna Estland, Lettland och Litauen. I dag är de några av världens friaste länder och har mer än tredubblat snittinkomsten sedan frigörelsen. Men man kan också se ett land som Georgien, som i mitten av 1990-talet var hälften så rikt som Ukraina, men efter snabba liberaliseringar efter rosenrevolutionen 2003 är klart rikare.

Över hela världen kan vi se detta samband. Det har inte att göra med storleken på landet och det har inte att göra med religion (religioner är komplexa ting och man tolkar lätt om dem så det passar dagens kultur). Det har att göra med frihet. Där människor får en gnutta frihet börjar de snabbt utveckla sina länder och skapa stora framsteg. Den ojämna fördelningen i världen beror på den ojämna fördelningen av kapitalism – människor som har det blir rika, de som inte har det blir fattiga.

Varför inte Latinamerika?

Latinamerika led länge av ett fenomen som kan kallas tillväxt utan utveckling. Ekonomin kunde växa och exportintäkterna välla in utan att befolkningen som helhet fick det bättre. Det var resultatet av ett kolonialt arv som närmast fördjupades av inhemska eliter efter självständigheten från Spanien och Portugal. Ekonomierna var närmast feodala med en liten, skyddad godsägarklass med kolossala marker och en väldig klass fattiga och outbildade lantarbetare.

Godsägarna kunde hela tiden expandera sin produktion genom att ta mer mark av ursprungsbefolkningen och utnyttja överflödet av arbetskraft. Därför uppstod aldrig några incitament att investera intäkterna i bättre teknik eller mer högproduktivt jordbruk. Samtidigt lade diskriminering, näringsregleringar och låg utbildning hinder för nyföretagande i andra sektorer. Latinamerikanska intellektuella som på 1950- och 1960-talen med rätta förfärades över denna privilegieekonomi baserad på råvaror och livsmedel utvecklade ”beroendeteorin”, som menade att vägen ut var att satsa på ”importsubstitution”, där staten höll ute importvaror med höga tullmurar och i stället stödde en inhemsk industrialisering med subventioner och regleringar. Den grymma ironin var att denna politik förstärkte alla problem de varnat för.

Nu kunde ineffektiva, skyddade industriföretag berika sig på de fattiga konsumenternas och små företagens bekostnad, så ojämlikheten ökade än mer. I början av 1960-talet kunde de genomsnittliga tullarna nå ett par hundra procent och kompletteras med kvoter och andra handelshinder. En argentinsk lastbil, som i själva verket mest var en importerad lastbil som plockats isär och sedan satts ihop igen när delarna korsat gränsen, kostade nästan en och en halv gånger mer än världsmarknadspriset. En chilensk bil kunde kosta tre gånger så mycket. I stället för att företagen satsade på specialisering och stordriftsfördelar började de göra lite allt möjligt i korta, dyra serier.[30]

Eftersom företagen politiserades blev det ett överlevnadsvillkor för företagen att blanda sig i politiken, med än mer korruption som resultat. Eftersom de inte pressades till att modernisera teknik och kunskap behövde staterna locka till sig multinationella företag som kunde sådant, med löften om nya beskydd och privilegier. Och som en ödets ironi blev dessa ekonomier än mer beroende av exporten av råvaror och livsmedel eftersom det var det enda sättet att finansiera importen av maskiner och insatsvaror för slutna ekonomier med små hemmamarknader.

Industrier och statsbudgetar expanderade ändå – tillväxten i ineffektiv produktion var tidvis mycket hög – men det finansierades genom att låna hämningslöst på de internationella marknaderna. Den vägen stängdes när de internationella räntorna snabbt ökade och Mexiko i augusti 1982 deklarerade statsbankrutt. Hela regionen drabbades av en förödande ekonomisk kollaps som inte utan skäl har sammanfattats som "det förlorade årtiondet". Land efter land tvingades under närmast panikartade former hissa vit flagg, rensa i de ineffektiva strukturerna och öppna sig mot omvärlden. Som en sista, spektakulär ironi var det en av beroendeteorins pionjärer, sociologen Fernando Henrique Cardoso, som började liberalisera Brasilien i rollen som landets president mellan 1995 och 2002. "Bistånd är nödvändigt ... men internationell handel, i enlighet med

Världshandelsorganisationens regler, är mycket viktigare, inte bara för att bekämpa hunger, utan också för att skapa global utveckling", förklarade till slut den gamle protektionisten.[31]

Sedan 1990 har Latinamerikas ekonomier börjat växa igen, om än med ett råvaruberoende och med politisk instabilitet som skapar ryckighet. Regionens skriande ojämlikhet har äntligen börjat minska. I länder som Brasilien och Chile har inkomstojämlikheten minskat med ungefär 10 procent. Den extrema fattigdomen har minskat med tre fjärdedelar.[32]

Latinamerikas friaste ekonomier är Chile och Peru, som också har varit de mest framgångsrika under de senaste decennierna. I mitten av 1970-talet var Chile fattigare än det latinamerikanska genomsnittet, men efter marknadsreformer, först under den brutale diktatorn Pinochet, men sedan under demokratiska vänster- och högerregeringar, växte landet så snabbt att det nu är nästan dubbelt så rikt som snittet.

Perus politik är kroniskt kaotisk och landet har haft 13 presidenter sedan millennieskiftet, men sedan den ekonomiska liberaliseringen på 1990-talet har ekonomin vuxit 150 procent, under nationalister och populister, teknokrater och vänsterradikaler. Den extrema fattigdomen minskade med 85 procent. Det mest fascinerande med att vänsterpopulisten Pedro Castillo vann Perus presidentval 2021 var hans kampanjbudskap: "Inga fattiga i ett rikt land." Ingen hade någonsin kommit på tanken att beskriva Peru som ett rikt land 1990, då landet var lika fattigt som Kongo-Brazzaville.

Varför inte Afrika?

I alla diskussioner om global utveckling nämns Afrika söder om Sahara som någon slags synonym till hopplöshet. Det var inte alltid så. På 1960-talet var de flesta afrikanska länder rikare och hade högre tillväxt än de asiatiska, och de hade betydligt större resurstillgångar. Ekonomer som Gunnar Myrdal trodde mer på Afrika än Asien, där de oroade sig över att staterna inte var tillräckligt starka för att pressa fram industrialisering och konfucianska attityder ansågs blockera innovation och utveckling. 1967 listade Världsbankens chefekonom sju afrikanska ekonomier som han trodde skulle kunna växa med mer än sju procent årligen. Trettio år senare kunde två andra Världsbanksekonomer konstatera att dessa sju länder sedan dess hade registrerat *negativ* tillväxt.[33]

Afrika söder om Sahara är inte världens fattigaste världsdel för att regionen saknar ekonomiska förutsättningar utan för att den saknar frihet. Det bygger på en månghundraårig utveckling. Det rådde inte någon liberal harmoni på kontinenten före kolonialismen. Många afrikaner led av despoter och konflikter och slaveriet var utbrett. Men som den ghananske ekonomen George Ayittey har visat finns också en afrikansk tradition av privat egendom och marknader med fria priser. De flesta delar av kontinenten var integrerade i väldiga handelsnätverk där köpmän, varor och valuta rörde sig fritt.[34]

De europeiska kolonisatörerna undergrävde dessa marknader på två sätt. Dels genom att stycka kontinenten och isolera befolkningarna från varandra, dels genom att i varje land skapa centraliserade strukturer där folket plundrades till förmån för rövarbaroner tusentals mil därifrån. Det tragiska var att när de afrikanska länderna fick sin självständighet efter andra världskriget valde de inhemska eliterna inte att upplösa de koloniala strukturerna, utan att ta över dem. Oavsett om de nya ledarna kallade sig befrielsehjältar, marxister, nationalister eller antikommunister blev de ockupationsherrar som fortsatte utplundringen av befolkningarna. De lade beslag på naturresurserna för att berika sig själva och tvingade landsbygdens bönder att producera till underpriser.

Det som västerländska tyckare såg som starka män som skulle forcera fram utveckling var i själva verket rövare som dammsög sina länder på tillgångar. I nästan varje land tillämpades hårdför statskontroll, planekonomi och importsubstitution på svaga hemmamarknader, isolerade från grannarna genom godtyckliga gränser. Ofta infördes till och med inrikestullar för att blockera all spontan handel. Afrikas diktatorer hade många motstridiga viljor, men ordföranden för samarbetsorganisationen Sahelklubben, Anne de Lattre, sammanfattade vid ett möte en gång deras gemensamma nämnare: ”Det finns i alla fall en politik vi alla är eniga om: att privata handlare bör skjutas.”[35]

Västländer gjorde ont värre genom att skicka biståndspengar till ickedemokratiska, slutna ekonomier för att de var tidigare kolonier, vilket berikade despoterna och förlängde förtrycket. Sverige hade inga gamla kolonier, men stödde i stället katastrofala experiment i tvångskollektivisering i till exempel Tanzania. Genom att lämna över väldigt kapital i centrum av stora, fattiga länder förstärkte vi en tragedi som de förstatligade naturresurserna skapat: vägen till rikedom för eftersatta grupper var att ta till vapen och försöka ta över detta centrum.

Det blev en orgie i underutveckling, biståndsberoende och korruption. Tidigare storexportörer av livsmedel blev beroende av import för sin överlevnad. Statsbolag som skulle ge ära och rikedom förstörde i själva verket välstånd för varje anständig råvara som förvandlades till dyra, värdelösa produkter. Det enda som räddade fabrikerna från att förstöra än mer värde var att de misskötta elbolagen gav upphov till ständiga strömavbrott. Precis som Latinamerika förlängde de afrikanska staterna dödskampen genom att lånefinansiera den, och liksom där blev 1980-talets skuldkris förödande. Maskinerna tystnade, lastbilarna stannade och leveranser även av mat och medicin uteblev. I mitten av 1980-talet var många av de länder som hade rikast jordar och störst naturresurser fattigare än de hade varit vid självständigheten – utom ledarna förstås, som tillämpade det som ibland kallas schweizisk banksocialism. En generation barn blev kortare av undernäring, men ledarnas bilar och yachter blev bara längre.

Som ett försök att ta sig ur kvicksanden genomförde många afrikanska länder under 1990-talet reformer som gjorde att jag i TVF skrev att det faktiskt inte är omöjligt att 2000-talet blir ”Afrikas århundrade”. Reformerna har inte fortsatt på ett sätt som gör det troligt, men mediantillväxten per capita och år på kontinenten ökade ändå från 0,2 procent 1980–1999 till 1,6 procent 2000–2019. Under hela denna period växte de afrikanska länder som öppnade sina ekonomier mot omvärlden tre gånger så snabbt som de som inte gjorde det. Som helhet växte Afrikas BNP per capita mellan 2000 och 2019 med 35 procent, snabbare än världen som helhet. Den extrema fattigdomen minskade från nästan 60 procent till drygt 40 procent. Industriproduktionen nästan fördubblades och andelen som arbetar i industrin har ökat.[36]

Många tror att Afrika är dömt till underutveckling på grund av historia, geografi, etnicitet, kultur, klimat, sjukdom, torka eller någon annan faktor. Men hur kan man veta att det inte snarare handlar om att ockupationsstater har förstört afrikanernas möjligheter med kontroll, korruption och konfiskation? Föreställ dig att ett afrikanskt land hade gått en annan väg efter självständigheten, utvecklat demokrati, oberoende domstolar och pressfrihet, och hade tillämpat ekonomisk liberalism med fri företagsamhet, låga skatter och frihandel? Skulle inte det ha kunnat fungera även där, även om landet kanske saknade kust, till 70 procent består av öken och drabbades hårdare än andra av hiv/aids?

Faktum är att det finns ett sådant land: Botswana i södra Afrika. Hur fungerade det? Jo tack, bättre än i något annat land i hela världen. Under de 40 åren efter 1960 växte de asiatiska tigrarna och Kina årligen mellan 5,2 och 5,8 procent realt per capita. Botswana, däremot, växte med otroliga 6,4 procent i genomsnitt – mer än tio gånger snabbare än världssnittet.[37] Den extrema fattigdomen är nu under 15 procent, att jämföra med 40 procent i Afrika som helhet.

Det är för att Botswana har haft diamanter invänder skeptikern, men värdefulla naturresurser är mer regel än undantag i Afrika (och oftare något som skapar konflikt och stagnation). Det som utmärker Botswana i regionen är inte resurserna, utan att de inte förstatligade dem, utan tvärtom privatiserade dem, och efter självständigheten från Storbritannien 1966 skapade ett stabilt regelverk som lockade till sig utländska investeringar.[38]

Det finns faktiskt ytterligare ett afrikanskt land som under en lång period har haft en hög grad av ekonomisk liberalism, Mauritius. 1961 förutspådde ekonomipristagaren James Meade att i ett sådant litet land, med etnisk splittring, utan naturresurser och med beroende av en enda vara, socker, var "utsikterna för fredlig utveckling små". Men just för att Mauritius var så litet insåg man tidigt att det inte klarade sig utan världshandel och avvecklade redan på 1970-talet importsubstitutionen. Landet införde frizoner där en avreglerad textilindustri kunde växa och ekonomin har fortsatt att diversifieras med en modern tjänstesektor. Efter oavbrutet hög tillväxt klassas Mauritius sedan 2019 av Världsbanken som Afrikas första höginkomstland. I dag har Mauritius och Botswana ungefär lika hög BNP per capita som EU-landet Bulgarien.

På senare år har länder som Uganda och Rwanda efter grymma episoder av konflikt och massmord försökt imitera sådan politik. Även om de har haft auktoritära ledare har de liberaliserat sina ekonomier mer än grannländerna och också vuxit snabbare än dem. Medan Afrikas BNP per capita växte med 35 procent efter 2000 gjorde Ugandas det med 75 och Rwandas med 157 procent. Eftersom Afrikas befolkning fortsätter att växa snabbt är det avgörande för hundratals miljoner unga och kontinentens stabilitet att sådan liberalisering fördjupas och sprider sig och att hoppfulla idéer om afrikanska frihandelszoner inte stannar på ritbordet.

Att få se barnbarnen växa upp

Den bredaste och mest systematiska mätningen av ekonomisk frihet är Economic Freedom of the World, som görs av kanadensiska Fraser Institute med samarbetspartners runt om i världen. Där bedöms 165 länder varje år utifrån fem breda kategorier och 43 olika mått – statens storlek och skattetryck, rättssystem och äganderätt, penningsystemet, frihandel och regleringar. Det visar att inget förbättrar människors liv lika mycket som friheten att söka bättre jobb, hitta nya marknader och investera i framtiden.[39]

När man jämför den ekonomiskt friaste fjärdedelen länder med den minst fria fjärdedelen ser man att BNP per capita är mer än åtta gånger högre i de fria länderna medan den extrema fattigdomen är hela 36 gånger större i de minst fria länderna. Dessutom speglas den skillnaden i bättre tillgång till näring, sjukvård och säkerhet. Exempelvis är den genomsnittliga livslängden i de ekonomiskt friaste länderna 15 år längre. Skillnaden mellan att leva till 65 års ålder eller till 80 är chansen att se barnbarn växa upp och kanske gifta sig och få egna barn. När vi tänker på kapitalism fokuserar vi av något skäl på hur dyra klockor och snabba bilar folk har, men betydligt viktigare är att den gör det möjligt för oss att lära känna våra barnbarn.

Figur 3. Ekonomisk frihet och BNP per capita

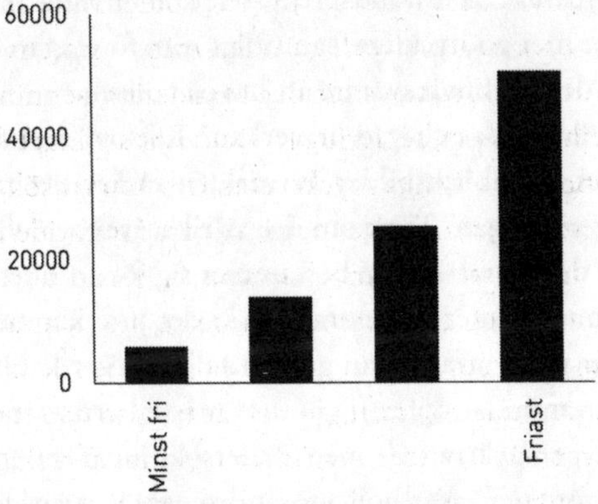

Economic freedom of the world 2021.

En genomgång av 402 akademiska artiklar som utforskade indexet visade att sambanden mellan ekonomisk frihet och utfall var överväldigande positiva: Länder med friare marknader har snabbare tillväxt, bättre löner, snabbare fattigdomsminskning, större investeringar, mindre korruption och högre självupplevt välbefinnande och är mer demokratiska med större respekt för mänskliga rättigheter.[40] Samtidigt visar studien att man inte behöver komma högt upp i varje enskild kategori för att överlag prestera väl. Exempelvis har de skandinaviska länderna internationellt sett mycket höga skatter men kompenserar för det genom att ha högre ekonomisk frihet i andra kategorier.

Sverige ligger överlag bra till, utom när det gäller den offentliga sektorns storlek och skatternas nivå. Men vi har fallit från femtonde plats 2010 till trettiosjunde plats 2019 (att jämföra med Danmark på tionde plats). Det mest oroväckande är att vi har tappat mest när det gäller det mest centrala området: rättssystemet. Det senaste decenniet har den offentliga byråkratin börjat fungera sämre och mer nyckfullt. Tillståndsprocesser drar ut mer på tiden och blir mer godtyckliga, samtidigt som företagare upplever att det har blivit svårare att lita på polisen.[41]

Vad är orsak och vad är verkan? Liksom andra index som ger ögonblicksbilder av världen räcker det inte för att avgöra frågan. Tänk om det är rika, lyckliga, välfungerande demokratier som bestämmer sig för att liberalisera ekonomierna mer än andra? Då är det inte kapitalismen som ger goda utfall, utan goda utfall som ger kapitalism. Det här är en komplex fråga som måste berikas med historiska perspektiv och med undersökningar av enskilda länder före och efter policyförändringar. Västvärlden och Ostasien (eller för den delen Kina och Indien) var inte rika när de liberaliserade sina ekonomier, utan liberaliserade för att de *inte* var det. I takt med att de blev rikare fortsatte de att öka friheten på vissa områden, men samtidigt expanderade de också de offentliga utgifterna för att de helt enkelt fick råd att göra det. (Trots allt slentrianprat om att vi har sett en nedmontering av välfärdsstaten sedan Reagan/Thatcher-eran växte de sociala utgifternas andel av BNP med ungefär 50 procent i USA och Storbritannien 1980–2010.)[42]

Ibland kan en ögonblicksbild tvärtom ge sken av att ekonomisk frihet skapar sociala problem eftersom många länder avvecklar regleringar och kontroller för att den tidigare modellen har skapat ett katastrofalt läge. Detta utnyttjades av många kritiker av TVF. När jag skrev om att liberaliseringar låg bakom välståndslyften i världen invände de att många länder som just hade frigjort marknader befann sig på den absoluta botten. Ibland hade de en poäng. Under 1980- och 90-talen var det ofta länder i snabbt sönderfall som i desperation började öppna sina ekonomier och det var ofta en smärtsam process. Länder som har slösat långt över sina tillgångar kommer naturligtvis att tvingas till tuffa åtstramningar som håller ekonomin nere under flera år. När pengarna var slut offrade många ledare hellre resurser till utbildning och sjukvård än till industrisubventioner och militären, och så skyllde de allt på ”nyliberalismen”.

Dessutom begicks många misstag under reformprocesserna. Om man privatiserar företag utan att ha konkurrensutsatta marknader skapar man bara nya, privata monopol. Och marknader utan definierade och skyddade äganderätter ger ofta kontrollen till stater, oligarker och brottslingar. Det tog lång tid för vissa länder att få rätt på detta. Vissa har fortfarande inte gjort det.

Det gör att man under 1980- och 90-talen hade svårt att urskilja någon skjuts i Latinamerika och Afrika efter reformerna. En av kritikerna var ekonomen William Easterly som hade extra tyngd eftersom han arbetade vid Världsbanken, som under denna tid äntligen hade börjat rekommendera reformer. I en studie från 2001 pekade Easterly på den minimala tillväxten i fattiga länder som en ”stor besvikelse” för den som hoppats på resultat av reformerna. Många som lyft fram de resultaten har missat att Easterly 2019 gjorde om sitt arbete och den här gången observerade han ett helt nytt resultat. Han menar nu att han underskattade hur lite reformer som faktiskt hunnit göras i många länder vid tiden för den tidigare undersökningens, och noterar samtidigt att tillväxten varit mycket snabb i länder där de väl börjat komma på plats. Easterly konstaterar: ”den tidigare känslan av besvikelse måste korrigeras”.[43]

Det antyder att man inte kan nöja sig med att titta på väldiga grupper av länder, utan måste titta närmare på vilken politik de faktiskt bedrev. Av det skälet skilde en studie på länder som genomförde substantiell ekonomisk liberalisering och de som inte gjorde det mellan 1970 och 2015. I en databas över 141 länder finner de 49 reformländer. Under en femårsperiod var den årliga tillväxten i de länderna i genomsnitt ungefär 2,5 procent högre än i motsvarande länder som inte liberaliserade. Det betyder att de länderna redan efter fem år var 13 procent rikare. En annan undersökning med en snävare definition av reformländer visar att de i ungefär två år växte långsammare än andra länder – vilket ofta har att göra med att de byter politik i samband med en kris – men sedan började de utklassa dem, och efter ett decennium var de drygt sex procent rikare.[44]

De reformer som gjordes inom låg- och medelinkomstländer, i kombination med mer frihandel, billigare transporter och bättre kommunikationsteknik, ledde till ett historiskt skifte någon gång under 1990-talet: fattiga länder började växa snabbare än rika. Det trodde ekonomer alltid att de skulle göra, eftersom de kan utnyttja teknologi och lösningar som redan utvecklats till stor kostnad i de ledande länderna. Men hur mycket ekonomerna än räknade så såg de inte skymten av någon konvergens fram till 1990-talet. Men det är å andra sidan inte så konstigt så länge världsmarknaderna är stängda och skyddade företag inte har en press att uppgradera tekniken.

Dessutom mötte fattiga ett klassiskt problem. Deras snabbaste väg till utveckling är att få tillgång till den enkla teknik som gör att de inte längre behöver gräva en husgrund med spade, spinna för hand eller slå ängar med lie.

Men vem har intresse att sprida sådan teknik, och framför allt, vem vill lägga ned stora resurser på att utveckla den i en form som passar just deras tekniska infrastruktur och lokala förutsättningar? Ledande ekonomier har inget intresse att utveckla teknik som skulle göra det mycket effektivare att tillverka bilar manuellt i stället för med robotar. Så om fattigare länder vill ta de första stegen mot industrialisering måste de nöja sig med teknik som har många år på nacken.

Under de senaste decennierna revolutionerades dessa förutsättningar tack vare uppkomsten av globala värdekedjor. Utländska investerare och globala företag ser leverantörer i ett fattigt land som en central del av deras egen verksamhet, och då måste de inte längre bönfallas att utveckla en teknik som gör produktionen effektivare på just den nivån, det ligger tvärtom i deras eget ekonomiska intresse att investera massivt i deras produktivitetsutveckling. Detta är ett skäl till att många länder som har integrerats i globala värdekedjor – inte minst genom alla utskällda låglönefabriker och ”sweatshops” – har kunnat hoppa över flera utvecklingssteg och växa rekordsnabbt de senaste decennierna. Den som väl har byggt fabriker, vägar och hamnar för att tillverka och transportera kläder och leksaker kan sedan också använda dem till att producera och exportera högteknologiska komponenter.

Ett för många överraskande faktum är att denna teknikspridning har gått hand i hand med ett starkare internationellt skydd för intellektuell egendom, men det är på många sätt en förutsättning: Företag skulle inte ha intresse att lägga så mycket teknik i andra delar av världen om allt omedelbart kopierades av fabriken mittemot.[45]

I kombination med att låg- och medelinkomstländerna upplevde färre kriser, bland annat efter att ha avvecklat de förödande fasta växelkurserna (en av mina käpphästar i TVF), gjorde detta att de accelererade ekonomiskt. 1960–99 växte höginkomstländer 1,4 procentenheter snabbare än låg- och medelinkomstländer årligen per capita och drog alltså ifrån allt mer för varje år som gick. 2000–2019 växte tvärtom låg- och inkomstländer två procent snabbare än rika länder och kom alltså lite närmare dem för varje år som gick. Det är ett oviktat genomsnitt för alla länder, så det rör sig alltså inte om att ett fåtal bjässar drar upp genomsnittet. Vanuatu och Kina väger lika tungt.[46]

Det finns inga garantier för att denna konvergens fortsätter. Det är beroende av den lokala politiken och av världsekonomins öppenhet. Vi kan se att takten i konvergensen minskade något det senaste decenniet, när världshandeln stagnerade. Tillväxtskjutsen i vissa länder kom förmodligen från att man fick bort riktigt vettlösa ledare och vansinnigt effektiv politik, inte från att man skapat en tillväxtmodell som levererar varje år. Men i och med att det här verkar vara första gången sedan den industriella revolutionen – forskarna spekulerar om att det kan vara första gången sedan 1500-talet – som den globala ojämlikheten minskar kan det vara värt att stanna upp och reflektera över innebörden av detta.

Starka män och svaga ekonomier

På samma sätt som det finns framgångshistorier på alla kontinenter finns det också stater med självskadebeteende på alla kontinenter. I TVF varnade jag för Zimbabwe, där diktatorn Mugabe förklarade att han skulle visa världen att det gick att avveckla ”den nyliberala modellen” och dess vilda marknadskrafter.[47] Han förstatligade jordbruken, finansierade staten genom sedelpressen och hanterade den följande hyperinflationen med priskontroller. Resultatet blev en historisk kollaps. Mellan 2000 och 2008 rasade BNP per capita med ungefär hälften.

På andra sidan Atlanten, i Venezuela, initierade den auktoritäre populisten Hugo Chávez och hans lärjunge Nicholas Maduro samtidigt en liknande politik med väldiga utgifter, korruption och förstatliganden. Skillnaden var att Chávez hade kontroll över världens största oljereserver under en tid då oljepriserna sköt i höjden, så han fick in nästan 10 000 miljarder kronor som kunde hålla den politiken flytande något längre. Det var tillräckligt för att Chávez under en tid skulle vara den svenska vänsterns favoritdemagog. Vänsterdebattören Kajsa Ekis Ekman skrev att det ”händer spännande saker i Venezuela” genom chavismens variant av ”demokratisk, mycket moderat form av socialism”. Vänsterpartiets partisekreterare Aron Etzler talade om ”världens förmodligen snabbaste demokratiseringsprocess” och att sådana kräver ”starka ledare”. Partistyrelseledamoten Ali Esbati hyllade Venezuelas ”komplexa, omfattande och imponerande demokratiseringsprocess” och ”en fantastisk socioekonomisk utveckling”.[48]

10 000 miljarder kronor. På pappret såg det ut som det skulle räcka att göra varje extremt fattig i Venezuela till miljonär. Men ändå är det ganska lite pengar om man inte investerar dem produktivt och om man med förstatliganden och priskontroller förstör förmågan att skapa nytt välstånd. När oljepriset började sjunka bara en smula blev det uppenbart att näringslivet var slaget i spillror och att

oljeindustrin körts i botten av politruker och underinvesteringar. Resultatet blev en av de värsta ekonomiska katastrofer som har inträffat någonstans i världen i fredstid. Mellan 2010 och 2020 rasade Venezuelas snittinkomst med obegripliga 75 procent och Sydamerikas rikaste land förvandlades plötsligt till Sydamerikas fattigaste land med brödköer och massflykt undan en allt mer tyrannisk stat. Nästan sex miljoner venezolaner har flytt det sönderfallande landet, ungefär 20 procent av landets befolkning.

Sedan dess nämns Venezuela mer sällan som hoppet för den internationella arbetarklassen. Synen på landet följde nämligen socialismens tre steg, som har identifierats av författaren Kristian Niemietz, när han har studerat hur en beundrande omvärld betraktat länder som Sovjetunionen, Kina, Kuba och Venezuela.[49]

Steg 1: *Smekmånaden*. Den starke ledaren delar ut landets resurser och västerländska intellektuella förklarar triumferande att han har visat att socialismen är överlägsen kapitalismen och borde införas över allt.

Steg 2: *Ursäkterna*. Smekmånaden varar inte för evigt. Snart får omvärlden mer information om hur ekonomin (inte) fungerar, resurserna tar slut och problemen hopar sig. Nu blir beundrarna mer defensiva och förklarar svårigheterna med otur, enskilda beslutsfattares inkompetens, sjunkande råvarupriser eller dåligt väder som förstörde skördarna, eller sabotage från eliterna eller omvärlden. Om det bara inte varit för det så hade ni alla sett hur bra socialismen fungerar. (Till exempel: ”De hade otur med oljepriset” – trots att priset 2010 ändå var runt sex gånger högre än när Chávez tillträdde. ”Det beror på USA:s sanktioner” – trots att sanktioner mot oljeindustrin infördes först 2019, när kollapsen redan var ett faktum.)

Steg 3: *"Det var inte riktig socialism"*. Till slut blir det uppenbart för alla att ekonomin inte fungerar, hungern ökar och människor flyr för sina liv. Då vill ingen längre kännas vid experimentet. Nu sägs det i stället att landet aldrig införde riktig socialism, utan någon form av korrupt statskapitalism som bara använde det socialistiska varumärket, och det är intellektuellt ohederligt att använda det landet som ett tecken på att socialism inte funkar, särskilt som den verkliga socialismen just nu håller på att utvecklas på annan plats, i det hoppfulla landet X, som ni i stället borde titta på.

(Och så rör sig de utländska beundrarna vidare till nästa experiment och processen börjar om på steg 1.)

För att se den skada en enda person kan åsamka sitt land kan man bege sig till Sydafrika. Efter frigörelsen från apartheid lyckades Nelson Mandela som president från 1994 skapa ett klimat av försoning samtidigt som han demokratiserade landet och liberaliserade ekonomin. Under Mandela och hans efterträdare Thabo Mbeki tämjdes inflationen, statsskulden halverades och tillväxtsiffrorna började nå fem procent. Omvärlden talade om att Sydafrika kunde bli nästa tillväxtmirakel. Men ledaren för ANC:s vänsterflygel, Jacob Zuma, hetsade mot denna "nyliberala" modell och fick makten 2009–2018 på ett program där han utlovade att statskontroll över ekonomin skulle skapa rättvis fördelning.

Det blev mycket riktigt ett trendbrott – åt fel håll. Zuma ökade de offentliga utgifterna snabbt, men till konsumtion och korruption, inte till investeringar. Tvärtom länsades statsbolagen av Zuma och hans lakejer, som misstänks ha plundrat ungefär motsvarande 20 procent av BNP. Ständiga strömavbrott och kollapsande infrastruktur bidrog till att tillväxten rasade och snart blev negativ. Efter att ha halverats under företrädarna, fördubblades statsskulden under Zuma. Den extrema fattigdomen hade halverats under företrädarna. Med Zuma vid rodret slutade den inte bara minska utan började till och med öka.[50]

Det brukar gå så. Starka män som klagar på att tillväxt ger alldeles för långsamma resultat är som bonden som inte har tålamod med skörden och snabbt gör sig populär genom att låta alla frossa på utsädet. Då blir det ingen ny sådd och skörden blir mindre och mindre. Förr eller senare brukar man få slut på andras pengar, som Thatcher varnade.

En studie visade att antikapitalistiska populister i latinamerikanska länder som Venezuela, Nicaragua och Bolivia i genomsnitt gör sina länder 20 procent fattigare än liknande länder.[51] En mer omfattande databas över 50 populistiska ledare till både höger och vänster mellan år 1900 och 2018 visar att det är nästan omöjligt att hitta någon som långsiktigt skapar den blomstrande ekonomi de alla utlovar. Med populister vid makten klarar sig ekonomin sämre både i relation till landets tidigare trend och det globala genomsnittet. Femton år efter att de har fått makten är deras ekonomier i genomsnitt mer än en tiondel mindre än jämförbara ekonomier. Ekonomin klarar sig ungefär lika illa under höger- och vänsterpopulister. Skillnaden är att högerpopulister dessutom brukar öka inkomstojämlikheten.[52]

När folket till slut ser att skörden förtvinar har populisterna redan ändrat spelreglerna för att kunna klamra sig fast vid makten trots missnöjet. I genomsnitt minskade pressfriheten med sju procent under deras regeringstid, de medborgerliga rättigheterna med åtta procent och den politiska friheten med tretton procent.[53]

När jag hör populister till höger och vänster säga att det inte finns några svåra avvägningar utan att de kan lösa våra problem här och nu, snabbt och enkelt om de bara får de förrädiska eliterna ur vägen (Trump: ”I will give you everything”) så tänker jag på historien om mannen som kommer till anställningsintervjun:

”Du skriver här att du är väldigt snabb på att räkna. Vad är 17 gånger 19?”

”63”

”63? Det är ju inte i närheten!”

”Nej, men det var snabbt.”

2. Att tjäna varandra

”Kärnan [i kapitalismen] är inte allmän frihet, marknad eller valfrihet, utan att det sitter någon där uppe som tjänar på dig och mig.”

Kajsa Ekis Ekman[54]

Varför rabblar jag så mycket siffror när jag blickar ut över världen i förra kapitlet? Varför är jag så besatt av tillväxt? Skulle ett land som har några procentenheter mer tillväxt vara bättre än något annat? Nej, det är förstås inte säkert. Men tänk så här: 1870 inleddes Sveriges välståndsresa, tack vare näringsfrihet, snilleindustrier och världshandel. Tänk om Sverige sedan dess hade haft en årlig tillväxt per capita som var en enda procentenhet lägre än vi faktiskt hade. Det låter ju inte så dramatiskt, eller hur? Men i så fall hade Sverige i dag varit ungefär lika fattigt som Albanien.

Tänk på vad det skulle innebära för din privatekonomi om den svenska snittinkomsten var lika låg som den albanska, och för möjligheten till fritid och semester, för de resurser vi kan lägga på vård, utbildning, kultur, arbets- och stadsmiljö, eller för att lösa miljöproblem och minska barnadödligheten (ungefär fyra gånger högre i Albanien). Ja, då blir det plötsligt uppenbart att tillväxt inte är något att fnysa åt.

I en TV-debatt om tillväxt förklarade Göran Greider nyligen att vi 1970 hade nått en standard som ”fyllde basbehoven”, och att den tillväxt vi har haft sedan dess främst är ”helt onödig pryltillverkning”. Verkligen? Om vi inte hade blivit rikare sedan 1970, hur hade vi i så fall finansierat den stora stat som Greider alltid talar sig så varm för?

Om man jämför 1970 års välstånd med dagens offentliga utgifter inser man att Greider har en poäng – vi skulle faktiskt ha råd med det vi i dag lägger på offentlig förvaltning, nattväktarstaten, sjukvård, utbildning och socialt skydd (även om han nog tycker att det är för lite) – men bara under förutsättning att vi samtidigt avvecklade alla våra satsningar på vägar, järnvägar, kollektivtrafik, bistånd, grundforskning, kultur, fritidsverksamheter, avfalls- och avloppshantering, vattenförsörjning eller miljöskydd. Och vi skulle inte heller kunna lägga ned ett enda öre på frivola privata intressen, som till exempel att äta mat, klä oss, bo någonstans eller transportera oss. Vi skulle naturligtvis inte ha råd med tidningar, böcker och TV-program där vi klagar på hur onödig tillväxten är. Om vi drabbades av oförutsedda utgifter, som ett behov att utveckla grön teknik eller vaccin mot ett nytt virus skulle vi behöva ta de pengarna från vården, skolan eller polisen.[55]

Om vi skulle gå så långt tillbaka som till 1950 skulle vi även då ha råd med dagens satsningar på utbildning, sjukvård och socialt stöd till barn, sjuka och handikappade, men då skulle vi dessutom behöva avveckla alla pensioner, arbetslöshetsunderstödet och försörjningsstödet, den offentliga förvaltningen, rättsväsendet, polisen, försvaret – samt förstås, återigen, behöva klara oss utan mat, kläder, transporter och boende. Det är liksom inte bara din mobiltelefon du skulle bli av med.

Värdet av alla varor och tjänster vi producerar kallas bruttonationalprodukt, BNP. För att få reda på hur mycket som skapas per person delar vi det med antalet invånare i ett land, *per capita*. Tillväxt är att höja denna nivå – att tillverka varor och tjänster som människor värderar högre, att lösa fler problem, att hitta en snabbare väg till den plats dit vi vill.

Det är ett pinsamt bristfälligt mått på ett samhälles välstånd. Det inkluderar inte obetalt arbete i hemmet och det räknar inte in de naturresurser vi gör slut på. Därför är det viktigt att använda även andra mått på sådant vi värderar. BNP är det sämsta sättet att mäta välstånd på – utom alla andra sätt.

Tillväxt är inte heller ett värde i sig. När europeiska kolonisatörer eller marxistiska diktatorer tvingar in bönder i modernare produktionsmetoder är det också tillväxt, men tillväxt som inte sker på människors egna villkor är dålig tillväxt. Om några föredrar mer fritid framför att producera mer ska de naturligtvis göra det. Om människor är beredda att jobba till lägre löner i mindre produktiva verksamheter i lugnare trakter ska vi inte sabotera de möjligheterna. Den tillväxt jag bryr mig om är den där vi skapar mer värde i morgon för att människor vill göra det och för att de skapar något som människor efterfrågar. Men om vi gör det lyckas vi också med väldigt mycket annat.

Jag har tappat räkningen på det antal internationella studier om fattigdom, hälsa och utbildning från olika FN-organ som hamrar in budskapet att tillväxt inte är tillräckligt för att garantera en god utveckling men sen, när jag bläddrar mig fram till de statistiska sammanställningarna – de på slutet, som få orkar fram till, ser jag att det råder nästan entydiga samband mellan tillväxt och framsteg. Nej, inte helt entydiga. Det finns alltid något land som avviker, ett rikt land som har ovanligt kort livslängd eller någon fattig delstat i Indien som har oväntat goda hälsoindikatorer, men det övergripande sambandet brukar vara slående och om vi ska använda informationen till att förbättra världen är regeln intressantare än undantagen: ju rikare ett land är, desto längre, friskare, rikare liv lever människor, med bättre utfall på nästan alla indikatorer på mänskligt välbefinnande. Tillväxt har tyvärr också varit ett effektivt sätt att bedriva rovdrift på naturen, men som vi kommer se i kapitel åtta är rikare länder också bättre på att minska och reparera miljöskadorna när de väl bestämmer sig för att det är angeläget.

Det betyder att nästan oavsett vilka värden vi vill maximera bör vi föredra ett samhälle med en snabbare växande ekonomi, och oavsett vilka hot och katastrofer vi riskerar att drabbas av i framtiden är det bättre att vi möter dem med större välstånd, mer kunskap och större teknisk kapacitet än med mindre. Vi måste alltid vidare, bland annat för att våra tidigare lösningar får oförutsedda konsekvenser som vi också måste lösa. Vi räddar liv med antibiotika, men då blir vissa bakterier resistenta och då måste vi arbeta med det problemet. Fler lever längre och då måste vi utveckla höftproteser och bypassoperationer. Vi minskar hunger med konstgödsel, och fattigdom med industrialism, men det orsakar stora koldioxidutsläpp, så vi behöver utveckla tekniska lösningar på det problemet. Det finns aldrig någon punkt där vi kan nöja oss och säga slutet gott, allting gott.

Om vi kan få till en tillväxttakt på två procent per capita betyder det att vår snittinkomst fördubblas på ungefär 35 år. Om vi skulle kunna öka den till tre procent skulle den fördubblas på bara 23 år. På hundra år är skillnaden att bli sju gånger så rik – eller nitton. Det innebär en så enorm förbättring av alla våra möjligheter och tillgångar att allt annat bleknar i jämförelse.

Det är denna tillväxt som håller på att göra slut på fattigdomen i världen. Om ett land som tillhör den fattigaste femtedelen länder lyckas upprätthålla en årlig per capitatillväxt på två procent under 20 år halveras i genomsnitt den extrema fattigdomen. Om landet lyckas öka tillväxten till fyra procent under 20 år minskar den i genomsnitt med mer än 80 procent.[56]

Om och om igen ställer ekonomiska institutioner och välmenande intellektuella frågan hur man ska kunna göra tillväxten "pro-poor" – hur tillväxten kan bli "inklusiv" och gynna de fattigaste. Men en undersökning av 118 länder under 40 års tid visar att vi redan har svaret: det bästa sättet att skapa inklusiv tillväxt är att öka tillväxten och hålla den uppe. Studien visar att 77 procent av de internationella skillnaderna i inkomster för de fattigaste 40 procenten och 62 procent av skillnaden för den fattigaste femtedelen, kan förklaras av tillväxten i genomsnittliga inkomster. Storleken på kakan har alltså större betydelse än dess fördelning.

"De dåliga nyheterna", skriver forskarna, "är att det inte finns några robusta belägg på att viss politik är 'pro-poor' eller främjar 'delat välstånd' utom genom deras direkta påverkan på den övergripande ekonomiska tillväxten."[57]

Det är därför fördelningspolitik är så fruktansvärt överskattat. Om vi hade fördelat Sveriges samlade BNP exakt lika år 1900 skulle alla ha varit lika fattiga som den genomsnittliga personen i Kenya. Sveriges BNP exakt jämnt fördelad år 1950 hade räckt för att motsvara dagens genomsnittliga tunisier. Det som har lyft oss från den nivån är inte att vi har möblerat om vårt välstånd, utan att vi har skapat mer. Den politiska debatten handlar mest om vem som ska få ta en hundralapp mer av någon annan när frågan egentligen borde vara vilka institutioner vi ska ha på plats för att det ska bli fler tusenlappar för alla. Problemet är att evolutionen har fått oss att prioritera en liten belöning omedelbart framför en stor belöning i framtiden, så vi blir helt besatta av vem som får den extra hundralappen i dag. Men i dag lever vi i den framtid som verkade så fjärran för några decennier sedan. Så om vi bryr oss om fler människor än oss själva just nu, just här, så är ekonomisk tillväxt det viktigaste vi kan sträva efter.

Det är tillväxten som gör att golvet hela tiden lyfts och att det vi i dag betraktar som medelinkomst snart betraktas som fattigdom, ett samhällsproblem. Den svensk som i dag lever på den inkomstnivå som var medianen 1995 skulle nu betraktas som fattig (med det relativa mått som definieras som 60 procent av medianinkomsten). De som faller under fattigdomsstrecket i USA äger i större utsträckning bekvämligheter som diskmaskin, tvättmaskin, torktumlare, luftkonditionering och tv (och naturligtvis dator och mobiltelefon) än den genomsnittliga amerikanen gjorde 1970.[58]

Tänk så här: Säg att du är medelsvensson som har den svenska medianinkomsten och att din inkomst växer i enlighet med ekonomin. Om du bara bryr dig om din privatekonomi, tycker du att du borde rösta på det parti som lovar att ge dig ett helt nytt bidrag på tusen kronor i månaden, eller det parti som säger att de inte tänker ge dig någonting, men kommer att genomföra reformer som höjer Sveriges tillväxt per capita från en till två procent? Om du röstar på bidragspartiet så kommer du att förlora på det redan efter tre år. Efter tio år förlorar du mer än 40 000 kronor om året på att du inte röstade på tillväxtpartiet.

Dessutom hade tillväxten varit en vinst som hade kommit de flesta andra till del, medan bidraget tas från andra. Det gör att statlig omfördelning inte bara är futtig, utan också farlig, eftersom högre beskattning av arbete, företagande och investeringar kommer att minska arbete, företagande och investeringar och därmed tillväxten. Det är trots allt för att vi vill ha mindre miljöfarliga utsläpp som vi beskattar dem. Som den engelske socialliberalen John Stuart Mill uttryckte det:

> Att beskatta högre inkomster med en högre procentsats än mindre inkomster är detsamma som att beskatta flit och sparsamhet; att bestraffa människor för att de har jobbat hårdare och sparat mer än sina grannar.[59]

Ekonomerna Andreas Bergh och Magnus Henrekson menar att forskningen pekar på ett tydligt negativt samband mellan storleken på staten och på tillväxten. En ökning av den offentliga sektorns storlek med tio procentenheter är associerad med en minskning av den årliga tillväxttakten med mellan en halv och en procent.[60]

Den tillväxten betyder mest för de som har minst. Den andel av ett lands inkomst som går till den fattigaste tiondelen skiljer sig inte så mycket beroende på hur fri ekonomi ett land har. I den minst fria fjärdedelen länder får de fattiga 2,6 procent, i den friaste fjärdedelen 2,8 procent. Den stora skillnaden kommer sig av att de fria länderna är så mycket rikare, så även om de fattigas del av kakan inte är så mycket större tar de del av en oerhört mycket större kaka. I den friaste fjärdedelen länder är de fattigastes inkomst nästan tio gånger större än i den minst fria fjärdedelen.[61]

Figur 4. Ekonomisk frihet och den fattigaste tiondelens andel av inkomsten

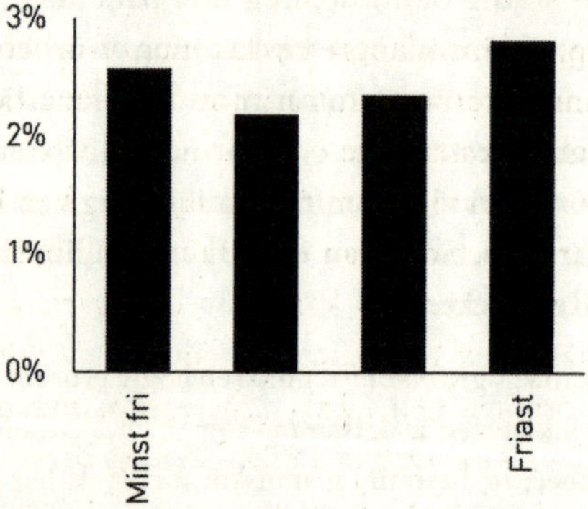

Economic freedom of the world 2021

Figur 5. Ekonomisk frihet och den fattigaste tiondelens inkomst per capita

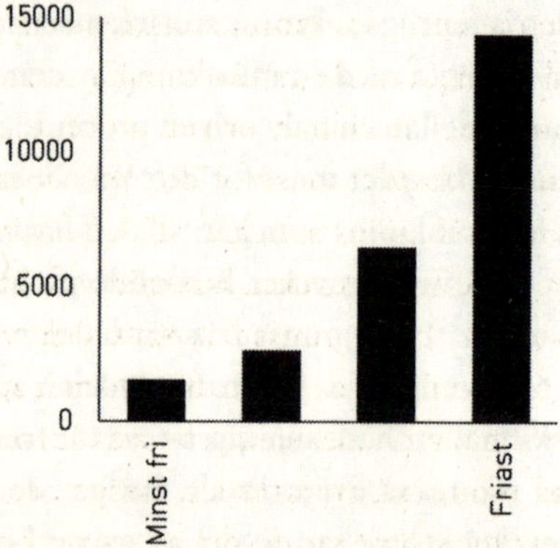

Economic freedom of the world 2021

Nu tar vi en kaffepaus

Varför skapar människor så mycket mer i fria ekonomier? För att kunna skärpa sinnena inför den frågeställningen gjorde jag nu en kopp kaffe.

Men det var faktiskt inte riktigt sant. Jag kan inte göra en kopp kaffe. Och det kan inte du heller. Faktum är att ingen kan göra en kopp kaffe. De där stärkande dropparna är nämligen resultatet av mängder av människors kunskap, förmåga och hårda arbete som ingen enskild människa kan göra. Och då tänker jag inte bara på de som odlar, plockar och rostar bönorna, utan också på alla andra som gör det möjligt. Och det är så många att tanken svindlar.

En man som har funderat på detta är den amerikanske journalisten A J Jacobs. Han håller ibland en slags sekulär bordsbön då han inför familjen tackar dem som gjort deras måltid möjlig, odlade grödorna eller transporterade livsmedlen. En dag blev han avbruten av sin son: ”Pappa, du vet väl att de där personerna inte kan höra dig?” Så Jacobs bestämde sig att faktiskt gå och tacka dem personligen, och han valde att tacka dem som gör hans kaffe, vilket kändes som en relativt avgränsad uppgift. Det var det inte. Det blev en resa runt jorden, för kaffet i hans kopp började produceras för nio månader sen, och färdades sedan 4 000 kilometer på motorcyklar, lastbilar, fartyg och truckar, i hinkar, i metallbehållare stora som våningar och lagerlokaler stora som fotbollsplaner.

Det gjordes möjligt av jordbrukare och lastbilschaufförer och lagerarbetare, men också de som tillverkade lastpallarna, fartygen och byggnaderna, och de som tog fram och förädlade råvarorna till dem. Och glöm inte ingenjören som leder stålproduktionen, designern som tog fram den speciella plastpåse som håller bönorna färska och städaren på lagret. Från det lilla – som entreprenören som utvecklade mätaren av bönornas densitet. Till det stora – som vattnet som fyller 99 procent av koppen och vattenverket och kemikalierna som gör det säkert. Till det direkt absurda – som de speciella feromoner som sprids i lagerlokalen så att malarna slutar intressera sig för det motsatta könet och avstår från att föröka sig och äta upp alla bönor.

Jacobs försökte tacka dem alla, men blev till slut alldeles yr i huvudet. Han insåg att han egentligen också borde tacka dem som gör hjälmarna som gruvarbetarna bär för att gräva ut järn som görs till stål som blir de sågar som skogsarbetarna använder för att hugga träd som görs till lastpallar. Man måste ju också tänka på mjukvaran, hårdvaran, webben, energikällorna och bränslet som håller igång allt – och finanssystemet som ser till att alla inblandade får betalt innan du ens har lovat att betala för kaffet. Jacobs fick nöja sig med tusen tack, alla är listade i hans bok *Thanks a thousand*, men bakom var och en av dem kan vi utan problem finna minst tio personer som på ett väldigt direkt sätt har gjort just den personens jobb möjligt.[62]

Poängen är att din lilla enkla kaffekopp är magisk. Tiotusen människor har samarbetat om att hälla kaffe i din kopp, inte för att de är tvingade att göra det, inte ens för att de har organiserats för ändamålet. De vet inte vem du är eller vilka de andra i produktionskedjan är, och de flesta vet inte ens om att de är med och gör kaffe, utan var och en har valt att göra en insats för din mentala frid för att de av ett eller annat skäl har sett det som bättre använd tid än alternativen.

Tillsammans började de göra din kopp kaffe för nio månader sedan (järn, trä och kemikalier långt tidigare förstås) i ett nätverk som sträcker sig över hela världen. Och ändå finns det en kopp kaffe på kaféet eller på jobbet eller i hemmet i exakt det ögonblick du blir sugen, vilket du inte ens visste för tio minuter sen att du skulle bli. Din kopp – och de två miljarder andra koppar som serveras varje dag världen över.

Din kaffekopp är magisk. Och det är maten på bordet också. Och bordet. Din tröja också, din mobiltelefon, fastigheten du bor i och fordonet du tog dig dit i. Det och nästan allt annat du använder dagligen har skapats av komplexa nätverk av tiotusentals människor som frivilligt har sökt sig dit deras arbete betalas bättre.

Fri företagsamhet handlar inte främst om effektivitet eller optimal resursanvändning. Det handlar om att öppna fördämningarna för mänsklig skaparkraft. Att låta alla vara med och testa sina idéer, och se om de bär. Men just därför skapar det också effektivitet och en hyfsad resursanvändning. För vi testar fler lösningar och de får omedelbar feedback som är ärlig, för responsen handlar inte om vilket projekt som vi tycker har goda intentioner, som vi inte vågar stöta oss med, tycker låter övertygade eller har fyllt i byråkratins blanketter bäst, utan om vad vi faktiskt är villiga att köpa med egna pengar.

Människor från hela världen samarbetar för din skull, individer med alla tänkbara färger på huden och trosuppfattningar i hjärtat, personer som gillar killar eller tjejer, både och eller inga alls. Det är individer bosatta i stad och på landsbygd, vegetarianer och köttätare, höger och vänster, synthare och hårdrockare. De flesta har aldrig mötts och känner inte till varandras existens. Många skulle inte tycka om varandra om de faktiskt träffades. En del av dem kanske är dödsfiender på Twitter. Ändå samarbetar de, och den inskränkta person som plötsligt fick för sig att vägra finansiera, jobba för, anställa, köpa av eller sälja till en person som tillhör ”fel” grupp, trots att hen skulle vara det ekonomiskt smarta valet skulle förlora på det. Det finns förstås alltid idioter, men på en fri marknad får de i alla fall betala dyrt för att vara idiotiska.

Det är ett skäl till att det är så patetiskt när vissa av vänsterns kulturkrigare dillar om att kapitalismen är rasistisk och rasismen är kapitalistisk. Marknadsekonomin är tvärtom det första ekonomiska system som gör att vi tjänar på att vara färgblinda och leta efter det bästa utbudet och den bästa efterfrågan oavsett vem som står för det. Det kommer naturligtvis inte göra alla färgblinda, men fler än annars (särskilt i kombination med de liberala värden som kapitalismen bygger på). Attitydundersökningar visar att västerländska marknadsekonomier är världens *minst* rasistiska samhällen. I en empirisk undersökning av 70 länder dokumenterar ekonomerna Niclas Berggren och Therese Nilsson att ekonomisk frihet är positivt relaterat med tolerans mot andra etniska grupper och homosexuella och med uppfattningen att det är viktigt att lära barn att vara toleranta.[63]

Alla känner till segregeringen i bussar, spårvagnar och tåg i den amerikanska Södern tills Rosa Parks och medborgarrättsrörelsen väckte allmänhetens avsmak inför den på 1950-talet, och jag trodde att det alltid hade varit så tills jag läste den svarte ekonomen Thomas Sowell. Han visade att kollektivtrafiken i Södern inte rasdiskriminerade systematiskt förrän i slutet av 1800-talet. Den var nämligen i allmänhet privatägd och behandlade kunder lika. Inte för att ägarna var mindre rasistiska än andra vita sydstatsbor, utan för att de var vinstdrivande och svarta också var betalande kunder. Segregering skulle alienera konsumenter, kräva större vagnar och tvinga på personalen en obehaglig polisiär uppgift. Sydstaterna införde sina rasistiska Jim Crow-lagar för att de var så upprörda över att de giriga kapitalisterna bara tänkte på pengar och vägrade diskriminera svarta. I Montgomery, Alabama, där Rosa Parks gick på bussen, lagstiftades det om segregering först 1900. Företagen lobbade emot Jim Crow-lagarna, utmanade dem i domstol och fördröjde dem senare genom att ofta vägra tillämpa dem. Delstaterna svarade med att arrestera och bötfälla anställda som inte upprätthöll diskrimineringen och hota direktörerna med fängelse.[64]

Jag har själv bevittnat hur marknadskrafter håller på att bryta ned kastsystemet i Indien. När företag i början av 1990-talet började utsattes för konkurrens blev det plötsligt kostsamt att gynna de högre kasterna och diskriminera bra arbetare bara för att de var daliter – den fjärdedel av befolkningen som nekades utbildning, fick de smutsigaste jobben, kallades ”oberörbara” och isolerades. En dalit jag träffade, Madhusudan Rao, flyttade från sin by till Hyderabad på jakt efter ett bättre liv. Där råkade han höra hur en byggnadsentreprenör skällde ut en anställd för att denne inte kunnat få ihop tillräckligt många arbetare som kunde gräva diken till kablar. Madhusudan steg fram och erbjöd sig att förse honom med tjugofem arbetare redan samma kväll. Byggaren, som hade ett ekonomiskt pressande behov av ett dike, men inte av att de som grävde det tillhörde en viss grupp, accepterade med glädje. Madhusudan hyrde en lastbil, samlade ihop villiga män utanför staden och tjänade mer pengar den dagen än han hade sett hela sitt liv. Han skapade sedan ett eget byggföretag med 350 arbetare: ”När jag anställer arbetskraft ser jag inte någon kast. Jag ser om de har talang.”

Under de två decennierna efter 1993 minskade fattigdomen i Indien runt 25 procent snabbare bland daliter än för indier i allmänhet. Samtidigt har andra former av diskriminering börjat brytas ned. En undersökning i Indiens största delstat visade att sedvänjan med åtskilda sittplatser vid bröllop, för att högre kaster inte ska ”förorenas”, minskade med mer än 80 procent under samma tid och andelen icke-daliter som accepterar mat och vatten i dalithushåll ökade från 3 till 60 procent. Chandra Bhan Prasad, som är mentor och rådgivare åt dalitiska företag, anslöt sig en gång till maoistiska rebeller för att bekämpa kastsystemet; nu menar han att ”kapitalismen förändrar systemet mycket snabbare”.[65]

Ekonomins gps

Tiotusen människor serverar dig inte kaffe för att de är en del av den stora kaffeplanen där en kaffekansler bestämmer vem som ska tillverka vad, när och hur och till vilket pris. I själva verket kan det bara ske för att det *inte* finns någon sådan kaffeplan. Det fungerar därför att var och en av dessa tiotusen använder sin individuella kunskap om vad de kan göra, hur de kan göra det bättre och vad de skulle kunna göra i stället. En centralt placerad kaffekansler skulle aldrig kunna centralisera all denna kunskap i all dess komplexitet, och även om han hade kunnat det skulle viljor, förmågor, utbud och omständigheter ha förändrats igen innan han hade hunnit skicka ut sina detaljerade order om vem som ska göra vad.

Marknadsekonomi handlar först och främst om samarbete, och det fungerar bättre än alla former av centraliserade system eftersom det utnyttjar kunskapen, arbetsförmågan och fantasin hos långt fler människor. Dessa tusentals skapar mer därför att de specialiserar sig på det de kan göra bäst och får mer erfarenhet och kan investera mer i kunskap och teknik och sedan byta med andra.

Frihandeln gör att bonden kan odla mobiltelefoner på sitt vetefält, textilarbetaren kan sy en ny moped och författaren kan (om det vill sig väl) skriva ihop en semesterresa till Toscana. Frihandelns alkemi gör hela tiden om vårt arbete till de varor och tjänster som vi behöver men inte kan tillverka lika bra själva.

De tiotusen skapar hela tiden högre tillväxt därför att de har en ständig drivkraft att fundera på hur de kan göra sitt arbetsmoment lite smartare, och tänka ut vilken teknik och vilka processer som skulle kunna göra processen snabbare, billigare eller bättre, eller om de skulle kunna skapa större värde genom att göra något helt annat. De tänker så mycket på ditt kaffe så att du ska slippa göra det.

Ingen kan centralt i någon myndighet veta om det är bättre att dirigera lite mer stål till containrar eller till kylskåp, eller om lönen för kemister som utvecklar feromoner är lagom hög, eller om det är bättre att tillverka lite starkare traktorer till högre pris, eller lite mindre, billigare modeller. Ingen byråkrat kan veta om det är värt att experimentera med ett lock på pappmuggen som släpper igenom lite mer arom eller hur mycket av lyften av säckar med bönor som bör automatiseras. Vi kan bara testa olika lösningar, observera resultaten, lära oss av det och anpassa oss.

Den fria marknaden bygger på sokratisk visdom – det viktigaste är att vara medveten om vad vi inte vet. Vi vet inte vilka som är de bästa idéerna, de mest produktiva innovationerna och de bäst fungerande lösningarna på våra problem. Vi vet att vi ännu inte har kommit på de bästa sätten att undervisa elever, bota sjukdomar, organisera familjelivet, försäkra oss mot risk, producera livsmedel eller göra en cappuccino. Vi vet bara att chansen att hitta allt bättre varianter är större om alla får vara med och leta. En underskattad konsekvens av detta, som F A Hayek ägnade åtskilliga böcker åt att hamra in,[66] är att den som gör dagens bästa lösning obligatorisk, stoppar fortsatt utveckling – oavsett om det handlar om en viss mobilladdare eller en särskild form av utbildning. Det skulle hämma de experiment och den konkurrens som kan lära oss mer och ta oss vidare.

Det här är det främsta skälet till att det är så angeläget att ha privata alternativ och valfrihet inom välfärdssektorn. Det handlar inte primärt om att vi tror att en privat skola eller vårdgivare kommer att göra tjänsterna billigare och användarna nöjdare (även om de enligt forskningen levererar mycket bättre där än vad debatten låtit påskina).[67] Deras viktigaste roll är att försöka kompensera för att den offentliga sektorn stöper allt i samma mall och blockerar innovation på några av de områden som är allra viktigast för oss. Det är ett sätt att se om även välfärdsstaten kan ta in annorlunda idéer, pröva mer och lära oss nytt, vilket är nödvändigt just för att det är i överraskningarna vi finner utvecklingen.

En dag i mitten av 1800-talet besökte en ung fransman från landsbygden Paris. Han fascinerades av att miljoner människor sover lugnt, trots att de skulle dö inom några dagar om inte transporter från hela landet strömmade till den stora staden. Tanken svindlade. Hur kunde det komma sig att denna väldiga marknadsplats varje morgon fylldes med nästan exakt det antal varor som invånarna behövde, varken mer eller mindre? Och hur kunde det komma sig att parisarna plötsligt kunde få för sig att önska något de aldrig tänkt på tidigare och gå till en butik och bara förvänta sig att det skulle finnas där?[68]

Vad är det för hemlig makt som styr detta märkliga urverk vars komplicerade rörelser alla tycks sätta sin lit till även om de knappt ägnar en tanke åt att det finns (utom den där enda gången det de söker inte finns på hyllan)?

Den makten har ett namn: priser och vinstintresse.

All information är lokal och den är inte ens alltid tillgänglig för oss själva. Jag vet inte hur mycket kaffe jag vill ha nästa vecka, eller hur viktigt det är för mig att dricka kaffet ur en pappmugg som delar med sig av kaffedoft medan jag dricker. Stålbolagen vet inte om deras produkter just nu behövs bäst till glasögonbågar, kylskåp eller bilar. Men vad vi vill märks i våra handlingar, och de syns, för vi skickar hela tiden signaler genom dem, signaler om utbud och efterfrågan som syns i priserna. Om det går mot höst och mörker och vi plötsligt dricker mer kaffe ökar intäkterna för de som säljer, och om det då uppstår en brist på kaffebönor eller specialdesignade plastpåsar stiger priset. Priser fungerar som informationsspridare för de reducerar informationen till det absolut enklaste och viktigaste: Vad funkar och vad funkar inte? Vad vill vi ha mer av och vad vill vi ha mindre av? Vem det är som vill ha fler rostade bönor och varför spelar ingen roll, det viktiga är att signalen går fram om att här ska rostas. Om efterfrågan på trä ökar för att vi behöver fler lastpallar till kaffesäckar eller för att alla plötsligt bestämde sig för att bygga en veranda spelar ingen roll för skogsbolagen, det viktiga är att de plötsligt tjänar på att anställa fler skogsarbetare.

Priser förmedlar ständigt föränderlig information om vad vi vill, men det sporrar oss också att reagera på den informationen och anpassa oss till vad andra önskar. Fria priser och vinstmöjligheter fungerar som ekonomins gps, som beskriver landskapet och visar hur du ska navigera för att komma rätt. Ett skäl till att många av de tiotusen häller kaffe i din kopp är att priser och löner visar att de genom att röra sig till just den aktiviteten gör något som belönar sig mer än andra saker de kan göra.

Det är ett skäl till att regleringar alltid är problematiska, även de som är nödvändiga, till exempel för att upprätthålla säkerhet eller miljöskydd. Varje förbud eller krav som läggs på de tiotusen utifrån gör det lite svårare, dyrare och långsammare för dem att anpassa sig, ställa om och göra något annat, lite bättre. Det faktum att regelbördan och tillståndskraven i Sverige växer snabbt och har blivit mer godtycklig är därför illavarslande.

Att priserna är fria är avgörande för att ekonomins gps ska visa oss rätt. Politiker har inte så stor förmåga att styra ekonomin, men en sak är de väldigt bra på: de vet hur man skapar överskott och underskott. Vill du ha överskott betalar du bara mer för en viss vara än människor vill betala för den. Då får vi överproduktion, som när EU:s fasta, höga jordbrukspriser på 1980-talet skapade mjölkhav och köttberg som dumpades i fattiga länder. Eller så tvingar du alla att betala mer för något än de egentligen vill, som med minimilöner (eller lägstanivåer i kollektivavtal), vilket gör att det inte skapas arbetstillfällen för den som har sämre kvalifikationer och mindre erfarenhet.

Om du i stället vill ha ett underskott är det bara att tvinga producenter att sälja till ett pris som är klart lägre än det konsumenterna är villiga att betala. Oavsett om det är den svenska hyresregleringen eller de venezolanska priskontrollerna på livsmedel är resultatet detsamma: Utbudet minskar, köerna växer och en svart marknad uppstår. Det enda sättet att försäkra sig om den eftertraktade produkten är att ha kontakter med makt och inflytande.

Det frivilliga samarbetets ekonomi

Kapitalism har vi enligt Marx när produktionen utförs med privat ägda produktionsmedel, med arbetare som i lagens mening frivilligt säljer sin arbetskraft och när koordinationen är marknadsbaserad. Han formulerade det på ett lite trist sätt, och satte upp en falsk skrivbordsdistinktion mellan klasserna (han hade haft svårt att föreställa sig en blomstrande kapitalism där kapitalister också är lönearbetare, arbetare äger företag genom pensionsfonder och vi har ett myller av partnerskap, kooperativ och arbetarägda företag), men i sak är det en hyfsad arbetsdefinition.[69]

Individuell äganderätt är grunden, så att vi gör skillnad på mitt och ditt och definierar vem som har rätt att bestämma hur egendom ska användas, delas, överföras eller säljas. I grund och botten är det en institution för samhällelig fred. Det säger att egendomen kan överföras och fördelas hur som helst, så länge det görs genom frivilliga överenskommelser. Och det i sig skapar en drivkraft att förvalta egendomen väl och försöka göra den mer värd, som Aristoteles konstaterade redan för 2 300 år sedan.

Äganderätten framställs ofta som ett skydd för de rika och mäktiga i samhället. Det kan ju låta så på namnet. Men om vi inte har ett tydligt skydd för privat egendom är det tvärtom de rika och mäktiga som kommer att klara sig. Det är de som kommer att diktera hur resurserna ska användas. Både i Indien och Afrika har jag träffat människor som har förvägrats formella äganderätter till mark som de har brukat i generationer och de säger alltid samma sak, att de känner sig maktlösa. Att det är någon annan som styr deras liv. Att det inte tjänar något till att investera långsiktigt, att renovera bostaden, gräva brunnar eller köpa traktorer. Skogsdepartementets tjänstemän kräver regelbundet pengar under bordet för att inte köra över odlingarna med en bulldozer. Och om en svåger till ett statsråd plötsligt kommer på något han vill använda marken till så kommer han en dag bara stega in och ta den, och allt jobb har varit förgäves.

Det är inte alltid som de tiotusen som gör din kopp kaffe deltar i processen frivilligt. Inte sällan är marken som kaffeodlingarna står på stulen och de som bodde där undanträngda eller intvingade i den lokala industrin. I vissa fall råder direkt slavarbete i kaffeproduktionen. I första hand är detta rättsfrågor, där staten måste upprätthålla människors rätt till sig själva, sin frihet och sin egendom. Men det visar också varför den kommersiella ekonomin måste expandera, så att markägarna förlorar sin totala kontroll och människor får alternativ till att stanna och lyda.

Många länder som har tagit sig från fattigdom till rikedom har börjat med landreformer, där man bryter ned de feodala strukturerna, tar mark från den landägande aristokratin och ger individuella äganderätter till folket. Detta kan låta som en form av omfördelningspolitik, men det är inte någon återkommande omfördelning, utan en engångskorrigering för en historia av plundring, ofta månghundraårig med rasistiska förtecken, där en liten elit har lagt beslag på enorma arealer utan arbete och frivilliga transaktioner (Se Nozicks korrigeringsprincip).[70]

I många fall handlar jordreformer om att legalt erkänna vad människor faktiskt redan innehar, men förvägras av eliten. Ett innovativt forskningsprojekt kom kring millennieskiftet fram till en grov uppskattning: människor i världens låg- och medelinkomstländer innehar informellt mark och byggnader till ett värde av cirka 100 000 miljarder kronor – då nästan lika mycket som det samlade värdet av alla bolag på de rika ländernas aktiebörser. Eftersom staterna inte erkänner detta som äganderätter kan de inte ta lån med det som säkerhet, vågar inte expandera och kan inte överföra egendomen. Det förblir dött kapital, kontrollerat av andra.[71]

Men äganderätt handlar inte bara om sunda incitament utan också om mänsklig värdighet. Jag har själv i mycket blygsam skala varit med om att sponsra ett projekt som hjälper svarta sydafrikaner att registrera sin egendom formellt, i ett land vars officiella politik länge gick ut på att förvägra dem alla rättigheter. En av de första kvinnor som fick ett dokument som bekräftade hennes äganderätt var 99-åriga Maria Mathupe. Och när hon fick det grät hon av lycka. ”Varför?” undrade någon. ”Du är ju trots allt 99 år, det är inte helt säkert att du kommer kunna utnyttja egendomen så länge, eller få så stor glädje av att investera i framtiden.” Maria svarade: ”Jag gråter, för nu kan jag dö med värdighet.”

Alla de tiotusen som du har att tacka för ditt kaffe går säkert inte till jobbet med lätta steg. Vissa gör det för att bara hålla näsan över vattenytan, andra för att alternativen är fruktansvärda. Många hatar säkert sina jobb. Vad vi än jobbar med har vi också måndagsmorgnar då vi förbannar slitet och släpet och tycker att vi har "bullshit jobs". Jobb är inte alltid kul – det är därför vi betalar varandra för att utföra det! I den fria kapitalismen går vi till jobbet, inte för att någon har tvingat oss dit, utan för att vi själva tycker att det är bättre än alternativen. Om vi hade tyckt att något av alternativen sammantaget hade varit bättre så hade vi gått dit i stället. Och det är ett ganska nytt fenomen i historien.

Livet är en kamp för att skapa eller tillgängliggöra de resurser som gör att vi överlever och lever gott. Och de utopister som drömmer om att slippa denna kamp landar alltid i någon variant där de tvingar andra att utföra den åt dem. Genom historien har de mäktiga alltid kommit på nya sätt att tvinga någon annan att kämpa så att de själva ska slippa. De flesta samhällen har tillämpat slaveri, där människor har reducerats till andras egendom. Feodala system har fängslat bönderna på en viss mark, där de piskats till att jobba för sina herrar. I modern tid har kommunismen och fascismen försökt släpa mänskligheten tillbaka till dess mörka förflutna. "Den gamla principen: den som inte arbetar skall inte äta, har ersatts med en ny: den som inte lyder skall inte äta", som Sovjetkommunisten Trotskij beskrev "ett land där staten är den enda arbetsgivaren".[72]

Det radikalt nya i historien är de upplysningstankar som började bryta fram på 1600-talet och med dem liberalismen, marknadsekonomin och idén att människan äger sig själv: Hon är inte bara ett medel för andras mål. Människor fick på allt fler platser friheten att tänka själva, välja vad de skulle utbilda sig till, arbeta med, göra med sin stund på jorden.

Marknadsekonomin var det ekonomiska system som följde när människor fick rätt att utforma sina relationer och samarbeten, och träda ur dem om de blev exploaterande. Det var det enda system som innebar att om du ska tjäna något, måste du betjäna andra, och ge dem de varor, tjänster och ersättningar som de vill ha. Det skapar därför drivkraften att komma på ännu bättre sätt att göra det i morgon, vilket möjliggör det myller av strävsamhet och uppfinningsrikedom som gör hela skillnaden mellan fattigdom och välstånd.

Hur unik den fria marknaden är röjs varje gång du kommer fram till kassan och betalar ditt kaffe. Du säger tack, och kassören svarar med – ett tack.

Vi hör såna märkliga dubbeltack på alla marknadsplatser, från torget där vi köper grönsaker och restaurangen när vi betalar notan, till mötesrummet där ett avtal skrivs med en leverantör. Det är inte ett tack, som följs av ett varsågod eller ett ”ja, överste”. Det är ingen gåva, ingen uppoffring, ingen underkastelse. Det är ett tack, som besvaras med ett tack, för båda gör varandra en tjänst.

Tacket är tecknet på att man har skapat värde för någon annan. Vinsten är beviset på att man har producerat varor eller tjänster som människor är beredda att betala mer för än för de råvaror, delar och arbetstid som krävdes för att skapa den. Profiten kommer endast den till del som skapar en helhet som andra tycker är mer värd än de ingående delarna. Alla andra ekonomiska system har också skapat vinnare, men vinnarna var de som tog vad andra skapat. På en fri marknad kan man också bli rik, men bara genom att berika andra.

Slaveriet, feodalismen, socialismen och fascismen byggde på att någon befallde och andra lydde. Marknadsekonomin bygger i stället på att man gör sitt bästa för andra och får deras bästa i retur. Pyramiderna, de amerikanska sydstaternas bomullsfält och de sovjetiska stålverken byggdes med hugg och slag. Kaffekoppen framför dig skapades av handslag och dubbla tack.

Och de organiserar sitt arbete på det vis som passar dem bäst. Vissa arbetar på egen hand, andra som familjehushåll, åter andra i privata företag. Kanske finansierat genom sparmedel, banklån eller av riskkapitalister. Eller så arbetar de i konsumentkooperativ, kibbutzer eller arbetarägda företag. Allt som är frivilligt. Ett skäl till att kapitalismen är moraliskt överlägsen socialismen är att det står dig fritt fram att leva precis hur socialistiskt du vill i en fri marknadsekonomi, bara du inte tvingar någon annan att göra det.

Det fria samhället bygger på att vi på så många områden som möjligt ersätter huggens och slagens logik med det frivilliga handslagets logik. Att vi inte förbjuder, tvingar och kommenderar, utan att vi frågar, erbjuder och förhandlar. Att vi inte dikterar vem som ska göra vad, utan låter alla testa sina idéer och få behålla frukterna av sitt arbete om det blir några. Och att vi tackar nej, när något inte tillför oss något. Medan jag skriver detta slår Starbucks igen sina butiker i Sverige. Det hjälpte inte att det är världens största cafékedja med enorma finansiella muskler. Vi hade helt enkelt bättre kaffe här redan.

När krisen kommer

Ja, ja, allt det där kan ju låta bra, så länge allt lunkar på som vanligt. Men så kommer pandemier, naturkatastrofer eller krig och då behöver vi staten, sägs det. Politiker behöver exceptionella befogenheter för att få oss att bete oss rätt och producera det som behövs i den nya situationen. Många ansåg att pandemin visat att vi absolut inte kan förlita oss på globala värdekedjor där tiotusentals människor på andra sidan jordklotet tillverkar våra munskydd, skyddsutrustning och medicinteknik. Vi borde likt Kina ha varit förberedda genom stor inhemsk produktion, eller åtminstone likt Finland ha stora beredskapslager fulla av skyddsutrustning. ”Vi behöver en viss självständighet, eller i alla fall en grund av inhemsk produktion”, sade Tysklands förbundskansler Angela Merkel. Vi måste ”begränsa vårt beroende av andra länder”, sade EU-kommissionären för hälsa, Stella Kyriakides. ”Nyliberalismen är död”, sade Magdalena Andersson.[73]

Men det faktum att all kunskap är decentraliserad gör att friheten till och med är ännu viktigare i kristid. Vi har alla en liten pusselbit till det stora samhällspusslet vars motiv förändras hela tiden, särskilt i kristid med snabba förändringar. Då är det ännu svårare för myndigheter att få en fullständig överblick över vad som behövs och vem som kan göra det. Då är det viktigare än någonsin att människor får agera på marken, utifrån deras information om vem som behöver vad, när och hur, och att tiotusentals producenter är fria att ställa om utifrån de nya prissignaler som vårt nya beteende skickar ut. Forskning om den spanska sjukan 1918 visar att ju mer ekonomiskt fritt ett land var, desto mindre skadades det av den ekonomiska chocken från pandemin.[74]

En genomgång av alla 389 ekonomiska kriser i världen sedan 1993 visar att ekonomiskt liberala länder (definierade som tio enheter över genomsnittet på en hundragradig skala) löper 30 procents mindre risk att drabbas av en kris under ett visst år och att krisen inte blir lika djup. I länder med låg ekonomisk frihet (tio enheter under snittet) får en genomsnittlig BNP-minskning på tolv procent, medan minskningen i ekonomiskt fria länder ligger på åtta procent.[75] Till stor del kan det förklaras med att mindre detaljreglerade ekonomier ger människor möjlighet att snabbt improvisera efter ny kunskap och föra kapital och arbetskraft till de områden där de behövs, i stället för att hålla kvar dem på fel plats.

Det är visserligen lätt att efter varje kris peka ut exakt vad som hade kunnat göras för att hantera den, men problemet är att vi inte vet vilken som blir nästa kris. Sommaren 2018 var vi arga för att Sverige inte hade satsat mer på brandförsvaret för då var det inte pandemi, utan skogsbränder. 2019 borde vi ha satt av mer mark till djurfoder då vi plötsligt drabbades av brist. 2020 var det pandemin och alla ansåg att vi borde ha haft fabriker som tillverkade skyddsutrustning. Men nästa kris kanske inte alls är en pandemi, utan något helt annat, en översvämning, en cyberattack eller något helt annat.

Och inte heller de som var väl förberedda hade något att sätta emot en fullskalig pandemi där behoven ökar tjugofalt. Trots alla lokala fabriker behövde Kina importera ungefär två miljarder ansiktsmasker och 400 miljoner andra former av skyddsutrustning för att möta utbrottet i Wuhan. Finlands berömda beredskapslager innehöll ungefär 4,5 miljoner ansiktsskydd, vilket låter imponerande, tills man får en pandemi där man behöver 3,5 miljoner *om dagen*. Så om finländarna hade öppnat lagren måndag morgon hade de tömt dem före lunch på tisdag.[76]

Därför är det bästa försvaret inte att uppföra en folkhälsopolitisk Maginotlinje där vi gissar att hotet ska anlända, utan ett mobilt försvar, som snabbt kan flytta sig dit fienden överraskar oss nästa gång. Det är just vad fri företagsamhet och internationell handel hjälper oss att göra. Att koncentrera produktionen så att vi tillverkar det vi behöver själva låter tryggt, men oavsett om det är krig, naturkatastrofer eller epidemier drabbar de flesta katastrofer till sin natur ett visst geografiskt område. Om vi då har koncentrerat produktionen till en viss region hotas även den när vi är däckade och behöver det som bäst. Protektionism gör oss sårbara. Resiliens skapas inte genom att koncentrera produktionen, utan genom att diversifiera den.

Även om krisen är global, som pandemin, så slår den mot olika regioner vid olika tillfällen. Kina drabbades först och kunde importera från oss. När vi drabbades hade Asiens fabriker börjat öppna igen och vi kunde handla av dem. I en studie för European Centre for International Economy tittade jag nyligen på hur EU:s handel påverkades under krisen, och det visade sig att frihandeln blev vår räddning. I mars 2020 sjönk EU-ländernas import av skyddsplagg från andra EU-länder med 25 procent – under en period ville alla europeiska stater lägga beslag på allt de kom över själva. Det som gjorde att sjukhusen inte fick en än värre brist på skyddsplagg var att vår import från länder utanför EU ökade med hela 44 procent på en månad. Under denna månad ökade vår import av handsprit från omvärlden med 278 procent och av gasmasker med 430 procent.[77]

Eftersom globaliseringen kom till vår undsättning gav det oss andrum att ställa om vår egen produktion. Entreprenörer över hela Europa ställde sig frågan hur de kunde bidra utifrån sin lokala situation och kompetens. Vodkadestillerier och parfymtillverkare började producera handsprit och desinfektionsmedel. Hygienföretag ställde om till produktion av engångshandskar och kirurgiska munskydd. På mindre än två månader ökade antalet europeiska företag som tillverkar ansiktsmasker från 12 till 500. I USA ställde 95 procent av textilföretagen om för att tillverka skyddsplagg för första gången.[78]

Det stora problemet var att stelbenta regleringar gjorde det svårt för företag som var nya i branschen att snabbt få tillstånd att sälja och marknadsföra sina produkter, vilket gjorde att sjukvården skrek efter skyddsutrustning samtidigt som företag inte långt därifrån hade hangarer fulla med osålda varor.

Om du tvivlar på människors förmåga att anpassa sig i kristid, ta en titt på hyllorna i din lokala butik. Kommer du ihåg när du bunkrade konserver, kaffe och toapapper när världen höll på att stänga? Just livsmedelsbranschen skakades om i alla dimensioner av pandemin. Nya gränser uppfördes, en stor del av arbetskraften stannade hemma, andra förbjöds att korsa nationsgränser, leveranser till restaurangbranschen kollapsade samtidigt som efterfrågan på andra varor sköt i höjden när vanliga butiksbesökare blev preppers.

Det otroliga med dina butikshyllor var att inget hände. Genom ett dygnet runt-arbete för att byta leverantörer, styra om arbetskraft, justera produktionsmetoder och omdirigera transporter lyckades livsmedelsindustrin bygga om de globala leveranskedjorna på bara några få veckor. Det är en alldeles fantastisk prestation och vi konsumenter märkte nästan inget av det. Och det gjordes inte av någon livsmedelskansler som pekade med hela handen och berättade vad alla skulle göra. Det fungerade för att det *inte* var en centraliserad process. Varje justering av processerna byggde på lokal kunskap om vad som kunde göras på en viss plats med de tillgängliga insatsvarorna och den närvarande arbetskraften – och vad de kunde sluta göra utan att skapa katastrofala brister någon annanstans i värdekedjorna.

Det är omöjligt att centralisera all denna kunskap, som dessutom hela tiden förändras. Den finns bara på marken och på golvet och kan bara sammanfattas i priser som förändras med våra miljontals individuella handlingar. Frihet att improvisera utifrån denna lokala information är aldrig så viktig som när världen förändras snabbt på ett oförutsägbart vis.

3. När fabriksvisslorna tystnar

”Det här är inte det stigande tidvatten som lyfter alla båtar. Det är en våg av globalism som raderar ut vår medelklass och våra jobb.”

Donald Trump, kampanjtal i New York, 22 juni 2016

När jag för tjugo år sedan försvarade fria marknader var det ofta mot en vänster som var rädd att det skulle göra rika länder rikare och fattiga länder fattigare. På det området har historien redan levererat ett facit. Aldrig förr har fattiga länder vuxit så snabbt och aldrig förr har så många människor lyfts ur fattigdom.

När jag nu för tiden argumenterar för fria marknader får jag i stället ofta mothugg av högernationalister som befarar att det ska göra fattiga länder rikare men oss i rika länder fattigare. Det finns en utbredd känsla av att Västeuropas och Nordamerikas ekonomier har avindustrialiserats på grund av billig import från Kina särskilt under 2000-talets första år. Vi tillverkar ingenting längre, och de gamla hederliga, välbetalda industrijobben – tänk 1950-talets bilindustri i Detroit – har försvunnit. Lönerna stagnerar, landsbygden dör ut och den klassiska arbetarklassen utplånas, i vissa fall rent fysiskt. Självmord, överdoser och alkoholskador har ökat snabbt i utsatta grupper.

I en mening har de rätt. Allt färre jobbar inom tillverkningsindustrin. Fabriksvisslorna som tjöt genom städerna och markerade när muskulösa män skulle lägga ned sina verktyg har för länge sedan tystnat. Men om detta är ett tecken på samhällsförfall måste man fråga sig varför den processen har varit densamma i alla andra länder som industrialiserats, även de som är utpräglade exportländer och har haft konstanta handelsöverskott. Japan och Tyskland började "avindustrialiseras" i denna mening på 1970-talet, Singapore på 1980-talet och Sydkorea på 1990-talet.

Det finns ett enkelt sätt att motbevisa föreställningen att dessa jobb skulle ha funnits kvar om inte Kina hade tagit dem med hjälp av låga löner och massiva industrisubventioner: *även Kina avindustrialiseras*.[79]

Andelen kineser med fabriksjobb peakade 2013 och sedan dess har landet förlorat runt fem miljoner jobb inom industrin om året. Kinesiska företag minskar just nu sina andelar av världsmarknaden för kläder, skor och möbler. Så om till och med det land som har tagit alla våra industrijobb förlorar industrijobb, vem har tagit allihop? Det skulle vara Afrika söder om Sahara då, den enda kontinent där andelen industrijobb just nu ökar.

Vi måste lämna föreställningen att avindustrialiseringen är ett svaghetstecken. I själva verket är det ett styrkebesked, förutsatt att det inträffar i rätt skede. Det är en fas alla länder går igenom när de blir rikare. Och i egentlig mening rör det sig förstås inte om någon avindustrialisering. Tvärtom rullar de löpande banden allt snabbare. Sedan 1980 har industriproduktionen i Sverige och USA ökat med mer än 90 procent, det är bara det att vi inte behöver lika många personer till den produktionen.[80]

Om man zoomar in på den amerikanska industrivärlden under millenniets första tio år, ser man att de förlorade 5,6 miljoner arbeten. Men det berodde inte på att de producerade mindre. Tvärtom producerade de mer under denna tid – så mycket mer att om de hade tillverkat lika mycket per arbetare 2010 som år 2000 hade de behövt anställa tre miljoner fler. Förlusten av jobb berodde alltså inte på att fabrikerna konkurrerats ut, utan på att de blev mycket mer produktiva.[81]

Ungefär 87 procent av de förlorade industrijobben berodde på sådan förbättrad produktion, bara 13 procent berodde på handel. Det betyder att även om strategisk industripolitik skulle få hem fabrikerna skulle den inte få hem fabriksjobben, för de togs inte av kineser och mexikaner, utan av R2D2 och C3PO och allt vad de heter. Och kineserna och mexikanerna skaffar också allt fler sådana robotar. Sedan 2010 har kinesiska företag ökat antalet industrirobotar från 50 000 till 800 000.[82] Det är bara därför de kan producera mer och konkurrera bättre.

Det betyder inte att jobben tar slut. Lika lite som de tog slut av spinnmaskinen, mekaniska vävstolar, ångmaskinen, bilen, datorn, bankomaten och alla andra innovationer. Tvärtom skapar det kompletterande industrier och frigör köpkraft att anställa fler. Aktuell forskning visar att en ökning av automatiseringen i en fabrik med en procent faktiskt ökar arbetsstyrkan där med 0,25 procent efter två år och 0,4 procent efter tio år.[83] Men det är inte samma jobb. De manuella jobb som konkurrerar direkt med maskinen ersätts med andra jobb som kompletterar maskinen.

Dessutom innebär ökande välstånd i sig att en allt mindre del av vår konsumtion ägnas åt prylar, och allt mer åt tjänster, som vård, omsorg, underhållning, design, forskning, utveckling och utbildning. Och vi har bara råd med det därför att automatiseringen av industrin gör att vi kan ägna en allt mindre andel av vår köpkraft på dess produkter.

Det här känns så fel för vår samhällspsykologi och vår ekonomiska debatt präglas ofta av en bilderboksnostalgi. Det framstår som att vi har förlorat verkliga jobb där riktiga män producerade saker man kunde tappa på foten – sådana jobb som finns i barnens bilderböcker. I stället har vi fått en massa otillfredsställande bullshitjobb (som David Graeber kallade det i en populär bok med samma namn) med temporära kontrakt där det är oklart vad som egentligen produceras. Vilka barnböcker handlar egentligen om art directors, personliga tränare, PR-konsulter, content managers, cykelbud eller biotekniska analytiker?

Bilderböckerna kan med fördel kompletteras med läsning av några memoarer av och intervjuer med dem som har arbetat i en fabrik. Om 1950- och 60-talen var den västerländska arbetsmarknadens guldålder, hur kommer det sig att de som var med om det med få undantag betonar smutsen, slitet och tristessen, utslitna kroppar och utschasade sinnen? Skälet till att arbetarna i dessa fabriker kämpade så hårt för att ge sina barn en bra uppväxt och utbildning var att barnen skulle slippa sådana jobb. Som en stålarbetare i Pennsylvania varnade sina barn: ”Om ni kommer hit vet ni aldrig om ni kommer härifrån. Och om ni gör det kanske ni kommer sakna en arm, ett öga eller ett ben. Gör något av era liv.”[84] Även i den uppmärksammade rostbältsbetraktelsen *Hillbilly Elegy* skriver författaren J D Vance att det fanns en sak han och alla hans skolkamrater var eniga om när de växte upp: ”ingen ville göra en karriär på fabriken”.[85]

Visst finns det undantag. Det måste ha varit en dröm att vara bilarbetare i Detroit på 1950-talet, med tanke på hur det exemplet alltid återkommer i vår tids arbetsmarknadsnostalgi. Eller? Historikern Daniel Clark har genomfört ett stort intervjuprojekt med sådana arbetare och förväntade sig berättelser om ett förlorat Eden. Han fick höra något helt annat. ”Det fanns nästan ingen, man eller kvinna, vit eller afroamerikan, som kom ihåg 1950-talet som en tid av jobbtrygghet, stigande löner och förbättrade villkor.”[86]

Han fick i stället höra om snabb omstrukturering, ekonomisk volatilitet, otrygga anställningar och återkommande arbetslöshet. Under en period var en tiondel av hela USA:s arbetslöshet koncentrerad till staden Detroit. Höga timlöner sade inte så mycket om årsinkomsten om man bara kallades in tillfälligt och snabbt åkte ut igen. De flesta bilarbetare Clark talade med behövde ta tillfälliga extrajobb för att betala räkningarna, som flyttgubbar, städare, sophämtare, servitörer, bomullsplockare och mycket annat:

> Bilarbetarna missade ofta sina avbetalningsplaner, så de fick lämna tillbaka inköpen och det blev omöjligt för dem att klara amorteringar och hyror. De flesta bilarbetare, och särskilt de som hade familjer, hade för låg lön för att köpa de bilar de själva tillverkade.[87]

Guldåldersmyten om Detroit bygger på att de som lyckades hålla fast vid en längre tids heltidsanställning i dessa industrier hade betydligt bättre löner än amerikaner i övrigt på den tiden eftersom den allmänna nivån var så låg, och det gällde främst den grupp som anställdes i Detroit 1953.

Så med andra ord bygger hela berättelsen om fabrikernas förlorade guldålder på en enda amerikansk stad under ett enda år under den mycket säregna tiden efter andra världskriget. Och hur mycket fick dessa lyckliga i lön? Jo, det starka bilfacket lyckades pressa upp timlönen till ungefär 1,3 dollar – vilket motsvarar runt 150 kronor i dag. Det råkar vara samma ingångslön som Amazon betalar sina lagerarbetare.

Lönar sig mödan?

Man kan alltid titta på den del av arbetsmarknaden som för ögonblicket har det tuffast och utifrån det dra slutsatsen att vi lever i prekariatets tidsålder. Men om vi vill ha en bild av hur det går för befolkningen som helhet räcker det inte med enskilda berättelser. Vi måste se hur det har gått för löntagarna i allmänhet. Har lönerna stagnerat, jobben blivit osäkrare och löntagare utkastade i otrygghet?

Berättelsen om lönestagnation är precis som fabriksromantiken importerad från Amerika, där löneutvecklingen särskilt för lågkvalificerade yrken under många decennier var långsam. Men berättelsen missförstås lätt som om det skulle handla om att lönerna inte har ökat. Det är inte ens vad uppfattningens företrädare påstår, de menar i stället att personer som har en viss typ av arbete i en viss ålder i dag inte har mycket bättre lön än en person i motsvarande situation och på motsvarande position 1980. Den som har en amerikansk minimilön i dag har det inte bättre än den som hade minimilönen 1980.

Men det är ju inte samma personer. Den österrikiske ekonomen Joseph Schumpeter poängterade att vi ofta tittar på fördelningsfrågor som om vi tittade på ett hotell där gästerna bodde på lika våningar där rummen var finare ju högre upp man kom. När vi bara tar en ögonblicksbild av fördelningen i dag och jämför med hur den såg ut för några decennier sedan kommer vi inte att se så mycket förändring utom att de stora sviterna högst upp har blivit än lyxigare med espressomaskiner och sidenlakan. Men Schumpeters poäng är att människor sällan bor på samma våning hela livet. Det vanliga är tvärtom att de tar sig till högre våningar. De som bodde i lyxsviterna checkar så småningom ut och hotellet fylls av nya invandrare och studenter som får sitt första rum i bottenvåningen, men inleder sin egen resa uppåt.

Den som levde på minimilön 1980 har under sitt arbetsliv fått löneförhöjningar, bytt jobb, blivit befordrad och fått ännu högre lön och så vidare. Det kommer den som i dag börjar jobba till minimilön också att få uppleva. Redan efter ett år har ungefär 70 procent som lever på minimilön i USA gått vidare till en position med högre lön. Dessutom har andelen amerikanska arbetare som alls lever på eller under minimilönen minskat från 15 procent 1980 till 1,5 procent 2020.[88]

Av de amerikaner som föds i den fattigaste femtedelen (kvintilen) hamnar sedermera nästan 37 procent i någon av de tre högsta kvintilerna och nästan hälften av alla som föds i den näst lägsta kvintilen når dit.[89] En av de största studierna på senare år visar att nästan en tiondel av alla amerikanska barn som föddes 1986 i en familj i den fattigaste kvintilen redan vid 26 års ålder har en lön som för dem till den rikaste kvintilen. Det är ett mått på social rörlighet som har varit stabilt sedan generationen 1971 då dataserien påbörjades och "om något verkar rörligheten mellan generationerna ha ökat något".[90] Det överraskar många som bara utgått från att ökad ojämlikhet skulle minska rörligheten, bland annat flera av forskarna själva som annars slagit på trumman om ojämlikhetens faror. De avslutar sin rapport med att konstatera att det behövs mer forskning om varför rörligheten *inte* har minskat som alla förväntade sig.

Eftersom skillnaderna mellan kvintilerna mycket riktigt har ökat säger detta något väldigt intressant om den sociala rörligheten i USA. Trappstegen har blivit brantare, men chansen att klättra upp för dessa steg har inte minskat. Det betyder att det faktiskt har blivit lättare för den genomsnittliga personen att förbättra sitt liv i kronor och ören. (Detta är en viktig distinktion när man jämför Amerika med till exempel Sverige och Danmark. Det är svårare för fattiga amerikaner att byta inkomstkategori än för oss på grund av vårt sammanpressade löneläge. Det räcker med några tusenlappar i lönelyft för att klättra till en högre kvintil i Norden, medan det kräver tusentals dollar i USA.)

Att lönerna inte är mycket högre för den som har ett lågkvalificerat inträdesjobb i dag än motsvarande person för 40 år sedan kan i detta perspektiv ses som en möjlighet för nya grupper av unga och invandrare att alls få komma in på Schumpeters hotell, varefter de flesta av dem kan flytta till högre våningsplan (även om det delvis motverkas av att allt dyrare sjukförsäkringar knutna till arbetsplatsen tränger ut lågkvalificerade jobb.)

Detta kan jämföras fördelaktigt med Sverige. Ständiga låglönesatsningar och höga lägstanivåer i kollektivavtalen har gjort att ingångslönen i detaljhandeln och hotell- och restaurang ligger på ungefär 88 procent av genomsnittslönen i dessa branscher.[91] Det låter ju som en bra affär, men betyder i praktiken att den som har mindre än 88 procent av genomsnittsarbetarens produktivitet – kanske för att hon talar sämre svenska, har mindre arbetslivserfarenhet eller har lägre utbildning – är utestängd från dessa jobb. Då får hon aldrig sin första anställning och kan därmed inte förbättra sina kvalifikationer och göra lönekarriär. Det är så man grundlägger ett livslångt utanförskap.

Sanningen i historien om lönestagnation i USA är att amerikaner upplevt långsammare löneökningar sedan mitten av 1970-talet än decennierna innan. En orsak är just att de ökade så snabbt dessförinnan, snabbare än produktiviteten. USA hade nämligen en guldsits efter det andra världskriget med starka industrier när Europa skulle återuppbyggas. Det var långsiktigt ohållbart att dominera den globala industricivilisationen när Europas egna ekonomier väl kom på fötter. Fler jobb förlorades i Rostbältet i nordöstra USA mellan 1950 och 1980, alltså innan globaliseringen nådde USA, än decennierna därefter.[92] Lägre löneökningar därefter var en korrigering av kostnadsnivån, som krävdes för att landets näringsliv inte skulle kollapsa.

När den svåra strukturomvandlingen var genomförd började de amerikanska lönerna öka igen. Sedan 1990 har den genomsnittliga lönen justerad för inflation ökat ungefär 34 procent.[93] Det innebär att debatten om lönestagnationen främst är ett ont muskelminne från 1970- och 80-talen. Först tre decennier efter att denna period var över började den berättelsen ta över den politiska debatten, vilket säger något om omvärldsanalysstagnationen i den sektorn.

Ett genomsnitt säger förstås inget om hur det har gått för låginkomsttagarna, så därför bör vi även dela upp statistiken på olika grupper. Då ser vi att lönen för de som befinner sig i den sämst betalade tiondelen faktiskt ökade något mer, med 36 procent. Om man dessutom tittar på inkomster efter skatter och transfereringar ökar låginkomsttagarnas fördel än mer. Inkomsten för den fattigaste femtedelen hushåll ökade med 66 procent, att jämföra med medianhushållets 44 procent 1990–2016.[94] Det finns många sätt att beskriva en ökning på 66 procent på ett kvartssekel, men stagnation är inte ett av dem.

Om man ska ta stagnationsdebatten på allvar måste man dessutom tänka på att de siffror vi använder bortser från att en allt större del av lönerna av skatteskäl betalas ut i olika förmåner, som sjukförsäkring, pension eller betald semester som inte syns i statistiken eller på lönekontot. Om man räknar in sådana förmåner har den genomsnittliga amerikanska timlönen ökat med ungefär 60 procent sedan 1980.[95]

För de allra flesta lönar sig dagens tjänstejobb mycket bättre än industrijobben gjorde under rekordåren. Till och med den grupp som alltid har huvudrollen i debatten om globaliseringens entydiga förlorare, amerikanska män uppvuxna i arbetarklasshem, har 72 procent högre löner än deras fäder hade när de var i samma ålder. I genomsnitt tjänar de nästan en tredjedel mer.[96] Det kan ändå framhävas som en försämring jämfört med deras föräldrars generation, där förmodligen nära hundra procent hade högre löner än deras fäder hade haft, men det var för att deras fäder i de flesta fall vuxit upp i svår fattigdom inom jordbruket och under den stora depressionen. Det slapp man gudskelov i generationen därefter.

Det ligger ändå något i att medelklassen har urholkats i och med att vissa typer av rutinbetonade jobb som gav medelinkomster har försvunnit efter andra världskriget. Det gäller många former av industriarbeten, men också kontorister med ansvar för register och lager eller bank- och postkassörer som hanterade räkningar eller tog emot, räknade och överlämnade sedlar. Jobb som krävde precision och noggrannhet, men inte improvisation och social intelligens. Just sådant som industrirobotar, datorer och bankomater är bra på.

Men det betyder inte att jobb försvinner netto. De pengar vi tidigare hade för att köpa denna typ av arbetsinsatser finns kvar och används nu för att köpa andra typer av arbetsinsatser i det som ibland kallas ”de nya medelklassjobben”, inom transport, vård, utbildning, underhållning och kultur. Vi får färre industriarbetare och bankkassörer, men vi får mer teknisk support, paketleverantörer, lastbilschaufförer, installatörer av bredband, solceller och luftkonditionering, familjerådgivare, juristassistenter, massörer, eventorganisatörer, art directors, ljudtekniker, kockar och föreläsare.

Men där kan man också ana det som faktiskt har blivit betydligt tuffare på arbetsmarknaden: de flesta av dessa jobb kräver mer av problemlösning, improvisations- och kommunikationsförmåga. Även den introverta it-supporten måste kunna samtala med mig om problemen utan att röja hur inkompetent han tycker att jag är. Utbildningskraven har ökat för nästan alla arbetsuppgifter i takt med denna förändring. Det betyder att den som har låg utbildning har det allt svårare att få ett bra medelklassjobb, till exempel amerikaner utan high school-utbildning. Då ska man emellertid också tänka på att den andelen har minskat från 40 procent i början av 1950-talet till ungefär tio procent.

Det som en gång i tiden utmärkte medelklassjobben var att de gav en medellön. Ekonomen Michael Strain beslöt sig för att se vad som har hänt med dem som brukade ha det. Han definierade den amerikanska medelklassen som de hushåll som har en inflationsjusterad snittlön mellan ungefär 25 000 och 70 000 kronor i månaden, vilket innehåller ett element av godtycke, men stämmer med mångas intuition om vad ett medelklassjobb innebär. Siffrorna visade mycket riktigt att medelklassen har urholkats, som alla oroat sig över. Mellan 1967 och 2018 har den andelen minskat från 54 till 42 procent.

Men allt för få ställer den relevanta frågan: Vart tog de vägen? Ja, inte var det nedåt, eftersom andelen som tjänar mindre än 25 000 kronor i månaden också har minskat, från 36 till 28 procent. Den försvunna medelklassen har rört sig uppåt. Andelen som tjänar över 70 000 kronor i månaden har mer än tredubblats sedan 1967, från 10 till 30 procent. Det är inte botten som gått ur, utan taket som lyfts.[97]

Figur 6. Andel hushåll per inkomstgrupp

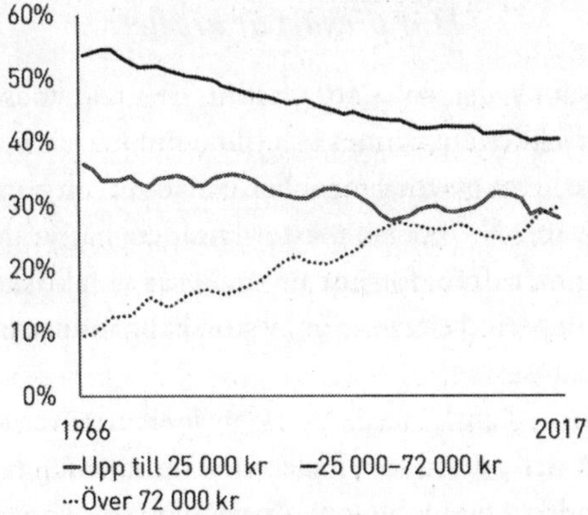

US Census Bureau & Strain 2020

Nog är det lätt att känna att ”när min farfar var i min ålder kunde han försörja fru och tre barn och låta bygga ett hus utan att låna ett öre, medan jag måste ta ett sms-lån för att få råd med en Playstation 5”, men det bortser från att farfar bara behövde betala en tiondel av sin inkomst till staten, samt att det på hans tid faktiskt var tillåtet att bygga nya hus någonstans.[98]

Dessutom gjorde det allmänt låga löneläget det billigt med arbetsintensiva projekt som att bygga ett hus. Fråga i stället farfar vad han gjorde om han ville ha kött till middag eller behövde en ny jacka eller en bok, telefon eller radio eller för den delen en ny höftled, så kommer du att få höra en historia som påminner mindre om den gamla goda tiden och mer om Monty Pythons *Four Yorkshiremen*-sketch.

Hur prekärt är arbetet?

Visst känns det som att tempot höjs vid maskinerna, arbetstillfällen försvinner och tillkommer i rekordfart och vi måste kasta oss mellan jobben och jobba allt hårdare och intensivare? Nå, i så fall måste vi fundera på var den känslan kommer ifrån, för just nu upplever vi faktiskt en väldigt lugn period efter 150 år av storskalig industrialisering och urbanisering.

En amerikansk studie av tiden mellan 1850 och 2015 visar att den period som hade störst omsättning på arbetsmarknaden – flest jobb som försvann och nyskapades – var den tidigaste medan den med minst omsättning var den senaste. 1950- och 60-talen är för evigt hågkomna som rekordåren. Då var strukturomvandlingen ungefär fem gånger större än i dag.[99] Då handlade den dessutom mer sällan om att man bytte jobb till ett annat företag i samma stad och oftare om att man ryckte upp hela familjen och flyttade till en främmande del av landet. Under 1950- och början av 60-talet flyttade omkring 20 procent av USA:s befolkning varje år. Sedan dess har andelen minskat kontinuerligt. 2017/18 sjönk den till under tio procent, för första gången sedan 1947 då den amerikanska statistikmyndigheten började registrera inrikes mobilitet.[100]

Problemet i dag är snarare för lite omvandlingstryck än för mycket, för en stor del av vår tillväxt kommer av att gamla jobb och företag försvinner och ersätts med nya och mer produktiva. När det inte sker i tillräcklig utsträckning får vi inte den snabba förbättring av arbetstillfällen och löner som vi förväntar oss.

Vi arbetar inte mer än någonsin, utan allt mindre. Sedan industrialismens genombrott har arbetstiden halverats i västvärlden och det har fortsatt minska de senaste decennierna, om än i ett långsammare tempo. Mellan 1960 och 2017 minskade de årliga arbetstimmarna i Sverige, Storbritannien, USA, Tyskland, Frankrike, Spanien och Italien i genomsnitt med ungefär en femtedel.[101] Dessutom börjar vi jobba senare i livet och lever längre efter pensionen än vi någonsin gjort.

Figur 7. Arbetade timmar per person och år

Genomsnitt för USA, Storbritannien, Sverige och Tyskland.

Arbetsplatserna har också blivit mycket säkrare. Sedan 1955 har antalet svenskar som dör på jobbet minskat med 95 procent trots att antalet arbetande är betydligt fler i dag. Den största säkerhetsvinsten kommer för övrigt när man går från industriarbeten till tjänstesektorn.[102]

Men även om objektiva faktorer inte tyder på försämringar eller instabilitet kan förstås hårdare konkurrens, högre tempo i själva arbetet och mer flexibla kontrakt ändå skapa känslor av oro och osäkerhet. Om andelen som uppger sig vara tillfredsställda med lönen, säkerheten, karriärmöjligheterna, chefen och bekräftelsen de får på arbetsplatsen alla hade minskat drastiskt sedan jag skrev TVF skulle det exempelvis vara ett tecken på att vi trots allt får sämre jobb. Men det är tvärtom på alla dessa punkter. Gallup har frågat amerikaner om hur tillfredsställda de är med jobbet sedan 1993. Under detta dryga kvartssekel, då hårdare konkurrens och globalisering sägs ha lett till prekariat och bullshit jobs, har andelen som är helt nöjda med sitt arbete ökat från 35 till 56 procent (tillsammans med dem som är någorlunda nöjda är det nu nästan 9 av 10). Andelen som är nöjda med hur mycket arbete som krävs av dem har ökat med en tredjedel och andelen missnöjda har halverats.[103]

Vissa kritiker av det moderna arbetslivet, som David Graeber och Roland Paulsen, menar att all den tid vi kan ägna åt att prata i telefon, maila, spela och slösurfa på jobbet visar att vi kanske inte har särskilt viktiga och meningsfulla jobb.[104] Det kan naturligtvis vara så, även om det kanske snarare handlar om vårt behov av mikropauser och distraktioner även när man gör något angeläget. På samma vis som man med jämna mellanrum måste stretcha och röra sig på ett annat sätt när man har ett krävande fysiskt jobb kanske man behöver stretcha intellektuellt med en omgång Candy Crush eller Youtube när man jobbar med huvudet (du skulle bara veta hur många Nick Cave-videos jag har tittat på under arbetet med denna bok). Men det intressanta är något annat: om man har tid att spela och maila många arbetstimmar i veckan, eller likt en Luftfartsverksanställd kan porrsurfa 75 procent av tiden utan att det märks på ens prestation (ett av Paulsens favoritexempel), kan det i alla fall inte betyda att kraven och tempot i arbetslivet har drivits upp så omänskligt mycket generellt.

I sin bok om ”bullshit jobs” gör Graeber mycket av det faktum att 37 procent av britterna svarar nej på frågan om de med sitt arbete ”ger ett meningsfullt bidrag till mänskligheten”. Och genom att plötsligt likställa detta med att dessa 37 procent är ”övertygade om att deras jobb var meningslösa” menar han att tesen om att det finns allt fler bullshitjobb har ”blivit överväldigande bevisad av statistisk forskning”.[105] Men det är en ganska hög tröskel för att inte få sitt jobb idiotförklarat. Jag kan komma på en hel del meningsfulla arbetsuppgifter jag utför som inte rör mänskligheten i ryggen. Kan man för övrigt verkligen utesluta en viss blygsamhet i vårt brittiska grannfolk när de blir tillfrågade om de ser sig som mänsklighetens välgörare?

Om vi i stället ställer frågan om man har känslan av att man utför ”useful work” var det bara 4,8 procent i EU som svarade ”aldrig” eller ”sällan” 2015, och den andelen har dessutom minskat från 7,8 procent 2005.[106]

Om vi inte litar på vad folk säger om hur stressigt de har det på jobbet kan vi svabba insidan av kinden på dem, för att leta stresshormoner. Tre forskare bad 122 personer i en medelstor amerikansk stad att göra det sex gånger om dagen. Det visade sig att de flesta av dem var rejält stressade – på fritiden. Majoriteten av arbetarna upplevde mer stress i hemmet, omgivna av familj och hushållssysslor än de gjorde på arbetsplatsen (så kanske har den kortare arbetstiden faktiskt gjort oss mer stressade). Det skulle naturligtvis kunna spegla en ojämlik arbetsmarknad, där högutbildade arbetare med höga löner och goda förmåner har en allt bekvämare tillvaro, medan låginkomsttagare tvärtom sliter allt hårdare. Därför var denna studie så överraskande, då den tydde på motsatsen: socioekonomiskt svaga, som hade lägre löner och sämre arbetsvillkor uppgav att de kände större tillfredsställelse och mindre stress på arbetsplatsen än socioekonomiskt starka gjorde.[107]

Man ska inte dra för långtgående slutsatser av ett enskilt resultat, och mer forskning krävs (som forskare brukar säga när de vill ha mer bullshitjobb), men det är i alla fall svårt att utifrån denna bekräfta de mörkaste teorierna om den moderna arbetsmarknaden. Den passar däremot in i teorin om att arbetet kan fungera som en trygg plats för personer som har en svår hemmiljö, med splittrade familjer eller våld eller förtryck i hemmet, vilket är ett mycket starkt argument för en arbetslinje, särskilt i utsatta områden.

Forskningen visar att det går konjunkturer i känslan av trygghet på arbetsmarknaden – den ökar i högkonjunktur och minskar i lågkonjunktur – så de som vill argumentera för hur dåligt allt har blivit använder sig av ett enkelt trick: de använder undersökningar som görs mitt i lågkonjunkturer och jämför sedan med hur löntagare svarade på den gamla goda högkonjunkturens tid. Om man i stället mäter under längre tid, över konjunkturcyklerna, framträder i stället stabilitet och en liten förbättring. I Amerika, Storbritannien och Tyskland har upplevelsen av osäkerhet på arbetsmarknaden inte ökat de senaste 40 åren, trots den stora finans- och eurokrisen mot slutet av perioden. Forskningen kan inte förklara trygghetsnivåerna med teknisk förändring eller arbetsmarknadslagstiftning, utan det enda långvariga och entydiga sambandet finns med arbetslöshetsnivån.[108]

Det finns en ny och snabbväxande del av arbetsmarknaden som har betydligt mindre trygghet än den traditionella: gigekonomin, där man har tillfälliga, osäkra uppdrag med att köra taxi, leverera mat, hyra ut rum, hjälpa till att flytta eller lämna sopor, snarare än anställningar. Och jag ska medge att när jag ser en matkurir cykla uppför en uppförsbacke i regn och motvind för att leverera pizza för några kronor så tvivlar jag också på om detta verkligen är ett framsteg för mänskligheten.

Även om det här är ett nytt fält och forskningen är i sin linda verkar det intressant nog som att gigarbetare i genomsnitt är minst lika nöjda med lön och arbetstimmar som de fast anställda, även om spridningen är stor.[109] Det har att göra med att det absoluta flertalet av gigarbetarna uppger att de aktivt sökte sådana jobb, inte bara för att de inte har några alternativ. För de flesta är det nämligen en temporär sysselsättning på vägen till eller utöver något annat. Det rör sig ofta om att man kompletterar ett annat jobb eller skaffar sig inkomster medan man studerar, startar ett företag, letar efter jobbet som verkligen matchar ens kompetens eller plötsligt behöver extraintäkter. Och i så fall är möjligheten att välja när och hur mycket man arbetar en förmån och inte en svaghet, även om lönen omräknad till en heltidslön kan se väldigt låg ut.[110]

Sedan finns det förstås en substantiell minoritet som tar dessa jobb för att de inte får tag på något annat, och då kan pressen att acceptera även usla arbetsmöjligheter bli stor och tillfredsställelsen med jobbet kommer att vara låg. Men om alla andra jobbmöjligheter är värre betyder det att detta jobb är det minst dåliga. Ett annat ord för ”minst dålig” är ”bäst”. Studier av Uber- och Lyft-förare i USA visar genomgående att mellan 60 och 70 procent föredrar att ha jobbet som ett gig framför en fast anställning. Då ska man dessutom tänka på att man borde formulera om frågan så att den står mellan att vara gigarbetare eller att ha en mindre chans till fast anställning, för om företagen måste betala fasta löner och förmåner kommer de inte ha råd med alla, särskilt inte med någon som inte drar in ordentligt med uppdrag eller är tillräckligt effektiv.

Kritiken har varit massiv mot att gigarbetarna bara anses jobba när de utför ett visst uppdrag och många plattformar har pressats av fackföreningar eller lagen att behandla giggarna som anställda. Men om fasta anställningar med acceptabel lön ska fungera i en bransch med låga marginaler förutsätter det att man överger de fria arbetstiderna och i stället dirigerar chaufförer till de tidpunkter och områden som ger störst intäkter. I New York har det lett till att gigchaufförer inte längre kan checka in det ögonblick de vill ha ett jobb, utan jobbar skift. Det är inte längre tillåtet att ta pauser eller semester när man vill, vilket var en av de stora poängerna med ett gigarbete.

När det gäller matleveranser innebär fasta anställningar att arbetarna måste vara väldigt produktiva, de måste cykla snabbt i uppförsbacke i regn, och företaget måste bevaka dem så att de vet att de gör det. Om man får samma lön oavsett hur raskt man trampar, måste den som cyklar för långsamt kastas ut från bolaget. Det visar sig alltså att några av de värsta aspekterna av gigarbetena paradoxalt nog är resultat av att man inte har respekterat yrkets flexibla natur och har velat reglera dem som vanliga jobb. ”Hux flux har ett enkelt extraknäck för vem som helst som kan cykla förvandlats till ett kvalificerat jobb för starka, snabba och vältränade”, som nationalekonomen Andreas Bergh uttrycker det.[111]

Globalismens vågkraft

Inget jag har skrivit här innebär att historierna om söndertrasade industrilandskap och sargade rostbälten är fantasier. Samhällen och kulturer växer kring expansiva företag som erbjuder eftertraktade arbetstillfällen. När de affärsmodellerna inte längre håller börjar samhället urholkas. Butiker och underleverantörer som byggde på den köpkraften läggs ned och de unga börjar flytta ut. Det här är särskilt påtagligt i ett ungt land som Amerika, där fabrikerna inte uppfördes i organiska stadsmiljöer med långa traditioner, utan helt nya samhällen föddes omkring dem. När man reser i det amerikanska rostbältet i dag kan man på vissa håll få känslan av att befinna sig i spökstäder, utan energi och framtidshopp. Men man kan också uppleva något liknande i vissa svenska bruksorter. Det är en förlamande dyster känsla, och det är många som skadas av det. Hur kan någon försvara den våg av globalism som dränker medelklassen och alla goda arbetstillfällena?

Vänta lite, har man inte lagt in lite för mycket i den frågeställningen som borde bevisas? Med vilka belägg utses globaliseringen till boven i detta drama? Låt oss titta på det mest använda exemplet: Kinas intåg i den amerikanska ekonomin efter WTO-medlemskapet 2001. Mellan 2001 och 2021 minskade andelen industriarbeten i USA med 0,2 procentenheter årligen, vilket naturligtvis har varit plågsamt för de berörda. Det råkar emellertid vara en betydligt *mindre* minskning än decennierna dessförinnan. Mellan 1960 och 2001 minskade andelen industrijobb med nästan 0,4 procentenheter årligen. Så det rör sig inte om något trendbrott, utan en fortsättning – i långsammare tempo.[112]

Men det kan ju förstås vara jobbigt nog ändå. Kritiker menar att konkurrens från kinesisk import slog ut ungefär 130 000 amerikanska jobb årligen 2000–2015. Det låter mycket tills man jämför med de ungefär 60 miljoner jobb som under samma period försvann i den amerikanska ekonomin varje år. Omkring 20 miljoner av de jobbförlusterna är ofrivilliga. De har att göra med att företag lägger ned eller flyttar eller får behov av en annan personalsammansättning. Det betyder att för varje jobb som försvann på grund av kinesisk import förlorade 150 personer jobbet av helt andra skäl.[113] Men av något skäl tänker vi mer på det där enskilda jobbet än på de 150 andra, kanske för att det jobbet passar in i bilden av den rovgiriga globala kapitalismen?

Men siffran om 150 visar att vi alltid kommer att förlora jobb. Tekniken förändras, vissa uppgifter automatiseras, andra ställer krav på annan kompetens. Människor flyttar och köpkraften med den. Vi konsumenter ändrar hela tiden vår efterfrågan. Plötsligt beställer vi hellre vår resa själva online än genom att kliva in på en resebyrå och vår filmkonsumtion kräver inte längre produktionen av videokassetter. En dag kommer vi på att vi inte behöver så många pappersbruk för att läsa nyheterna på morgonen.

Jobb kommer alltid att försvinna. Den enda frågan vi har att ta ställning till är om vi ska förlora jobb utifrån en svaghetsposition, där vi i det längsta har försökt behålla alla gamla, förtvinande sektorer, eller från en styrkeposition, där vi har resurserna och de expanderande industrierna så att vi kan ställa om och anställa i nya, växande företag. Om vi väljer det senare är det svårt att tänka sig en bättre allierad än just internationell handel. Det gör det möjligt för oss att hela tiden uppgradera våra metoder och specialisera oss på det vi gör bäst, så att vi hela tiden skapar bättre jobb än de vi förlorade.

Sextio miljoner jobb försvinner i USA varje år och drygt sextio miljoner nya jobb skapas varje år. Och vilka är det som skapar dessa nya jobb? Svaret är lite oväntat: de företag som är mest utsatta för kinesisk import. De förlorar vissa jobb, men som svar på konkurrensen specialiserar de sig på de områden där de kan skapa större värde.

En studie visade nyligen att företag som exponerats för kinesisk import expanderade sysselsättningen två procent mer per år än andra företag.[114] Kritiker säger att det inte är samma jobb och det är helt korrekt. Det är bättre jobb. Det är industrijobb med högre löner eftersom de är i de delar av produktionen där de har större fördelar och i kompletterande tjänstejobb, som ingenjörskonst, design, forskning och utveckling och marknadsföring. Så om det är sant att ”Kina tog våra jobb” så är det också sant att de gav oss bättre jobb i utbyte.

Man kan klättra i värdekedjan på olika vis. Forskning om en halv miljon europeiska företag runt millennieskiftet visade att de som utsattes för kinesisk konkurrens svarade med att lägga mer på forskning och utveckling och de stod för fler patentansökningar. Ett resultat var att sysselsättning försköts till mer innovativa företag. Forskarnas slutsats var att kinesisk konkurrens låg bakom 14 procent av den tekniska uppgraderingen i den europeiska ekonomin mellan 2000 och 2007.[115]

Dessutom kan inhemska företag expandera produktionen genom att använda billigare, importerade komponenter. Studier som visar att import slår ut lokala jobb brukar nöja sig med att titta på direkt konkurrens: Om familjen Smith köper ett kylskåp av ett kinesiskt företag köper de det inte av ett amerikanskt bolag. Men det är bara en aspekt av handeln och inte den största. Det mesta som korsar våra gränser är insatsvaror, material och komponenter som företag behöver för att kunna producera. Ibland köper vi ett kylskåp från Kina, men det är vanligare att en amerikansk kylskåpstillverkare köper luckor, lister, kablar eller lampor från Kina, för att tillverka ett bättre och billigare kylskåp. En aktuell granskning visade att om man tittar på hela värdekedjan 2000 till 2007 är nettoeffekten av handel med Kina *fler* amerikanska jobb. Den genomsnittliga amerikanska regionen ökade sysselsättningen 1,3 procent mer årligen än en hypotetisk region som inte hade någon handel med Kina. 75 procent av amerikanska arbetare fick ökade reallöner som ett resultat av det.[116]

Men varför offra några jobb alls? Titta på en iPhone. I likhet med många andra kunde Donald Trump inte begripa varför Apple tillverkar sina mobiltelefoner på andra sidan jordklotet. ”Kina är den största vinnaren på Apple.” klagade han i januari 2019, och uppmanade Apples vd Tim Cook: ”Bygg de där fabrikerna i USA i stället!”.

Men är Kina verkligen den största vinnaren? Några forskare plockade isär en iPhone 7 som såldes för 649 dollar (knappt 6 000 kronor). De noterade att tillverkningskostnaden på drygt 237 dollar (som i tabellerna ser ut som 237 dollar av kinesisk import) till största del består av komponenter som dessförinnan har importerats till Kina, till exempel amerikanska, japanska, koreanska och taiwanesiska mikroprocessorer, minneschip och displayer mm. Men en del utgörs förstås av kinesiskt arbete och delar. Hur mycket? Knappt 8,5 dollar, inte mycket mer än en timmes amerikansk minimilön. Den "största vinnaren" får alltså bara 1,3 procent av det du betalar för en iPhone.[117]

98,7 procent går till andra producenter av komponenter, samt till Apple och amerikanska arbetare, forskare, designers, programmerare, försäljare, marknadsförare, lagerarbetare och skattemyndigheter. Och det är svaret på frågan om det inte vore bättre att ta hem jobben. Det rör sig om rutinmässiga hopsättningsjobb som få amerikaner skulle vara villiga att ta, och om de lockades att göra det med amerikanska löner skulle iPhones bli så dyra att företaget skulle ha svårt att konkurrera (till exempel mot kinesiska mobilproducenter). Om sammansättningen i stället kan läggas ut där det kan göras effektivt och billigt kan amerikaner i stället få mer kvalificerade arbeten för att utveckla design, komponenter, programvara och reklamkampanjer och dra hem de stora pengarna.

Förtvivlans system

Alla har inte fått det bättre, och det finns verkligen en grupp av förlorare som har skakat om även mig. Det rör sig om delar av den gamla vita arbetarklassen i Amerika, särskilt medelålders i rostbältena runt Appalacherna. Sedan 1999 har ohälsan och dödligheten ökat snabbt i denna grupp, som ett resultat av självmord, alkoholskador och framför allt överdoser. Deras dödlighet har nu halkat tillbaka till 1980-talets nivå. Något som forskarparet Anne Case och Angus Deaton har sammanfattat med det otäcka men träffande begreppet "deaths of despair" – dödsfall av förtvivlan.[118]

Det här är också den grupp som har klarat sig allra sämst på arbetsmarknaden under denna tid. Lönerna har inte hängt med och många av dem har lämnat arbetskraften helt och hållet, vilket i sin tur har destabiliserat familjer och den lokala kulturen. Det är frestande att skylla på globaliseringen. Men ett diagram över män mellan 25 och 54 år som har lämnat arbetskraften sedan 1965 visar en nästan konstant ökning, där det skulle krävas väldigt skarpa ögon för att urskilja någon effekt av avregleringar, Nafta eller Kinas medlemskap i WTO, och där inte heller hög- och lågkonjunktur påverkar den långsiktiga trenden. Andelen män som föll ur arbetskraften ökade faktiskt mer under den gamla goda tiden 1965–1975 än under hela perioden 2000–2019.

Figur 8. Män utanför arbetskraften 1965–2019

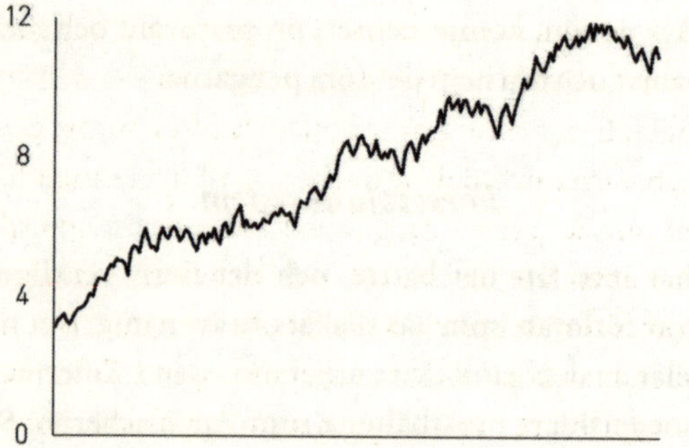

Amerikanska män i åldern 25-54 som har lämnat arbetskraften.[119]

Anne Case och Angus Deatons poängterar också att globaliseringen inte kan vara förklaringen till dödsfall av förtvivlan: ”Som namnet avslöjar är globaliseringen *global*, och det är även automatiseringen”.[120] Hela västvärlden har gjort samma globaliseringsresa, inklusive länder som är öppnare för handel än USA. Hur kommer det sig att deaths of despair inte inträffade där? Västeuropéer verkar inte ha drabbats och i USA har vi inte heller sett denna ökade dödlighet bland latinos eller bland svarta. Eller för den delen bland vita med högskoleexamen. Det är alltså något annat som är på gång i denna grupp, som gör deras svåra arbetsmarknadssituation särskilt allvarlig.

Det är inte fattigdom i sig, menar Deatons. Problemen samvarierar inte med fattigdom bland vita och kan inte förklara varför risken för dödlighet i alla åldersgrupper är lägre (och fortsätter falla) för latinos än för icke-spansktalande vita, trots att de är betydligt fattigare. Det handlar inte heller om ojämlikhet. De mest ojämlika delstaterna, som New York och Kalifornien, har lägre dödlighet.

Däremot har det att göra med ett dysfunktionellt och allt dyrare sjukvårdssystem. De flesta får vårdsförsäkringen av arbetsgivaren (av skatteskäl) vilket dels gör att företagen har incitament att bli av med de minst produktiva arbetarna och dels att arbetarna blir av med försäkringen om de blir av med jobbet. En annan amerikansk egenhet är en stor ökning av andelen av befolkningen som har dömts för ett brott och de lider ofta av diskriminering på arbetsmarknaden. Inom sjukvård och utbildning och yrken som kräver yrkeslegitimation är diskrimineringen ibland lagstadgad. En tredje är den stora andelen krigsveteraner i befolkningen, som ofta lider av dålig fysisk och psykisk hälsa.

Alla dessa faktorer har drabbat etniska minoriteter i minst lika stor utsträckning. Ett skäl till att det ändå är lågutbildade vita som har haft sämst utveckling de senast 20 åren är enligt Deatons paradoxalt nog att USA har blivit mindre rasistiskt och att svarta och latinos har gjort snabba sociala framsteg. Det är enligt nästan alla betraktare en mycket positiv utveckling, men kan upplevas hotfull för den som vant sig vid att ha en överlägsen status bara för att man är född in i en viss grupp. För den som är van vid privilegier kan jämlikhet kännas som förtryck.

Till allt detta kommer problemet att den amerikanska staten tyvärr ofta har hanterat omstruktureringar genom att avlägsna de drabbade från arbetskraften, mycket mer än länder med en mer aktiv arbetsmarknadspolitik. Den som förlorar jobbet kan få understöd, livsmedelskuponger, invaliditetsersättning, förtidspension och sjukvård, vilket lindrar fallet, men gör att färre fortbildar sig, tar ett nytt jobb eller flyttar till regioner med starkare ekonomi. De stannar i områden som inte längre kan erbjuda dem några jobb. Av varje dollar som USA ger en arbetslös går ungefär 99 cent till att få personen att stanna på soffan och bara en cent till att hjälpa den att hitta eller kunna klara ett nytt jobb.

Bidragssystemet skapar extrem inlåsning. Det är förstås en god tanke att den som drabbas av arbetslöshet eller sjukdom får ekonomisk hjälp, men om det betyder att det stödet försvinner i det ögonblick man får en anställning har man skapat en bidragsfälla. Många delar av det amerikanska bidragssystemet gör att om du tar ett jobb, sparar pengar eller gifter dig så bestraffas du ekonomiskt. Välfärdssystemet är absurt nog riggat för att uppmuntra till allt det som politiker från höger till vänster säger är en direkt destruktiv livsstil. Det är inte bara ett amerikanskt fenomen. Nästan 40 procent av de arbetslösa i OECD-länderna drabbas av en 80-procentig marginalskatt om de tar ett jobb.[121]

För några år sedan uppsökte jag amerikaner som lever på välfärdsstaten för att studera deras situation. Den gemensamma nämnaren var att de kände sig fångade och inte kunde förstå sig på systemet. Chris, ensamstående mamma med fyra barn, berättade att hon får fem olika ersättningsformer och att de är obegripliga: ”Alla fem har olika regler och riktlinjer för vad du får eller inte får tjäna. Det är otroligt svårt att räkna ut hur mycket jag får ha i inkomst.” Hon kan förlora pengar på att ta ett jobb med låg inkomst, och om lönen går upp till 22 000 kronor i månaden faller så många bidrag bort att det var som om hon bara tjänade 11 000 kronor.

Keith och Monique berättade att de bestraffades ekonomiskt för att de gifte sig och flyttade ihop efter att ha fått barn. Över en natt minskade deras sammanlagda ersättningar med 55 procent och det var inte säkert att Monique skulle få behålla sin subventionerade lägenhet. ”Många berättar inte för myndigheterna vem som är barnets pappa”, sade Monique. ”Ibland önskar jag att jag hade gjort samma sak.”

Angel, som har ett brottsförflutet och har levt på bidrag hela sitt liv, noterade att varje försök att spara något plingar till i myndigheternas register och leder till mindre assistans. ”Om du inte vill bli av med bidragen ser du till att ta pengarna och göra av med dem direkt”. Har du någonsin funderat över hur fattiga i innerstadsghetton kan ha så stora uppsättningar dyra sneakers? Jag frågade och fick svaret att det är en sparform. En hel garderob av gymnastikskor får nämligen inte myndigheten att ta bort ens sjukförsäkring eller subventionerade lägenhet. Om man får en oväntad utgift säljer man ett par skor eller går till en ”sneakerbank” där man kan skaffa ett lån med skorna som säkerhet.

Anmärkningsvärt nog kan områden i djup kris ofta ligga nära platser där företagen skriker efter arbetskraft. West Virginia är hårt drabbat, men gränsar mot attraktiva Virginia och Maryland. Krisande Maine är vägg i vägg med snabbväxande New Hampshire. I tidigare generationer flyttade de arbetslösa till jobben när en industri lade ned, men det har blivit allt svårare. Byggrestriktioner och en NIMBY-epidemi ("Not In My Backyard", personer som protesterar mot nybyggen – i alla fall just i deras område) gör att det bara går att bygga problemfritt där ingen vill bo. Då ökar fastighetspriserna så att ett nytt jobb riskerar att kosta pengar.

Ett annat skäl är att yrkeslegitimationer har blivit ett sätt att skydda dem som redan har ett jobb och hålla outsiders andra borta. Andelen anställda som omfattas av lagar om licenser och legitimationer har ökat från mindre än fem procent på 1950-talet till drygt 25 procent i dag. Över 1 100 olika yrken regleras i minst en delstat, alltifrån sjuksköterskor och optiker till makeupartister och florister. Och kraven är olika från delstat till delstat. Förlorar du ditt jobb lokalt är det svårt, dyrt och tidsödande att skaffa en särskild utbildning och licens för att göra exakt samma sak på andra sidan delstatsgränsen.[122]

Det finns mycket som skulle behövas för att lösa problemet med hemmasittande arbetskraft, både i USA och i andra delar av världen. Men att begränsa frihandel och konkurrens som bidrar till omvandlingen är ingen lösning. Inte bara för att det skulle göra oss alla fattigare, utan också för att det skulle skapa fler förlorare.

Jag ombeds ibland att se en förlorare på frihandeln i ögonen och förklara varför den personen måste förlora sitt jobb i strukturomvandlingens namn. Vi hade kanske kunnat rädda ett traditionellt industrijobb inom stålproduktion med en tull. Men vad hade hänt om vi gjorde det?

Vi hade räddat ett arbetstillfälle, åtminstone på kort sikt. Vi hade visat handlingskraft och säkert blivit omvalda. Det är det man ser, som den franske 1800-talsekonomen Frédéric Bastiat hade sagt.[123] Det man inte ser, men som brukar hända sen, är ungefär detta: Stålet blir dyrare och kämpande företag som använder det för att producera sina produkter får mindre försäljning, så någon (1) förlorar ett jobb i det företaget. Konsumenter som nu har fått högre priser på allt som tillverkats av stål får mindre pengar att köpa andra varor och tjänster och då förlorar någon (2) ett jobb när den konsumtionen uteblir i dessa sektorer. Dessutom skulle tullen göra att arbetaren (3) i exportlandet skulle förlora sitt jobb och då skulle det finnas mindre pengar där att köpa från våra exportföretag, och då blir någon utan ett jobb där (4). Dessutom blir det generellt mindre tillväxt och skatteintäkter.

Så för varje person som frihandlaren måste se i ögonen och förklara varför hon förlorar jobbet (vilket jag ska medge är en plågsam uppgift) måste protektionisten se runt fyra personer i ögonen och förklara varför de förlorar jobbet. Bara för att vi inte har fantasi nog att föreställa oss den skada som våra handlingar ger upphov till längre bort i tid och rum betyder det inte att den inte finns på riktigt.

Staten kan inte ta bort plågorna, bara flytta dem. Problemet är att den flyttar bördan från de minst produktiva företagen till de mest produktiva, de som hade kunnat lägga grunden för mer innovativa och konkurrenskraftiga jobb och ökade intäkter. Vi förlorar jobb även med tullar, men dessutom från en svaghetsposition där vi inte kan skapa nya och inte har resurser att hjälpa dem som drabbas av det. Om det inte hade varit en tull som skyddade jobbet, utan i stället ett skattefinansierat bidrag hade effekten varit likartad: Staten kan bara skapa ett jobb genom att ta resurser som annars hade använts för att skapa andra jobb.

Detta är inte ett hypotetiskt exempel, utan det som händer varje gång politiker lovar att ta krafttag för att skydda nationella jobb. Jag kanske räknade lite lågt också. En detaljerad analys av amerikanska handelshinder visade 1994 att varje räddat jobb kostade konsumenterna i genomsnitt sex gånger mer än den genomsnittliga lönen är i tillverkningsindustrin. Det betyder att för varje jobb tullen räddade hade den köpkraften kunnat användas till att anställa sex andra personer.[124] Man skulle kunna jämföra med de cirka 120 miljarder i dagens penningvärde som slösades på att ge den svenska varvsindustrin ytterligare tio år. I stället hade man kunnat ge varje varvsarbetare en miljon i fickan och en miljon till vidareutbildning, och ändå sparat hälften av utgifterna.

Dessutom glömmer vi den viktigaste förloraren på all protektionism: konsumenten. Den som förlorar mest på att levnadskostnader ökar är låg- och medelinkomsthushåll som lägger en relativt sett större del av sin inkomst på internationella handelsvaror, som kläder, mat och hemelektronik, medan de spenderar en mindre andel på restaurangbesök, fastigheter och juridiska tjänster.

Enligt forskning publicerad i *Quarterly Journal of Economics* skulle den rikaste tiondelen av de svenska hushållen bara förlora 25 procent av sin köpkraft om vi avbröt all internationell handel. De kanske skulle ha råd. Den fattigaste tiondelen skulle emellertid förlora hela 59 procent av en redan mycket mindre köpkraft. I USA är skillnaden ännu större mellan grupperna.[125] Varje tullmur är en regressiv skatt, som plundrar dem som har det allra svårast.

Det är den våg av protektionism som raderar ut vår medelklass och våra jobb.

4. Till de superrikas försvar

"Det gick åt helvete efter 1980."

Daniel Suhonen.[126]

En sak är säker: välståndet fördelas inte lika. De senaste decennierna har en liten grupp superrika dragit ifrån oss alla.

Varför ska kapitalisterna få så mycket? Det är ju inte de som gör jobbet. När Ikea-grundaren Ingvar Kamprad dog 2018 var Ung Vänsters ordförande Henrik Malmrot, som en gång i tiden sommarjobbat på Ikeas lager, snabbt framme: "Vi är 150 000 arbetare som borde få dela på arvet." Ikeas värde är nämligen inte skapat av Kamprad utan av arbetarna, och nu är det dags att de "får tillbaka det han stulit från dem".[127]

Det är en extrem uppfattning att man förtjänar rikedom bara för att man råkade stå på lagret på just Ikea i stället för på något mindre framgångsrikt möbelföretag (hade Malmrot accepterat att gå utan lön om han utfört jobbet på Nässjö Stolfabrik AB som det inte gick lika bra för?), men grundinställningen är utbredd: bara arbetet på golvet är verkligt, inget skapas av den som hittar på affärsidén, riskerar pengar, organiserar arbetet och hittar nya marknader. Det är därför socialister alltid blir så förbluffade när deras favoritländer får varubrist och svält när staten tar över företagen. Hur kan det komma sig? Landet har lika många muskler och hjärnor som förr, det är ju bara utsugarna som har försvunnit. Det är just det som är svaret.

Venezuela har inga Kamprads. Det är därför det inte finns något att dela på där.

Som den polske marxistiske ekonomen Michal Kalecki tvingades medge 1962 efter att ha sett den skriande fattigdomen i då socialistiska länder som Indien, ”problemet är att det är för många exploaterade och för få exploatörer”.[128]

En av våra största författare, August Strindberg, tyckte länge som Ung Vänster, men han levde i industrialismens brytningsperiod och kunde med egna ögon se att entreprenörerna hade en avgörande betydelse för landets välstånd. I *Tjänstekvinnans son* berättar Strindberg historien om arbetaren som kommer till en fattig, hungrig by.[129] Han lånar pengar, köper in råvaror och redskap och frågar bondflickor om de kan hjälpa honom att fläta halm och bondpojkar om de kan sy halmhattar och plötsligt är produktionen i gång. Han avlönar arbetarna som avtalat, betalar för sina lån och för råvarorna och lyckas ändå få ihop en liten vinst. Den vinsten är en drivkraft för honom att utveckla effektivare produktion, bättre design, hitta större marknader och ständigt ligga steget före konkurrenterna.

Affärerna går allt bättre och plötsligt blomstrar byn, som vi skulle kunna kalla Älmhult så att ingen ska missa parallellen. De hungrande blir mätta och arbetaren, som nu är kapitalist, rik. Men en dag kommer en bortskämd ungsocialistisk sommarjobbare till byn (nej, Strindberg skriver inte så, han kallar honom en ”Berlinerkrabat”) och uppviglar arbetarna: ”[D]enna kapitalist har blivit rik på ert arbete”, han är ”en tjuv”. Han bortser från att deras arbete alltid funnits där, och att det bara var den driftige entreprenörens affärsmodell som gjorde deras arbete så produktivt och värdefullt för konsumenterna.

I Strindbergs berättelse lyckas dessa ”skrivbordsfantasier” övertyga arbetarna att ta hattfabrikantens pengar och hans maskiner, men det är inte längre någon som ständigt letar efter de bästa råvarorna, reparerar maskinerna, effektiviserar produktionen eller söker efter nya marknader. Byborna arbetar vidare, för arbetet har de kvar, men de undrar varför både vinsten och lönen snabbt försvann. Och ingen arbetare kom någonsin mer på den galna idén att riskera sina besparingar för att starta en fabrik i den lilla byn, som strax därefter föll tillbaka i fattigdom och hunger.

Strindbergs poäng var att kapitalistens arbete inte bara är produktivt, utan att han också står sist i kön av alla som berikas av det. Om en ägare ska kunna tjäna pengar måste först alla andra i kedjan få sitt: Kunderna måste få en vara eller tjänst som de uppskattar mer än de pengar de avstår. De anställda måste varje månad få sin avtalsenliga lön, även om det tar flera år innan företaget utvecklar och lyckas sälja sin produkt, till och med om det aldrig lyckas. Ett skäl till att de flesta vill arbeta för ett företag i stället för på egen hand är att få är villiga att vänta med lönen eller helt avstå från den om produkterna inte säljer.

Dessutom måste alla underleverantörer av material och maskiner få betalt för sina leveranser till företaget och investerarna som riskerat sitt kapital måste få sitt. Om något av företagets intäkter återstår när anställda, leverantörer och långivare har fått betalt för sina insatser kallas det ”vinst” och vi blir jättearga över att den är så hög. I själva verket borde vi bli glada ju större den är, eftersom det visar att alla andra i kedjan har fått betalt först samt att företaget ändå har lyckats i sin ambition att förvandla tid och resurser från något vi värderade lägre till något vi värderar högre.

Det är därför jag blir så frustrerad varje gång någon säger att framgångsrika företagare måste ”ge något tillbaka till samhället”, för att kompensera för sina vinster. Det faktum att de har gjort vinster är ju ett tecken på att de *har* givit något till samhället.

På en fri marknad är intäkter något man får för att man har givit andra något de vill ha, vad det än råkar vara. Jovars, jag är dollarmiljonär, svarade den lätt generade vänsterdemokraten Bernie Sanders *New York Times*: ”jag skrev en bästsäljande bok. Om du skriver en bästsäljande bok kan du också bli miljonär.”[130]

Vinster är inte något man tar av andra, utan en liten del som man får behålla av de nya värden och vinster man skapar för andra. Hur liten del? Nobelpristagaren och ekonomen William Nordhaus har studerat förtjänsten som innovatörer och entreprenörer gör utöver den normala avkastningen på investeringar när de introducerar nya varor, tekniker och metoder i ekonomin. Nordhaus slutsats av 50 år av amerikansk statistik är att dessa giriga kapitalister lägger beslag på ungefär 2,2 procent av sina innovationers sociala värde, trots patentskydd och fördelarna med att vara först på marknaden.[131]

2,2 procent! Varför så lite? Tänk så här: En dag kommer någon på en process som tillverkar mikroprocessorer till halva priset. Vem gynnas av detta? Konsumenterna förstås, men först och främst hon själv, för hon behöver bara sänka priset på mikroprocessorer så mycket att hon ligger lite under sina konkurrenter och ändå vill alla köpa av henne. Men snart börjar processen sprida sig, hon licensierar ut den till andra producenter, andra imiterar den och åter andra lär sig på detta vis att det är möjligt och utvecklar egna metoder för att nå dit (och dessutom utvecklar någon strax en ännu bättre metod). Efter ett tag använder alla producenter den nya metoden och ingen tjänar så mycket mer än de gjorde tidigare. Men uppfinningen finns kvar och besparingen av tid och ansträngning för att få ett visst resultat. Den har nu blivit konsumentens och mänsklighetens vinst.[132] (Trots all vår ibland befogade oro över att patentskydd blockerar imitation tar det allt kortare tid för innovationer att spridas till andra företag och till konsumenter.)

Kapitalismen är en osannolikt bra deal för ickekapitalister. Entreprenörer skuldsätter sig, riskerar hus och hem, nonchalerar vänner och familj och sliter dag och natt, och om de mot förmodan gör succé, får de 2,2 procent av vinsten. Medan vi andra som låg på soffan och kollade på Netflix får nästan 98 procent. Detta är en välgörande form av ojämlikhet, och ju större vinster som görs, desto mer blir vår 98-procentiga andel värd.

Å andra sidan räcker det med 2,2 procent av mångmiljardvinster för att man ska bli en ny Ingvar Kamprad, Bill Gates eller Jeff Bezos och hoppet om att kunna bli det kan driva många.

Sven Norfeldt, en av Sveriges mer framgångsrika entreprenörer, beskrev en gång marknaden för mig som ett minfält. Där borta, på andra sidan, finns nya kunskaper, kapaciteter, produkter och tjänster som skulle kunna berika hela samhället. Men vår väg dit blockeras av ett minfält av osäkerhet, tekniska återvändsgränder, oförutsägbara konsumenter, skiftande konjunkturcykler, ränteförändringar, nyckfull politik och helt vanlig otur. Vi har ingen aning om var minorna är utplacerade. Det enda sättet att finna en väg till andra sidan är att få så många som möjligt att våga sig ut. Då ökar chansen att någon hittar en säker väg som vi alla kan följa.

Inget kan inspirera människor att göra denna riskabla upptäcktsfärd som hoppet om att få en rejäl del av vinsten om de mot förmodan lyckas. De flesta kommer att gå på en mina, men några få når faktiskt fram. Det är inte alltid en rättvis process, och inte alltid ”rätt” person som når till andra sidan oskadd. Inte alltid den som arbetade hårdast eller är mest sympatisk. Det kanske helt enkelt är den som råkade ha tur. Men för oss andra är det viktiga att det är så vi finner en stig vi kan följa till andra sidan, för att börja ta oss an nästa minfält. Det är bara så mänskligheten kan fortsätta framåt.

Farmors morfars farfars mormors tidsmaskin

Innovationer kan ändå skapa väldigt stora inkomst- och förmögenhetsskillnader. Om vanligt folks snittlön ökar med någon eller ett par procent per år medan en liten grupp får ett par procent av biljoners biljoner så kommer det kännas som att vi lever i helt olika världar. De tjänar så mycket pengar per sekund att de skulle förlora pengar på att böja sig ned och plocka upp en tappad tusenlapp.

Sådana skillnader sticker i ögonen.

Men vi kanske ska låta det sticka lite?

Föreställ dig att din farmors morfars farfars mormor genom en tidsmaskin transporterades från år 1800 till år 2021, och som av en slump hamnar i Bill Gates hem.[133] Vad tror du att hon skulle tycka var mest fantastiskt och avundsvärt i hans vardag?

Fundera ett ögonblick innan du läser vidare.

Vad kom du fram till?

Jag tror personligen att hon först skulle notera att han inte oroar sig över hur han ska få mat på bordet för sig och sin familj, dessutom färsk mat från hela världen och inte bara potatis och strömming. Och hon skulle häpna över att han kan vrida på en kran och få fram säkert vatten, som han inte har pumpat upp själv. Till och med varmvatten för att duscha eller bada. Till på köpet kan han föra bort familjens avföring till en mycket säker distans – bara genom att trycka på en spolknapp!

Bill Gates verkar ha sina tänder kvar trots att han är 66 år gammal, kan ta ett piller för att få bort huvudvärk och kan till och med få en ny höftled eller lever om han skulle behöva det. När ett nytt och tidigare okänt coronavirus drabbar världen kan han få ett vaccin mot det redan inom ett år. Alla hans tre barn lever, trots att de föddes för många decennier sedan och verkar förvänta sig att leva till 80-årsåldern.

Bill Gates har många utbyten bekväma kläder och kan göra dem rena och väldoftande igen genom att stoppa in dem i en box med vatten och tvättmedel. Han kan göra varje rum ljust, även mitt i natten, genom att trycka på rätt ställe på väggen. Han kan hålla upp en liten låda mot något han tycker är intressant och vackert och på så sätt generera en nästan perfekt bild av det. Otroligt nog kan han använda samma lilla sak till att se rörliga bilder från andra sidan jorden, till och med när det händer.

Och även om han inte har en symfoniorkester hemma kan han när som helst lyssna på mästerverk av Beethoven och Mozart eller av obskyra artister som VNV Nation och Clan of Xymox – om och om igen. Samma manick verkar kunna besvara precis vilken fråga han än har, från hur han ska få degen att jäsa rätt till vem som är rikast i världen 2021.[134]

När din farmors morfars farfars mormor får höra att Bill Gates också kan åka vart han vill i en metallkonstruktion som färdas snabbare än en häst galopperar och att han med en tubformad variant med vingar kan flyga till andra världsdelar på bara några timmar, då blir hon nog övertygad om att hon drömmer. Det känns som att Gates inte lever som kungar, utan som magiker.

Men så fantastiskt lever de, världens superrika.

Och det gör du också.

Det är det mest otroliga med detta tankeexperiment. De imponerande saker som allra mest skiljer dina förfäders liv från dagens superrika är sådant som du också har tillgång till. Det finns naturligtvis skillnader. Gates har en egen metalltub som han kan flyga i medan du måste dela din med andra, och hans hus med varmvatten, vattentoaletter och symfonier är mycket större än ditt. Men de superrika på dina förfäders tid hade också väldiga herrgårdar och arméer av tjänstefolk. Det helt nya – fantastiska – som har utvecklats sedan dess är sådant som du faktiskt delar med de superrika. Jag skulle till och med drista mig till att säga att tillgången på de viktigaste varorna, tjänsterna och bekvämligheterna är mer jämnt fördelad än någonsin tidigare i mänsklighetens historia.

Och varför är de det?

Därför att Bill Gates, Jeff Bezos, Sam Walton, Ingvar Kamprad, och många, många andra har tillåtits att bli superrika på att utveckla dessa varor, tjänster och bekvämligheter och skapa affärsmodeller och processer som har drivit ned dem så mycket i pris att de blev tillgängliga för den breda allmänheten. De fick massor av nollor efter dollarttecknet på bankkontot, men vi andra fick ett bättre, enklare, bekvämare liv som skulle ha fått farmors morfars farfars mormor att svimma av hänförelse.

Den översta procenten

Jovisst, men hur många är egentligen som Gates och Kamprad? Är inte de superrika oftare personer som sitter på stora arv och passiva inkomster? Den franske ekonomen Thomas Piketty har ju visat att räntor och vinster på kapital växer snabbare än tillväxten ($r > g$) och att ärvda egendomar bara växer och växer tills en liten klick har nästan allt. I den hyllade *Kapitalet i tjugoförsta århundradet* förespråkar Piketty därför det han själv kallar "konfiskatoriska skatter" för att klämma åt de rika. Han blev vänsterns nya favoritekonom och Socialdemokraternas hedersgäst i Almedalen 2014.

Piketty gör sig ingen illusion om att dessa skatter skulle ge stora intäkter. Det viktiga är att de gör slut på de stora inkomsterna. I så fall ska man vara väldigt säker på att genererandet av dessa inkomster inte tillför samhället något av vikt, som innovationer och tillväxt. Det är inte Piketty.

Hans bok har berömts för att han skriver mer om företagarna i Austens och Balzacs romaner än om verklighetens, och jag tycker själv att det blir rätt kul läsning. Men skälet är att han kan romanerna bättre. Han skriver uttryckligen att "jag vet nästan ingenting" om hur ledande rika faktiskt blev rika, han bara utgår från att det inte finns några rena hjältehistorier, utan att alla befinner sig någonstans på "ett kontinuum" mellan värdeskapande och ren stöld. Piketty skriver att "domstolar kan inte lösa varje fall av orättmätigt berikande eller oberättigat välstånd", så skatter blir "ett mindre trubbigt och mer systematiskt sätt att hantera det".[135]

Det är en helt absurd uppfattning, både i synen på företags samhällsbidrag och i uppfattningen att man ska kräva högre skatter om man blir bestulen i stället för att ringa polisen. Det är närmast en karikatyr av en fransk dirigist som sitter i sitt elfenbenstorn och inte ens orkar bry sig om vad som pågår där nere, i garagen, butikerna och fabrikerna, och vad det möjligen kan ha för betydelse för att han och andra lever i historiens rikaste civilisation. I sin bok råkar Piketty bekräfta min fördom. Sedan han fyllde 25 år, berättar han, "har jag inte lämnat Paris, utom för några få korta resor".[136]

Samtidigt anger Piketty ett explicit skäl att strunta i entreprenörskapets betydelse. Han menar att även den som tjänar ihop sina pengar på egna idéer och eget arbete till slut blir en "rentier", någon som bara slött kan leva på räntor och avkastning, för $r > g$, och sedan reproduceras familjens ställning genom arv. När han tittar på Forbes lista över miljardärer tycker han sig se att över en viss gräns växer ärvda egendomar "extremt snabbt", mycket snabbare än de genomsnittliga förmögenheterna. Därför kommer de fortsätta att dra ifrån.[137]

Det är underligt, för när andra forskare tittar på Forbes lista över 400 miljardärer 1982 finns bara 69 av dem eller deras arvtagare kvar 2014, och deras slutsats är att "dynastisk förmögenhetssackumulation är helt enkelt en myt".[138] En annan forskare tittade på de individer som fanns kvar på Forbes lista mellan 1987 och 2014 och de 327 som lämnat den och beräknade att deras genomsnittliga årliga förmögenhetsökning var ynkliga 2,4 procent. Det är bara en tredjedel av vad de hade fått om de hade investerat pengarna i en passiv amerikansk indexfond under samma tid.[139] Långt ifrån att ackumulera mer och mer, tappar de rikaste i förhållande till den allmänna välståndstillväxten på grund av filantropi och skatter, konsumtion, dåliga investeringsbeslut och kanske några rejäla bötesbelopp (för några av dem är faktiskt skurkar).

Det som är slående när man tittar på Forbeslistan är frånvaron av namn som Rockefeller, Carnegie, Morgan, Mellon, Hearst, Stanford och Vanderbilt – de superrika familjer som kallades ”robber barons” i slutet av 1800-talet. När man följer rika familjer visar det sig att 70 procent av förmögenheterna försvinner i den andra generationen. Efter tredje generationen är så mycket som 90 procent av förmögenheterna borta.[140] ”Förvärva, ärva, fördärva”, som det brukar heta.

Piketty har gjort ett elementärt misstag: han har bara fokuserat på de mest framgångsrika på Forbeslistan – Bill Gates & Co – och glömt bort de vars förmögenheter minskat och helt ignorerat de som har ramlat ur listan. Lite som att slå fast att människan är odödlig för att man begränsar sin observation till de som fortfarande är ute och rör sig på stan.

Intressant nog påminner året 1982, på den tiden när västvärlden var exceptionellt jämlik, mer om Pikettys mardröm än dagens kapitalism gör. Av de 100 rikaste personerna på Forbes lista hade 60 då ärvt sina pengar. Hela tio av dem var arvtagare till den fransk-amerikanske kemimagnaten du Ponts nästan två hundra år gamla förmögenhet. Så ser det nämligen ut när skatterna är höga, de flesta är anställda och få startar nya företag: jämlikheten är stor och få nya förmögenheter skapas. Då fortsätter gamla pengar att vara störst. På samma lista 2020 har antalet arvtagare mer än halverats. Bara 27 av de 100 rikaste har i dag primärt ärvt sin förmögenhet.[141] Andelen av de amerikanska miljardärförmögenheterna som ärvs har minskat kontinuerligt, från cirka 50 procent 1976 till 35 procent 2001, till strax över 30 procent 2014.[142] Andelen av de tio rikaste procenten som också är i topp tio i arbetsinkomst – och därmed primärt tycks samla ihop sin förmögenhet på jobbet snarare än på Ibiza – har fördubblats sedan 1980.

Faktum är att Piketty har fel även i sin övergripande tes. Kapitalinkomsternas andel av inkomsterna har mycket riktigt vuxit sedan 1970-talet, men det beror inte på rika kapitalägare, utan förklaras främst med fastighetspriserna. De har ökat absurt mycket, men är också mer jämlikt fördelade än annat kapital. Om man utesluter fastigheter har kapitalinkomsternas andel minskat något sedan 1950-talet.[143] Enligt beräkningar gjorda av fördelningsforskaren Branko Milanovic, som är djupt oroad över ojämlikheten och vill beskatta de rika hårdare, har fördelningen av kapitalinkomster varit relativt stabil i USA och Storbritannien sedan 1975. (Och med tanke på hur besatta alla är av Reagan och Thatcher kan det vara värt att påpeka att fördelningen inte ser så annorlunda ut där än i länder som Tyskland och Norge.)[144]

Så allt fler skapar sina egna förmögenheter i stället för att ärva dem, de superrikas förmögenheter växer inte ”extremt snabbt”, utan långsammare än snittet, och kapitalinkomsterna växer inte alls snabbare än tillväxten om man utesluter den dopade bostadsmarknaden. Och då ska vi dessutom påminna om farmors morfars farfars mormors tidsmaskin. Ojämlikhet i kronor och ören är inte detsamma som ojämlikhet i tillgång till livets goda. Ett tecken på det är att den ökade ekonomiska ojämlikheten i västvärlden inte har följts av någon ökad ojämlikhet i den subjektiva känslan av välbefinnande. Tvärtom. Ojämlikheten i lycka har faktiskt minskat tydligt i snabbväxande västländer även där inkomstojämlikheten samtidigt har ökat.[145]

Globalt är naturligtvis ojämlikheten mer iögonfallande, men tack vare att låg- och medelinkomstländer har vuxit snabbare än rika länder under globaliseringens tidevarv har den globala ojämlikheten i inkomster minskat för första gången sedan den industriella revolutionen. Mellan 2000 och 2018 minskade den globala ginikoefficienten (mått på ojämlikhet från 1 till 100) med 15 enheter, från 65 till 50.[146]

Figur 9. Global ojämlikhet 1970–2018

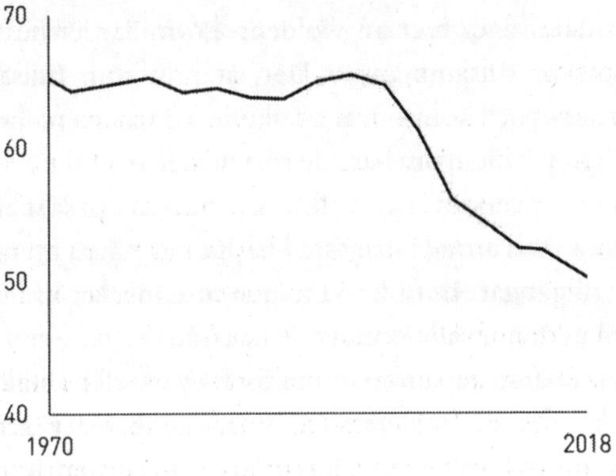

Global Ginikoefficient beräknad på nettoinkomster.

Inte heller stämmer bilden av någon snabb ökning av den globala ojämlikheten vad gäller tillgångar. Jag är inte överdrivet förtjust i Credit Suisses populära årliga sammanställningar av de globala förmögenheterna. En hel del av arbetet består av rena gissningar och eftersom de inte använder köpkraftsjusterade siffror underskattar de fattiga länders välstånd. Dramatiska årliga förskjutningar beror ofta bara på att växelkursen förändrats. Men det är intressant att även denna statistik visar att de rikas andel av världens finansiella tillgångar minskade något mellan 2000 och 2020. Den rikaste tiondelen minskade sin andel från 89 till 82 procent och den översta procentens andel minskade från 48 till 45 procent, trots de otroliga uppgångarna i tillgångspriser under denna tid.[147]

Trots det är skillnaderna förstås groteskt stora. Varje år lägger hjälporganisationen Oxfam pannan i djupa veck för att komma på ett nytt räkneexempel om hur superskev den globala fördelningen är, baserat på just Credit Suisses rapporter. Förra året meddelade Oxfam att världens 2 153 miljardärer äger mer än världens 4,6 miljarder fattigaste människor tillsammans.[148] Det låter ju som fullständig galenskap, och som om man skulle kunna svepa bort all världens problem om bara de rika delade med sig.

Man bör veta att skälet till att kontrasten blir så skarp har att göra med att de fattigaste knappt har några finansiella nettotillgångar. Det blir nämligen inte mycket kvar netto när man drar av alla skulder de har från denna summa. Då räknar Oxfam dessutom in skuldsatta västerlänningar som nyss har fått sin universitetsexamen – enligt det sättet att räkna finns ungefär en femtedel av världens fattigaste 10 procent i Europa och Nordamerika. Så när Oxfam räknar ihop de fattigaste 4,6 miljardernas samlade förmögenheter drar de alltså först av studieskulder och bostadslån i rika länder från tillgångarna. Jag brukade berätta för Oxfam att med det sättet att räkna var min dotter, vars spargris innehöll en samlad förmögenhet av ungefär två hundra kronor, rikare än två miljarder människor tillsammans.

Men bortse från det för ett ögonblick. Vi kanske ändå kan hjälpa den fattiga delen av världen substantiellt ändå, genom att de rika delar med sig. Tänk om vi helt enkelt skulle dela ut miljardärernas tillgångar till dessa 4,6 miljarder? Om vi på något vis lyckades undvika problemet med att alla världens börser och de flesta företag skulle kollapsa när vi försökte sälja tillgångarna skulle det i så fall ge var och en nästan 17 000 kronor. Det är inte småpotatis. Det skulle lite mer än fördubbla deras årsinkomst – men tyvärr bara under ett år, sen är pengarna slut. Till priset av att vi avskaffade ekonomiska incitament för företagande, investeringar och innovation världen över.

Låt säga att vi därför i stället ger de 4,6 miljarderna hela avkastningen av kapitalet, så att de får en årlig inkomstförstärkning. Vi exproprierar alla miljardärers pengar och investerar dem i en indexfond och så räknar vi optimistiskt på en årlig avkastning med återinvesterad utdelning och justerat för inflation som den vi har haft de senaste tjugo lyckosamma åren i USA. Om allt går vägen får i så fall var och en av världens 4,6 miljarder fattigaste tusen kronor varje år (före skatt). I så fall ökar vi faktiskt inte den genomsnittliga inkomstnivån för världens fattiga med mer än sex procent. Det ska inte heller föraktas, men det sveper inte direkt bort världens alla problem.

Det är dessutom en inkomstökning som de ändå får på marknaden varje eller vartannat år under normala omständigheter – och fortsätter att växa så mycket om och om igen, år ut och år in. Det är genom sådan stadig tillväxt som man minskar fattigdom långsiktigt. Inte genom att lägga det gamla välståndet i ett nytt mönster, utan genom att skapa mer av det, genom att investera i ny teknik och bättre metoder. Det brukar inte hända i länder som exproprierar de rikas pengar, utan i de länder där fattiga människor kan bli miljardärer om de har en lyckad idé. Som Venezuelas Hugo Chávez visade räcker inte ens 10 000 miljarder kronor särskilt långt om de inte hela tiden återinvesteras produktivt.

Gick det åt helvete efter 1980?

Den svenska vänstern har en berättelse om ett förlorat paradis som är nästan lika nostalgisk som amerikanernas Detroitnostalgi. 1980 var Sverige världens jämlikaste och lyckligaste land, men sen lurade kanslihushögerns orm den oskyldiga socialdemokratin att äta av nyliberalismens äpple. ”Det gick åt helvete efter 1980” skriver vänstersocialdemokraten Daniel Suhonen. Arbetarklassen förråddes och ojämlikheten skenade, det goda samhället ”drunknade i nyliberalismens syrabad”.[149]

Tillsammans med en rad olika medförfattare sprider Suhonen ofta idén att Sverige har blivit ”ett mediokert land i ’jämlikhetsligan’” och knappt kan beskrivas som en socialdemokratisk modell längre, utan närmar sig ”den liberala, ojämlika modell som tidigare ansetts beskriva USA och Storbritannien efter Thatcher.”[150] ”Medan löneandelen ökade trendmässigt under keynesianismen har den sedan 1990-talets nyliberala globaliseringspolitik successivt minskat och är nu på historiskt låga nivåer”.[151]

Och om nu någon missade att det rör sig om en ”enorm ojämlikhetsökning” tar vi det en gång till, lite högre: ”Vi kan sammanfatta läget i Sverige med att: Botten går ur. Toppen drar ifrån. Mellanskikten pressas och krymper.”[152]

Det här har nu upprepats så många gånger på så många ställen att det har börjat framstå som en etablerad sanning. Men när man tittar på den statistik ledande forskare på inkomstfördelning som Daniel Waldenström och Anders Björklund har tagit fram, eller för den delen den socialdemokratiska regeringens egen fördelningspolitiska redogörelse, inser man att det här är föga bättre än hittepå.

Till att börja med är 1980 ett vilseledande jämförelseår. Det var nämligen före den stora skattereform som gjorde att många icke-deklarerade inkomster började räknas som inkomst, till exempel tjänsteförmåner. Daniel Waldenström menar att det kan göra att "en betydande del, kanske en tredjedel, av den uppmätta ojämlikhetsökningen sedan 1980 endast bygger på detta mätfel".[153] Samma reform tog bort inflationsjusteringen vid uträkning av reavinster. Den som köpte en lägenhet eller aktiefond för en miljon och säljer för två miljoner ser numera ut att ha gjort en hundraprocentig vinst, även om värdeförändringen till stor del beror på att inflation har urholkat penningvärdet.

Om vi ändå börjar 1980, trots mätfelen, har inkomstojämlikheten i Sverige ökat från en ginikoefficient strax över 20 till en omkring 30. Det betyder visserligen att några små länder, som Slovenien, Slovakien, Norge och Belgien, är marginellt mer jämlika än Sverige, men vi rankas ändå konsekvent som ett av de mest jämlika bland höginkomstländerna, som är betydligt mer jämlika än låg- och medelinkomstländer. Långt ifrån att vara mediokert är Sverige fortfarande ett av världens mest jämlika länder. Dessutom bortser många av måtten från välfärdsstatens omfördelande effekt. Om man räknar in värdet av välfärdstjänster i den disponibla inkomsten minskar Sveriges gini med ungefär en fjärdedel.[154]

Hur är det då med beskrivningen att botten går ur, mellanskikten krymper och toppen drar ifrån?[155] Om man tittar på den tionde percentilen (vilket betyder att bara tio procent har en lägre inkomst), så har den 1995–2019 höjt sina inkomster med 48 procent. Med tanke på att den sämst betalda gruppen samtidigt har fyllts på med en stor mängd utrikes födda som har haft svårt att ta sig in på arbetsmarknaden är det en imponerande ökning. Då ska man dessutom minnas att vi nu bara jämför de sämst betalda 1995 och de sämst betalda 2019. De allra flesta sämst betalda 1995 har sedan dess förstås rört sig uppåt på arbetsmarknaden. Botten har inte gått ur, utan lyfts, exceptionellt snabbt.

Mellanskiktet då? Ja, det har fått en ännu snabbare inkomstökning. För den tionde percentilen var den årliga ökningstakten 1,7 procent. För den tjugofemte, femtionde och sjuttiofemte var den 2,0, 2,4 respektive 2,6 procent. Så mellanskikten varken pressas eller krymper.

Då återstår toppen, som utan tvekan har haft den allra snabbaste inkomstökningen. Den rikaste procenten blev 3,9 procent rikare årligen under denna tid. Men då ska vi minnas att vem som bor i översta våningen på Schumpeters hotell förändras med tiden. Bara cirka 16 procent av svenskarna har så hög inkomst att de betalar statlig inkomstskatt, men en majoritet av svenskarna, 54 procent, kommer någon gång i livet att göra det.[156] Om man i stället för att mäta årsinkomster, som svänger kraftigt, mäter genomsnittliga inkomster under en elvaårsperiod minskar Sveriges gini med ungefär 15 procent.[157]

Det som kan få det att se riktigt dramatiskt ut är emellertid inte toppskiktets löner, utan dess kapitalinkomster. Men att jämföra toppinkomsttagare i år med toppinkomsttagare 1995 är vilseledande, för det är inte samma personer. Bara en tredjedel av de som räknas som den rikaste procenten tillhör toppen minst fyra av sex intilliggande år. En snabbt ökande andel individer registreras i topp-procenten bara under ett enda år. Enligt regeringens fördelningspolitiska redogörelse gäller det omkring 40 procent av den gruppen. Personer över 65 är kraftigt överrepresenterade bland dessa och de är ofta där för att de hade en hög kapitalvinst ett enda år. I klartext betyder det att en stor del av "the 1 percent" inte är nya oligarker eller arvtagare som bara drar längre och längre ifrån oss andra, utan påfallande ofta pensionärer som säljer sin bostad och realiserar en värdeökning som skapats under flera decennier (och ibland är en stor del av intäkten bara inflation).[158] Det finns mycket vansinne även i det stora bostadslotteriet, men det har inget att göra med någon ny klass som "drar ifrån".

Men kapitalet har ändå vunnit, menar kritikerna, eftersom löneandelen "sedan 1990-talets nyliberala globaliseringspolitik successivt minskat och är nu på historiskt låga nivåer". Att man är så besatt av löneandel beror på att man är osunt fixerad vid klassmotsättningar. Som Fredrik Segerfeldt har visat har löneandelen varit rätt stabil i Sverige sedan 1870, trots facklig organisering och socialdemokratiskt regeringsinnehav – all förbättring för löntagarna har kommit från att kakan har blivit större, inte från kampen om dess fördelning.[159]

Men dessutom är påståendet om att löneandelen har börjat lösas upp i nyliberalismens syrabad helt felaktigt. Lönernas andel av nettonationalinkomsten varierade under 1970- och 80-talen mellan ungefär 70 och 80 procent och har under 2010-talet ökat trendmässigt till omkring 80 procent. Löneandelen har med andra ord varit ganska stabil, ökat försiktigt och ligger nu på historiskt höga nivåer.[160]

En liten utvikning: Det är rimligt att mäta lönernas andel av nettonationalinkomst i stället för bruttonationalinkomst, för att inte kapitalförslitningen ska råka räknas in. Den har ökat de senaste decennierna på grund av den snabba tekniska utvecklingen, och om den inkluderas ser det automatiskt ut som att kapitalets andel av BNP har ökat snabbt i vissa länder (vilket gör att vänstern och populisthögern alltid använder bruttosiffror), trots att det bara handlar om maskiner och teknik som måste bytas ut oftare. Det blir ju inte fler martinis och ostron till kapitalägarna bara för att företagen måste byta datorer och programvara oftare. I G7-länderna har kapitalets andel ökat med ungefär fem procentenheter sedan 1960-talet om man räknar brutto, men varit i det närmaste stabil om man räknar netto.[161] I Sverige har löneandelen stigit sedan 1990-talets mitt oavsett om man räknar med kapitalförslitning eller ej.

Så för att sammanfatta: Botten lyfts snabbt. Toppen har blivit allt rikare, men överskattas på grund av inflation och tillfälliga bostadsmiljonärer. Mellanskikten har haft en guldperiod.

Bortsett från mätfel och halvsanningar finns det ytterligare ett skäl till att 1980 är ett dåligt jämförelseår för att bedöma hur det går för Sverige: 1980 var mitt i en fullkomligt extrem period, även med svenska, socialdemokratiska mått mätt. Om man i stället hade jämfört dagens situation med 1950, 1960 eller 1970, den tid ekonomin växte snabbt, hade vi inte alls sett denna ökning av ojämlikheten.

Under 1970-talet ökade skatterna mycket snabbt och räntan på sparande (som mest kompenserade för den höga inflationen) lades på toppen av inkomsten så att många fick marginalskatter på den reala avkastningen över 100 procent. Astrid Lindgren klagade i en berömd artikel 1976 på att hon hade 102 procent i marginalskatt.[162] Den gamle socialdemokratiske ideologen Gunnar Myrdal klagade i en artikel på att "[i]nkomstskatterna är verkligen mycket dåliga skatter i många hänseenden och har blivit värre ju högre de blivit", bland annat för att det med incitament för avdrag och svartjobb höll på att göra svenskarna till "ett folk av fifflare". Myrdal menade att folk alldeles hämningslöst tog kvitton över allt för att dra av på skatten. ("Detta gäller också, som jag gissar, resor till 'sexklubb'", tillade han.)[163] Till slut tyckte till och med LO-ordföranden Stig Malm att skattesystemet var "perverst".[164] Det var 1980 som var rent åt helvete.[165]

Staten lyckades öka jämlikheten, men genom att göra företagande olönsamt och pressa personer som Kamprad, Rausings och Fredrik Lundberg ut ur landet. Det är nämligen lätt att öka jämlikheten i ett visst land: man bara ser till att de rikaste flyttar. Sverige halkade efter övriga västvärlden för första gången på hundra år. För vanliga svenskar var denna jämlikhetens guldålder en kristid då inga nettojobb alls skapades i den privata sektorn och lönerna stagnerade. Mellan 1975 och 1990 åt inflationspolitiken upp nästan alla löneökningar och lade grunden för den djupa finanskrisen 1990–94.

Sedan dess har ojämlikheten ökat, för skatterna sänktes och nya möjligheter till företagande öppnades. Det var en välsignelse som återigen gjorde Sverige till ett entreprenöriellt land med nyföretagande och arbetstillfällen.

Reallönerna ökade historiskt snabbt, nästan 70 procent 1995–2020. Inte för att några blev fattigare, utan för att fler blev rika.[166]

Som Churchill slog fast i en parlamentsdebatt i oktober 1945: ”Kapitalismens inneboende last är den ojämlika fördelningen av välsignelser. Socialismens inneboende dygd är den jämlika fördelningen av elände.”

Dödar ojämlikhet?

Åk längs med röda linjen på Stockholms tunnelbanan så faller medellivslängden fyra år på vägen mellan Danderyd och Norsborg, Barkarby. Böcker som *Jämlikhetsanden* och *Ojämlikhet dödar* argumenterar för att det inte bara är fattigdom som är problemet. Skillnader i sig skapar statusstress och fysisk ohälsa i ett samhälle. Det räcker därför inte att bekämpa fattigdom, vi måste också bekämpa stor rikedom.

Angus Deaton, som har gjort så mycket för att rikta världens blickar mot deaths of despair i USA är mycket kritisk mot sådan forskning:

> ”[D]et är *inte sant* att inkomstojämlikhet har en viktig betydelse för folkhälsan … det är låga inkomster som är viktiga, inte ojämlikhet, och det finns inga bevis för att det har någon effekt på de fattigas eller deras barns hälsa om man gör de rika rikare, oavsett hur oönskat det må vara på andra grunder.”[167]

Även i hans senast bok, skriven med Anne Case Deaton, poängterar han att ojämlikhet är ett ”falskt spår” i debatten: ”de som förtvivlar gör det på grund av vad som händer i deras egna liv och i de samhällen där de lever, inte för att den översta procenten har blivit rikare".[168] Folkhälsorapporten 2019 från Centrum för epidemiologi och samhällsmedicin kommer till en likartad slutsats: det kan finnas en koppling mellan hälsa och fördelning "men den effekten är i så fall liten".[169]

Nästan alla exempel som nämns i debatten kan förklaras med att ojämlika länder i genomsnitt har mer fattigdom och det är fattigdomen som driver ohälsan, inte skillnaden mot andra grupper. Ojämlika amerikanska delstater har i genomsnitt en större afroamerikansk befolkning, som har sämre hälsa än andra grupper på alla inkomstnivåer på grund av en lång historia av rasism och sämre sjukvård.

Längs tunnelbanans röda linje är inkomstskillnaderna enorma, men inte heller där är det något självklart orsakssamband. Ofta har inkomsten mindre betydelse än den livsstil som den är associerad med, som Fredrik Segerfeldt har noterat.[170] Lågutbildade röker mer, äter mer ohälsosamt och rör sig mindre, och det har inte att göra med att man har mindre pengar. Cigaretter är som bekant dyra medan promenader är gratis. Man kan inte heller bortse från kulturella skillnader. Rökning är mer än tre gånger så vanligt bland utomeuropeiska invandrare som bland svenskfödda, och andelen utlandsfödda är betydligt fler i Barkarby än Danderyd.

Det handlar mer om att det har blivit en statusmarkör i medel- och överklassen att träna, tänka på dieten och att inte röka. Där är det numera skamligt att inte sköta sig, och då sprider sig dessa vanor. Det är svårare att vrida andras kultur åt ett hälsosammare håll ovanifrån, hur mycket socialingenjörerna än skulle önska det. Men det finns faktiskt en sak som verkar fungera, upptäckte amerikanska forskare i *The Journal of the American Medical Asso-*

ciation 2016: låginkomsttagare har bättre hälsa om de bor i städer med många höginkomsttagare.[171]

Det är ett anmärkningsvärt samband. Att varje dag se människor som har högre inkomster, bättre boende och en vräkig attityd antas ofta göra en statusstressad, förödmjukad och sjuk. Men det visar sig alltså att det får en att må bättre och leva längre än att omges med personer på samma inkomstnivå.

Varför? En av forskarna bakom rapporten spekulerar om att det beror på att vanor smittar:

> Så fattiga personer som bor nära rika personer kan plocka upp många av deras vanor. En del av dessa vanor – ett pretentiöst ordförråd till exempel – påverkar sannolikt inte ens hälsa. Andra – som att träna – har definitivt positiva effekter. Vi vet att fattiga som bor nära rika tränar mer, röker mindre och löper mindre risk för fetma.[172]

När skriver någon boken *Ojämlikhet räddar liv*?

Inte alla superrika!

Nu fick jag det kanske att låta som att jag är ojämlikhets-Sauron, som tycker att det är bra i sig med ojämlika inkomster. Inget kunde vara längre från sanningen. Ojämlikhet är bra om det uppstår för att en person skapar något som gör hennes och andra människors liv bättre. Tyvärr beror inte all ojämlikhet på så goda processer, ibland beror den på motsatsen. Det är definitivt fallet i auktoritära och korrupta stater världen runt. Ryssland har blivit ett av världens mest ojämlika länder genom elitens institutionaliserade stöld av folket. Men problemet med en ful ojämlikhet finns även i demokratiska marknadsekonomier.

När jag för 20 år sedan slogs mot antiglobaliseringsrörelsen hade svartklädda vänsteraktivister och hennafärgade hippies bland sina finansiärer en oväntad allierad, den konservative textilmagnaten Roger Milliken. Hans generositet mot frihandelsmotståndare över hela det politiska spektrumet hade en enkel förklaring: Hans affärsmodell byggde på att höga tullmurar hindrade fattiga länder från att sälja kläder till den amerikanska marknaden.

Kapitalism bygger på att företag konkurrerar om konsumenternas gunst med bättre varor och tjänster, men tyvärr väljer många företag att i stället konkurrera om politikernas gunst för att få subventioner, tullar, regleringsfördelar och bailouts så att de slipper bry sig så mycket om konsumenterna. Det är inte fri kapitalism, det är svågerkapitalism eller som det ibland kallas, socialism för de rika, och det är ett av de största problemen i vår ekonomi. Dels för att det legaliserar att en grupp tillåts stoppa handen i våra plånböcker, dels för att det innebär att icke-konkurrenskraftiga affärsmodeller överlever och drar ned hela ekonomin.

Före pandemin reste jag runt i Amerika för att studera detta fenomen till en dokumentär för amerikansk public service-tv – från tullskydd för stålbolag till restriktioner mot att bygga för att inte störa utsikten (eller värdeökningen) för de lyckliga som redan är bosatta i de mest attraktiva områdena. Jag fick se hur stora livsmedelsföretag får enorma subventioner för stora odlingar av majs, vete, sojabönor, socker och bomull – subventioner som betalas av konsumenter och av de bönder som odlar frukt och grönsaker som inte subventioneras. Ett bidragssystem som OECD-länderna årligen lägger ungefär 3 000 miljarder kronor på – nästan tio miljarder om dagen. Jag mötte experter som beräknar att ungefär 70 procent av subventionerna går till de tio procent största jordbruksföretagen.

Bland de mest framgångsrika bidragstagarna är bröderna Alfonso och José Fanjul i Florida som får omkring 600 miljoner kronor i subventioner till sitt sockerimperium årligen och använder en del av det till att fördjupa det politiska stödet för subventionerna. Det bästa man kan säga om dem är att de i alla fall inte bidrar till den politiska polariseringen. Under den oförsonliga presidentvalskampanjen 2016 helgarderade sig Fanjulbröderna genom att hålla en insamling för Trump och en för Clinton.

Jag blev vittne till ett skamlöst försök från stora livsmedelsbolag att reglera livet ur små familjejordbruk. Delstaten Indiana låter småbönder slakta sina kycklingar på farmen förutsatt att de använder en säker och beprövad teknik, för att det inte bara ska kunna ske i stora, centraliserade slakterier. Men när Hawkins Family Farm började nå större framgångar och lyckades sälja sin kyckling till exklusiva restauranger, fick storindustrin med sig många delstatspolitiker på att ta bort undantaget och förbjuda Hawkins kycklingar. Inte bara kycklingindustrin, utan även gris- och biffindustrin lobbade hårt för förslaget, som de såg som en chans att över en natt stoppa mindre konkurrenter. Den här gången stoppades förslaget av en ilsken folklig opinion, men som Zach Hawkins berättade är det vanligaste resultatet av sådana processer att ”småbönderna förlorar”.

Ju mer kontrollerat näringslivet blir, desto större blir näringslivets legitima intresse att lobba för att skydda sin verksamhet mot klumpiga eller överdrivna regleringar. De måste satsa allt mer på lobbying och politiska kontakter. Silicon Valleys pigga it-företag satte en gång en ära i att inte springa i maktens korridorer, men då började reglerna utformas så att de missgynnades, och de såg sig tvungna att ge sig in i leken. Nu är deras listor på lediga jobb fulla med titlar som "public policy manager" och "government affairs". Då uppstår förstås också frestelsen och möjligheten att lobba för att skräddarsy regleringarna efter den egna verksamheten, och stoppa konkurrenter. Var på din vakt när ett affärsintresse säger att det råder oreda på marknaden – till exempel för elscootrar – och att det nog vore bäst för alla med lite färre aktörer. "När lagstiftningen styr vad som köps och säljs är lagstiftare det första som kommer att köpas och säljas", som P J O'Rourke har observerat.[173]

Företag vrider förstås också skattereglerna till sin fördel. Jag hade det som svensk tvivelaktiga nöjet att observera Ikea starta en stor butik i Memphis, Tennessee, på villkor att de fick skatteavdrag på över åttio miljoner kronor. Många storbolag som funderar på att etablera sig i en ny region använder denna taktik mot politiska församlingar: "Vad får vi om vi kommer till er?" När jag mötte två av de lokala möbelföretagarna som inte fått några motsvarande avdrag frågade de varför de ska tvingas betala högre skatter för att deras rival ska kunna konkurrera ut dem.

Och sen har vi förstås finansmarknaderna, som är fulla av banker och finansbolag som tycker att det är självklart att skattebetalarna ska rädda dem när de gjort bort sig, och aktörer som tycker att centralbanken måste undvika varje börsnedgång med löften om låga räntor och ökad likviditet. Det har skapat en fullkomligt pervers aktiemarknad. Den är till för att prissätta företag, och när handelskrig, pandemi och recession skadar dem borde snittpriserna falla, i stället ökar de eftersom centralbanker svarar på varje kris med att sänka räntorna och pumpa ut fantasisummor i ekonomin. Så hur omfattande krisen än är så har börsen (i skrivande stund) fortsatt uppåt.

I varje givet skede är det begripligt varför centralbankerna agerar som de gör. När en bostadsbubbla punkteras eller företagen hamnar i skuldkriser skapas storskaliga följdverkningar. Problemet är bara att "städarbetet efter varje ny kris verkar föda ett beteende som förvärrar nästa kris", som Andreas Cervenka har observerat i *Dagens Industri*. För att ekonomin skulle återhämta sig efter it-bubblan sänktes räntorna drastiskt 2001. Det gjorde att ingen tjänade pengar på att spara, så man sökte sig till obligationer i den enda sektor som ratinginstituten och staterna bedömde som bombsäker, bostadsmarknaden. Det gav upphov till den globala finanskrisen 2008, som jag skrev om i mina böcker *En perfekt storm* och *Eurokrasch*, och för att komma ur den infördes ännu större stimulanser och till och med negativa räntor.[174]

Skuldsättningen ökade därför ännu mer, inte minst för bostadsrättsköpare och bolag med låg kreditvärdighet – de enda som betalade någon ränta att tala om. När pandemin slog till skenade förstås räntorna på dessa dåliga lån, och för att hindra det har centralbankerna gått in och stödköpt ännu mer, vilket i praktiken är en subvention av hedgefonder och andra som har spekulerat i dåliga lån. Nu har denna hämningslösa monetära expansion tryckt upp aktie- och bostadspriser till fantasinivåer och gör att fallet blir ännu djupare när vi väl återkommer tillbaka till en något mer normal situation.

Återigen, beteendet är fullständigt begripligt. Ingen vill att en kris ska bli djupare än den behöver vara och när man väl har subventionerat väldiga risker blir det än dyrare när de slår fel. Problemet är att staten på det här viset har satt marknadskrafterna ur spel. Blir du bara tillräckligt rik och viktig för finansmarknaderna så vänder gravitationen och du kan bara ramla uppåt. Den finansiella överklass som äger tillgångar, som aktier och bostadsrätter i storstäderna, berikas snabbt medan Svensson efter inflation får betala för att ha pengar på lönekontot. En substantiell del av den ökade ojämlikheten i västvärlden de senaste decennierna beror tyvärr inte på de innovationer och investeringar som jag skrev om tidigare i det här kapitlet, utan på att staten har curlat de besuttna.

Dessutom uppmuntrar denna politik ett ansvarslöst beteende. Kapitalismen bygger på vinst *och* förlust – vinst när du gör rätt och förlust när du gör fel. Förlusterna är ett helt avgörande signalsystem. Misstag ska rensas ut och kapital föras över till mer konkurrenskraftiga affärsmodeller, inte ges konstgjord andning. Om företag och spekulanter vet att de räddas om deras investeringar slår fel är deras enda drivkraft att öka sin belåning, söka sig till allt mer exotiska tillgångar, allt högre risker och mångdubbla sina insatser, medvetna om att de alltid kan skicka vidare Svarte Petter till Riksbanken. På så sätt systematiserar vi en felaktig prissättning på risk och bunkrar upp allt fler felinvesteringar i ekonomin.

En konsekvens är att ekonomin blir allt mer zombiefierad – full av affärsmodeller som är levande döda. En studie från centralbankernas samarbetsorganisation Bank for International Settlements (BIS) definierar ett zombieföretag som ett företag som har så små vinster att det inte kan möta räntebetalningarna samt har en låg värdering som vittnar om dåliga framtidsutsikter. Andelen av de börsnoterade företagen som är zombier har ökat snabbt i rika länder, från mindre än ett av 20 företag i slutet av 1980-talet till ett av sex företag före pandemin. Det finns anledning att tro att det är en underskattning, då många problemföretag är onoterade och pandemin också har ökat deras antal. Risken att de förblir levande döda har också ökat.[175]

Ett skäl till att de har blivit så många fler, särskilt sedan den globala finanskrisen, är lågräntepolitiken. Det gör det mindre intressant för banker (som själva har så låga upplåningskostnader) att tvinga dem till konkurs, som skulle tvinga dem att bokföra en förlust och riskerar att leda till en långvarig tvist om tillgångarna. Det är också lättare för dem att sälja obligationer på en marknad som centralbankerna har dopat. Så de stapplar vidare och knyter upp kapital och arbetskraft som annars hade gått till piggare nykomlingar i branschen.

BIS granskning visar att ett en ökning av andelen zombieföretag med en procentenhet minskar produktivitetstillväxten i ekonomin med 0,1 procentenheter. Det skulle i så fall betyda att zombiefieringen sedan mitten av 1990-talet har minskat produktivitetsökningen med en procentenhet – en stor del av tillväxtproblemet i västerländska ekonomier.

Socialism för kapitalister är inte bättre än andra former av socialism, och få reformer skulle kunna vara viktigare än att återigen göra kapitalismen till ett vinst- *och* förlustsystem. Den marknadsliberala logiken är glasklar och obeveklig: antingen lönar sig ett företag och då behöver det inget stöd, eller så lönar det sig inte och då förtjänar det inget stöd.

5. Minecraftkapitalismen

"'Marknaden'... är full av maktrelationer. Vad 'marknaden vill' brukar vanligtvis betyda vad bolagen och deras chefer vill."

George Monbiot[176]

Jaha, som om allt var statens fel? Men kan inte storbolag hålla sig kvar i kraft av sin storlek även på fria marknader, och utnyttja sin dominans till att skaffa sig allt mer information om kunderna och pressa leverantörer och anställda till underkastelse? Genom att, som Nina Björk varnar, "uppfinna begär", "konstruera saker så att de går sönder" och manipulativ marknadsföring som skapar "lydnad inför konsumismens pekpinne".[177]

När jag skrev TVF beskrev jag en situation där de stora bolagens dominans minskade. Det stämmer inte längre. I hela OECD-området har marknadskoncentrationen tvärtom ökat. Några stora bolag tar över allt större delar av de nationella marknaderna, och de kan sätta priser som ligger allt högre över marginalkostnaden – kostnaden för den sist producerade varan eller tjänsten. I en uppmärksammad rapport visade Barack Obamas Council of Economic Advisors att intäkterna hade koncentrerats till allt färre storbolag i tio av 13 amerikanska sektorer mellan 1997 och 2012.[178] Man ser framför sig allt större monopol som slukar allt fler marknader. Många har kopplat ihop denna utveckling med de avtagande produktivitetsökningarna i västerländska ekonomier under de senaste femton åren.

Är det dags att oroa oss över storbolagens dominans? Innan vi gör det, låt oss börja med frågan varför vi bör oroa oss för monopol. Den traditionella farhågan är att företag som dominerar en marknad kan begränsa produktutveckling och utbud, höja priserna och sänka lönerna, för konsumenter och anställda har ingen annanstans att gå. Om vi skulle se sådana resultat borde alla varningsklockor ljuda.

Som jag visade i förra kapitlet finns det sådana exempel. Det finns gott om företag som ser till att politikerna håller konkurrenterna på behörigt avstånd, så de kan fortsätta att förstöra kapital. Men den övergripande bilden de senaste decennierna är faktiskt motsatsen. Det är tvärtom de stora bolagen som investerar mest i nya affärsmetoder, forskning, utveckling och innovationer.[179] Dessutom pressar de priserna oftare än de höjer dem. Bolag som IKEA och Walmart bygger inte främst sina starka positioner på skatteavdrag, utan på effektiva produktions- och logistiksystem som gör att de kan sälja sina produkter billigare än alla andra. Många i techbranschen ger till och med bort dem gratis. Och långt ifrån att utnyttja sin position till att betala sämre löner betalar företagen i genomsnitt mer ju större de är. Amerikanska företag med mer än 1 000 anställda betalar ungefär dubbelt så höga löner som företag med färre än hundra anställda.[180]

Det betyder att det är något som är fel med historien om den nya monopolismen. Vad det är märker man om man tittar på koncentrationen på olika geografiska nivåer. Då ser man att koncentrationen ökar nationellt, men faktiskt *minskar* lokalt och regionalt. Det låter motsägelsefullt, men visar sig vara två olika perspektiv på samma förändring. Om det bara finns ett kafé i din by och plötsligt öppnar en Espresso House så betyder det att koncentrationen minskar lokalt, men den ökar nationellt eftersom Espresso House redan är den största kafékedjan. Så det som ser ut som ökad monopolism nationellt kan lokalt innebära större valmöjligheter och ökad konkurrens. Och det är goda nyheter, för vi konsumenter lever i en viss lokalmiljö, inte i en aggregerad nationell tabell.

Ekonomerna Esteban Rossi-Hansberg och Chang-Tai Hsieh beräknar att ungefär 93 procent av den ökade koncentrationen i USA beror på att stora företag har etablerat sig på fler platser. Det rör sig främst om en ny uppsättning bolag inom detaljhandeln som har lyckats med den svåra uppgiften att öka produktiviteten i tjänstesektorn. Innovativa affärsmodeller och stora investeringar i databehandling har gjort det möjligt för dem att snabbt och smidigt ställa om organisation, produktion och distribution efter skiftande efterfrågan geografiskt och över tid.

Detta är en mer sannolik förklaring till ökande koncentration än den vanliga föreställningen att det beror på att USA:s konkurrenslagstiftning har förslappats. Mönstret är nämligen detsamma i andra OECD-länder, även inom EU där konkurrenslagstiftningen närmast har skärpts.[181]

Detta förklarar många av de paradoxer som har vållat akademiker så mycket huvudbry. USA:s produktivitetsökning var som allra högst 1996–2005, en procentenhet över det historiska genomsnittet, det vill säga exakt under den period då marknadskoncentrationen ökade som snabbast.[182] Det faktum att produktivitetsökningen har fallit sedan dess har att göra med zombieföretagen, inte superstjärnorna. De senare har vuxit sig så stora för att de är effektiva, vilket förklarar varför ökad dominans på pappret kan kombineras med att de är mer produktiva. Deras investeringar i informationsteknologi är väldigt kostsamma men ger sedan billig styckekostnad, vilket innebär att de kan sätta priser som ligger högre över deras marginalkostnad än andra företag kan, men ändå ge kunderna lägre priser. Rossi-Hansberg och Hsieh talar om det som en ”industriell revolution i tjänstesektorn”.[183]

Det rör sig inte om några lata monopolister som saktar ned ekonomin (även om det finns sådana också). Tvärtom är de finurliga entreprenörer som ökar tempot så mycket att andra inte hänger med. Det är inte ”monopolkapitalism” där man vinner genom att bara ta upp allt mer av begränsad plats och tvingar av folk deras besparingar.[184] Det är snarare Minecraftkapitalism, en öppen miljö, där andra spelare inte primärt är motståndare, utan tvärtom samarbetspartners, där man utvinner och samlar resurser, skaffar sig allt bättre verktyg och på egen hand eller tillsammans med andra staplar block på varandra för att bygga allt mer sinnrika konstruktioner, och på det viset gör hela spelet vackrare, intressantare och mer spännande för andra.

Vi oroade oss över monopol för att de skulle tjäna konsumenterna dåligt. Om företag blir stora för att de tvärtom är bättre så finns det inte någon anledning till oro. De är naturligtvis ett hot mot andra företag, men det ska de vara. Ekonomisk utveckling förutsätter att mer produktiva och innovativa företag slår ut andra.

Jag vet vad du tänker, hur kul är det med Ica, H&M och Espresso House över allt, ska det inte finnas plats för excentriska, lokala alternativ? Jag kan verkligen förstå den frustrationen. Få saker får mitt blod att koka så mycket som när mitt charmiga favoritkafé ersätts av en strömlinjeformad kedja. Men om de charmiga ställena är så charmiga som vi säger att de är kommer vi att visa det med vår köpkraft och då kommer de inte ha några problem att blomstra även bredvid kedjorna. Om vi däremot väljer att inte gå dit betyder det att det här bara var ett argument vi tog till för att klaga, och då har vi ingen rätt att gnöla över samhällsutvecklingen, ty den är vi.

På sikt kommer andra företag att lära sig av dessa storföretag och ta upp konkurrensen med dem. Förr än vi anar kommer många av dem att sopas bort. Och om de någon gång får för sig att utnyttja den dominans de skapat med låga priser och bra service till att höja priserna och försämra servicen kommer det vara blodet i vattnet som signalerar till konkurrensens hajar att gå till attack. I dag kan de dominerande företagen se oslagbara ut, men det gör företag alltid strax innan de stupar. Kapitalismen är nämligen obarmhärtig mot kapitalister som inte levererar. När jag för 20 år sedan skrev TVF frågade jag retoriskt hur många som mindes att världens största mobiltelefonproducent, Nokia, "var en liten finländsk bildäcks- och stövelfabrikant för några år sedan". I dag är frågan snarare hur många som minns att Nokia var världens största mobilproducent år 2001.

Bara 51 av de företag som finns på Fortune 500-listan över de största amerikanska företagen 2020 har funnits med sedan listan skapades 1955. Det betyder att nästan 90 procent av de största företagen har gått i konkurs, blivit uppköpta eller gått så dåligt att de har ramlat bort från toppen.[185] 1965 skrev vänsterpartisten C-H Hermansson en uppmärksammad bok om "De 15 familjerna", de starka ägarfamiljer som kontrollerade svenskt näringsliv. Få skulle känna igen mer än en handfull av namnen i dag. När Anders Ström gjorde om övningen 2017 fanns bara två av de femton familjerna kvar. En tredjedel av de nya femton familjerna har utvecklat sina företag i första generationen.[186]

Etablerade företag kämpar av naturliga skäl alltid hårt för att skydda och utveckla den affärsmodell som har gjort dem framgångsrika. Det gör emellertid att de har svårt att utveckla nya innovationer som inte passar in och skulle kannibalisera på den gamla försäljningen. Historien vimlar av exempel på företag som dominerade marknaden och egentligen hade all teknisk kompetens för att ta nästa steg. IBM borde ha utvecklat de snabba persondatorerna, Kodak digitalkameran, Sony de digitala musikspelarna, Lego Minecraft och Blockbuster videostreamingen. Men de var lite för förtjusta i sina gamla marknader och missade därför nästa teknikskifte.

Den österrikiske ekonomen Ludwig von Mises menade att skälet till att marknadsekonomins kritiker tror att den innebär bolagsvälde är att alla tydligt ser att det är entreprenörer och kapitalister som står vid rodret och styr den ekonomiska skutan:

> ”En ouppmärksam betraktare skulle kunna tro att de är suveräna, men så är inte fallet. De måste ovillkorligen lyda kaptenens befallningar, och det är konsumenten som är kapten. Varken entreprenörerna, jordbrukarna eller kapitalisterna avgör vad som ska produceras. Det är konsumenten som gör det. Om en affärsman inte lyder allmänhetens befallningar, som förmedlas till honom genom marknadsprisstrukturen, kommer han att gå med förlust och bli bankrutt. Han avlägsnas då från sin framstående position vid rodret. Andra människor som lyckats tillfredsställa konsumenternas begär bättre än vad han gjort ersätter honom.”[187]

Den viktigaste antimonopolpolitiken är att hålla marknaderna öppna och handeln fri så att andra som skulle kunna styra skutan bättre får konkurrera. Obamas Council of Economic Advisers gjorde ett avgörande misstag i sin rapport, de tittade bara på varor producerade i USA. Det betydde till exempel att det såg ut som att Motorola hade en hundraprocentig marknadsandel på mobiltelefoner eftersom det var det enda bolaget som tillverkade dem inom landets gränser. De analyserade en marknad där det inte fanns några iPhones, Samsungs eller Huaweis.[188]

Två centralbanksekonomer tittade på marknadsdominansen i den amerikanska industrin 1992-2012 men lade dessutom till varor som konsumenter köpte från utlandet. Då visade det sig att hela den ökade koncentrationen försvann. De tjugo största bolagens marknadsandel *minskade*.[189]

Tjuvar och banditer?

Blev det lite för mycket nu? Låter det som att jag idealiserar företag? Som om de stora bjässarna bara är goda entreprenörer med allmänhetens bästa för ögonen? I så fall har jag varit otydlig. Jag är tvärtom rädd för att de ska luras och bedras och vet mycket väl att det bland företagen gömmer sig mängder av tjuvar och banditer. Det är därför vi måste ha fria marknader. Hade vi alltid kunnat lita enkom på deras goda vilja hade de gärna fått monopol och tullskydd. Det är för att vi *inte* kan göra det som vi behöver kontrollera dem med fri konkurrens och fritt konsumentval, liksom ett oberoende rättssystem och fria medier.

Det hindrar inte att vi ändå regelbundet uppdagar skandaler inom affärslivet, som Volkswagens manipulerade utsläppstester, Theranos bedrägliga blodtester eller falska bäst före-datum på färskvaror. Samtidigt blir sådana bedrägerier så uppmärksammade, och orsakar en så stark marknadsreaktion, för att de är undantag, för att vi i allmänhet kan lita på bokslut och tillkännagivanden. Det finns nämligen ett inbyggt skydd mot skurkar på marknaden: Företag och affärer är frivilliga samarbeten som bygger på förtroende; ingen vill samarbeta med någon som inte inger förtroende. Det hjälper inte alltid, eftersom bondfångare använder vår begränsade information. Lågprisbolag fortsätter att sälja flygbiljetter till attraktiva tider som de sedan systematiskt ändrar till en okristligt tidig måndagmorgon sådan (läste du inte det finstilta?). Skrupelfria kreditbolag mörkar sina dröjsmålsräntor och använder kronofogden som om det var en gren av verksamheten. Och kundtjänst är förstås så underbemannad att du aldrig orkar be om pengarna tillbaka.

Ekonomen Tyler Cowen ställer emellertid en intressant fråga för att bedöma företagsamhetens pålitlighet. Javisst, noterar han, företag ljuger, men frågan är: ljuger de lika mycket som vi vanliga dödliga? Det är verkligen inte säkert, för vårt tal är sällan helt med sanningen överensstämmande. I genomsnitt far vi med osanning ungefär två gånger i en tiominuterskonversation, oftast inför våra allra närmaste. Eller titta på våra dejtingprofiler online. Enligt en undersökning medger 53 procent att de har ljugit i sin profil (och om någon förhärdad lögnare kanske vägrar medge sin lögn är det förstås en underskattning). Porträttbilderna är så ofta från en svunnen epok (tio år och tio kilo sedan) att många plattformar har börjat kräva tidsstämplade foton. Och då ska vi inte tala om de cv:n vi visar upp för potentiella arbetsgivare. En rekryterare bedömer att 40 procent innehåller rena lögner, 76 procent förbättrar sin historia och 59 procent utelämnar central information.[190]

Med hjälp av dataanalys kan man också ta reda på hur mycket vi ljuger för våra vänner och släktingar. På sociala medier framställer vi oss som en lycklig, vältränad familj på semester, som äter spännande mat och läser Thomas Manns *Bergtagen*. Men när vi i skydd av anonymiteten googlar, söker vi i stället på relationsproblem, kroppsnoja och korta sammanfattningar av vad *Bergtagen* egentligen handlar om.

Seth Stephens-Davidowitz studerade nyligen dessa diskrepanser och resultatet blev boken *Everybody Lies*. Ta bara skillnaden i hur kvinnor talar om sina makar. På sociala medier toppas beskrivningen av maken som "fantastisk", "söt" och "min bästa vän". I kvinnors anonyma sökningar, där de vill ha tips och råd, är maken i stället "en idiot", "irriterande" – eller möjligen "bög".[191] Man ska visserligen tänka på att det anonyma tenderar att gå mot det förbjudna, eftersom vi söker efter just sådant som det är jobbigt att prata om med andra. Så sanningen om makens karaktär kanske ligger någonstans mellan Instagram och Google.

Sanningen är att vi förhåller oss ganska fritt till den när vi behöver polera vår självbild, framställa oss som lite bättre och intressantare än vi är eller bara vill undvika det gräl och den dåliga stämning som den osminkade sanningen har en tendens att framkalla. Därför är det inte konstigt att vi gör detsamma även i affärslivet (eller för den delen i akademin, journalistiken, politiken eller i ideella, icke-vinstdrivande organisationer). Skillnaden är att företag utvecklar institutioner och kontrollmekanismer för att försöka minska lurendrejeriet eftersom de vet att förtroende säljer. Det är större risk att du blir lurad av dörrknackaren eller telefonförsäljaren än nere på Clas Ohlson eller Lindex.

En av mina favoritundersökningar tittade på vilka böcker som stjäls mest från amerikanska och brittiska bibliotek. Om det ligger något i uppfattning som ofta framförs av moralfilosofer, att affärsmän är särskilt skrupelfria, kunde man tänka sig att de böcker som stjäls mest är läroböcker i ekonomi och managementlitteratur, som studeras av de blivande kapitalisterna. Men faktum är att det som knycks mest är böcker i moralfilosofi! Obskyra, moderna verk om etik, som främst läses av lärare och forskarstudenter, stjäls femtio procent oftare än böcker som inte handlar om etik. (Även om jag måste ta mig en självkritisk funderare på varför böcker av liberaler som Locke och Mill tycks vara särskilt stöldbegärliga.)[192]

Den ovärdiga konsumtionen

Men jag bortser från att en form av bedräglighet driver hela konsumtionssamhället, menade flera kritiker av TVF. Det rör så kallat "planerat åldrande", företag som medvetet bygger in fel och brister som förkortar produkters livslängd och därför tvingar oss att köpa nytt. Enligt vissa kritiker är det en central del av den moderna tillväxtmodellen.[193] Var det inte märkligt att äldre iPhones plötsligt började gå långsammare efter en programuppdatering? Hur kommer det sig egentligen att din tvättmaskin går sönder efter sju år, när den i hyreshusets tvättstuga kan tvätta vidare hela dagarna år ut och år in? Och framför allt, varför går mina glödlampor sönder stup i kvarten när det finns en glödlampa, Centennial Light, på en brandstation i Livermore, Kalifornien, som har lyst i 120 år?

Svaret enligt dokumentären *Glödlampskonspirationen*, bland annat visad på SVT, är att bolag från hela världen 1925 bildade en kartell för att förkorta livslängden och höja priset på glödlampor. Annars hade vi alla haft hundraårslampor i dag. Det är alldeles riktigt att det fanns en sådan kartell, men den sattes snabbt ur spel, bland annat därför att den svenska kooperativa Lumafabriken snart tog upp konkurrensen genom att tillverka billigare glödlampor. Kartellen tvingades redan samma år sänka priset till samma nivå som Luma, men intressant nog försökte inte heller Luma tillverka några evighetslampor. Det var för dyrt och ineffektivt och gav inte tillräckligt bra ljus.

Lampan i Livermore lyser än av det enkla skälet att den har en koltråd som är mycket tjockare än moderna metalltrådar, men det är ett fruktansvärt ineffektivt sätt att skapa belysning av elektricitet och lyser ungefär som ett värmeljus. I början av 1800-talet började man i stället göra glödtrådarna av volfram för att de tål en mycket högre temperatur och därmed avger mycket kraftigare ljus. Bieffekten är att tråden då också slits snabbare, men om man vill spara pengar och rädda miljön är det faktiskt mycket bättre att byta lampa då och då (och i kontrast mot brandmännen i Livermore stänga av den när du inte använder den, trots att det också förkortar dess livslängd). Eller ännu hellre – njuta av den tekniska utveckling som nu ger oss lågenergilampor med mer ljus, som drar mindre el, och som har en brinntid som kan närma sig hundratusen timmar, att jämföra med en vanlig glödlampas tusen.

Vi kan i allmänhet få betydligt bättre produkter som varar längre om vi är beredda att betala för det, men allt handlar om prioriteringar. Du kan förstås köpa en tvättmaskin som är byggd för att klara betydligt mer än den du har, det finns ett stort utbud långlivade maskiner för tvättstugebruk mellan 50 000 och 200 000 kronor. Och om du har skuldsatt dig för att få råd med det, vad gör du när ett betydligt bättre och mer energisnålt alternativ utvecklas om ett par år?

Att välja något som är mindre hållbart är ofta en rimlig avvägning mellan privatekonomi, besvär, tidsåtgång och förväntan om framtida teknikutveckling. Det finns ingen självklar rätt balans, så därför är det bäst att olika lösningar får tävla med varandra, konsumenterna får välja fritt och så lär vi oss mer av det.

När det gäller bilar ger lång livslängd ett högre andrahandsvärde, så slitstyrka blir en central konkurrensfördel. Det är därför en bil i dag går ungefär dubbelt så långt som den gjorde när jag var barn, då jag dessutom minns alla långa timmar jag satt med mamma på bilverkstaden och väntade på en av de många reparationer som krävdes för att bilen ens skulle kunna raggla fram så långt. Bara sju procent av amerikanska bilar tillverkade 1960 blev 15 år gamla – i dag är den genomsnittliga åldern på den amerikanska bilflottan över 12 år.[194]

I andra fall går utvecklingen så snabbt att kunderna ändå snart kommer vilja ha en ny variant, som när det gäller mobiltelefoner. Då blir det svårt att få en konsument att vilja betala för en dyrare variant som håller ett par decennier. I åter andra fall låter vi snålheten bedra visheten. Tittar vi bara på priset kommer vi få enklare produkter, gjorda på simplare komponenter och producenten kommer inte att kosta på sig luckor för byten av batteri eller delar. Hur mycket tror du egentligen att de kan lägga på komponenterna till en kaffebryggare för 99 kronor eller en skrivare för 399 kronor?

Jag utesluter inte att det finns verkliga exempel på planerat åldrande, alltså att tillverkaren anstränger sig för att aktivt minska livslängden. Men det är mer ovanligt än den griniga debatten gör gällande och det företag som blir avslöjat med något sådant kommer att bestraffas på marknaden. Frankrike har en lag mot planerat åldrande, och den har mest visat hur svårt det är att dokumentera något enda fall. Jo, det uppmärksammades över hela världen att Apple tvingades att betala böter efter att äldre mobiler började fungera långsammare efter en programuppdatering. Men vad få noterade är att Apple aldrig ansågs ha gjort sig skyldig till planerat åldrande, utan bara till att inte ha informerat om förändringen.

Bakgrunden var att många användares iPhones kraschade efter en uppdatering av operativsystemet i slutet av 2016. Orsaken var helt enkelt att äldre batterier inte orkade med kraften i alla nya program när de inte var tillräckligt laddade. För att lösa det problemet införde Apple en funktion i nästa uppdatering som gjorde att mobilerna inte kraschade när de utsattes för hög belastning, genom att dela upp vissa uppgifter över en längre tid när de nådde en peak. Det är raka motsatsen till planerat åldrande: eftersom de flesta föredrar en långsammare mobil framför en som kraschar förlänger det livslängden. Det var också vad den franska domstolen fann. Apple informerar nu om funktionen och som användare kan man stänga av den om man hellre vill ha en mobil som kraschar med jämna mellanrum.

Å andra sidan behöver de ju inte göra sådant. De kan i stället regelbundet komma med nya produkter som bara har lite bättre funktion och lite smäckrare design så kommer vi ändå snabbt vilja byta upp oss. Det här är en vanlig kritik mot kommersialismen. Hur den skapar behov genom att spela på habegär och statusångest.

Men hur fånigt det än är med hoodie under kavaj, boilersuit i denim och specialdesignade toalettborstar så talar vi ändå inte om några nyskapade behov här. Människan har alltid sökt möjligheter till skönhet, status, bekvämlighet, hygien, säkerhet, kommunikation, transport och underhållning. Det är bara formerna för att tillfredsställa det som har förändrats – från grottmålningar till Instagram, från röksignaler till smartphones, från tatueringar till, tja tatueringar.

Antropologer och arkeologer har inte hittat en enda mänsklig kultur som inte på något vis har smyckat sig. Hundra tusen år innan skönhetsindustrin sa åt oss att vi behövde putsa våra utseenden var våra förfäder beredda att erbjuda allt de hade och till och med riskera sina liv i strid för att komma över eftertraktade pigment för att färga sin hud. Neandertalarna hade inga lyxmärken som manipulerade dem, men de slogs ändå om de bästa örnklorna att göra halsband och armband av.

Den som tror att konsumtionskulturen är ett resultat av kommersiella intressens press har svårt att förklara varför människor som kastat av sig kommunismens ok sedan omedelbart kastade sig över jeans och skivspelare. I talibanernas Afghanistan kring millennieskiftet gick kvinnor till underjordiska skönhetssalonger och målade sig under burkorna, trots att de hotades med prygel och till och med avrättning. Det ögonblick talibanerna föll 2001 köade afghanerna för att köpa smink, tv-apparater och videobandspelare. Ovärdigt, tycker västerländska intellektuella. ”Hur deprimerande var det inte att se afghanerna fira tyranniets slut med att köpa hemelektronik?”, beklagade en kulturkritiker.[195]

Men sådana är vi människor, konstaterar arkeologen Brian Hayden, som har levt med urbefolkningar i Mellanöstern, Fjärran Östern, Nordamerika och Australien. Det är inte kommersialismen – det är vi:

> Jag kan kategoriskt säga att människor i alla kulturer som jag har kommit i kontakt med har en stark önskan att få del av fördelarna med de industrivaror som är tillgängliga. Jag är övertygad om att den ickematerialistiska kulturen är en myt.[196]

Vår materialism innehåller också en viss rastlöshet. Det beror inte på planerat åldrande, utan på att det är djupt mänskligt att vänja sig vid något och därför lockas av det nya. Det finns inget stort namnbolag som gör dyra kampanjer för att få oss att tröttna på de gamla namnen och köpa ett nytt, fräscht som de har patenterat. Ändå går det oerhört starka modetrender i de namn vi ger våra barn. Titta bara på vad de heter på förskolan i dag. Vi letar efter ett nytt, men inte *för* nytt namn till dottern (då blir det ofta ett från mormors generation, så blir det både nostalgiskt och innovativt också).

Att det går mode i allt möjligt har evolutionära snarare än kommersiella förklaringar. Vi vill känna oss trygga, men också uppleva det nya; vi vill vara spännande, men inte konstiga; sticka ut, men inte mäla oss ur gemenskapen. Det är därför vi uppdaterar namnen, frisyrerna och kläderna en smula, men inte för mycket. Vi vill vara annorlunda, men inte *för* annorlunda. Var den balansen går förändras hela tiden och förändras också beroende på vad andra gör. När alla hela tiden mikromodifierar sin smak på det sättet uppstår mode. Vi är inte ombytliga för att företag tjänar pengar på det, utan företag tjänar pengar på det för att vi är ombytliga.[197]

Jo, jag vet. Det är otroligt ytligt och onödigt. *Andras* konsumtion är ofta onödig, eller hur? Jag tycker själv att det är rätt pinsamt när andra imponeras av dyra klockor och snabba bilar, och jag har aldrig förstått varför man måste renovera köket så ofta eller varför man ska ha så många kuddar i soffan att man inte får plats själv. Å andra sidan har jag klätt in alla mina väggar med böcker och njuter varje ögonblick av att vara omringad av världslitteraturen, och den vanligaste kommentaren jag får av besökare är om det inte är onödigt. Allt finns väl online ändå?[198] Var det ens nödvändigt för dig, kära läsare, att köpa den här boken?

Så kan man förstås se det. Det är lätt att se ned på andras konsumtion och tycka att de ägnar sig åt skitdrömmar. Så bra då att leva i en fri marknadsekonomi där det bara är att låta bli.

Vad gör nätet med oss?

Det finns en ny slagpåse i den eviga debatten om de onda bolagen: techföretagen. De som bara för några år sedan uppfattades som så spännande och kreativa uppfattas nu som lömska monopol som säljer ut vår integritet. Techbolag kan nämligen utnyttja spektakulära nätverkseffekter. Du känner att du måste vara med på Facebook för att så många redan är där, och när du går med blir plattformen ännu mer oumbärlig för andra. Då får Facebook allt mer data, vilket gör att de kan skräddarsy sina tjänster och sina annonser till allt fler. Data är den nya oljan, så framgång föder framgång för sociala medier, söktjänster, gps, e-handel, betalappar, streaming, appbaserade taxitjänster och andra digitala tjänster. Samtidigt har debatten om sociala medier tagit en mycket mörk vändning. Det som först betraktades som demokratins räddning ses nu oftare som dess dödgrävare. Hälften är arga på att de tar bort för mycket innehåll, den andra hälften klagar på att de tar bort för lite. Många är arga på Apple som tar för mycket betalt, eller på Facebook och Google för att de inte tar betalt ("då är det du som är produkten"). I bästa fall är de sociala medierna bara ett dåligt tidsfördriv som gör oss dumma i huvudet.

Men att dessa bolag har skapat enormt värde råder det ingen tvekan om när man tittar på hur många av oss som flockas till deras plattformar och vad vi uppger att vi tycker om dem. En intervjubaserad undersökning visade att om några av de vanligaste tjänsterna försvann skulle människor vara beredda att betala fantasisummor för dem. De skulle vara beredda att betala i genomsnitt 150 000 kronor för sökmotorer, 70 000 kronor för e-post och 30 000 kronor för digitala kartor – per år. Om man räknade upp USA:s BNP per capita med det pris folk skulle vara beredda att betala – bara för dessa tre digitala tjänster – skulle den genomsnittliga amerikanen plötsligt framstå som 50 procent rikare.[199] Det är helt enorma värden som dessa internetgiganter ger oss praktiskt taget gratis.

Jo, jag vet, "om du inte betalar för det så är det du som är produkten". Jag har hört det (och sagt det själv) till förbannelse. Men om kostnaden för något som jag hade betalat hundratusentals kronor för är att jag måste ta emot lite mer relevanta annonser än jag fick förr så är det en ganska bra deal. Det verkar de flesta tycka och om de inte tycker det är det fritt fram att avstå. Integritetsfrågan är allvarlig, men den politiska debatten måste bli lite bättre på det vi vet som privatpersoner, att det handlar om avvägningar. (Jag tror att vägen framåt består i att användare själva tar kontroll över sin data och att en marknad uppstår för informationsbanker som systematiskt kontrollerar sajters datahantering, inte av klumpiga GDPR-liknande regler, som bara får oss att helt tanklöst klicka ja i alla rutor som poppar upp när vi surfar runt.)

Det låter inte så i dagens debatt, men förhoppningarna om en makalös demokratisering av kommunikationen i och med nätet slog faktiskt in. Plötsligt kan faktiskt nästan alla få tillgång till all världens information, göra sig hörda och finna vänner, meningsfränder och samarbetspartners över hela världen och. Anledningen till att det nu finns en så utbredd besvikelse är att de socialt progressiva internetpionjärerna ofta utgick från att det skulle innebära att människor som dem nu skulle befolka det offentliga samtalet. De tänkte inte på att om alla kan tala fritt innebär det också att de som inte delar deras värderingar också kommer att göra sina röster hörda, även de konservativa och nationalistiska och eftersom de ofta var marginaliserade i medierna var det de som hade störst anledning att investera ordentligt i det digitala samtalet. Jämför bara hur journalister var rörda av lycka när Obamakampanjen med sociala medier och skräddarsydda annonser vann väljare i en demokratins triumf 2008, medan likartade metoder betraktades som lömsk manipulation på gränsen till hypnos när de användes av Trumpkampanjen 2016. (En föreställning om skälen till Trumps valseger som inte rimmar väl med att han var mest populär bland äldre på landsbygden som använde Internet minst.)

Debatten om kommunikationsteknik har allt för ofta handlat om huruvida den ska göra oss alla till mysiga kramliberaler eller till främlingsfientliga reaktionärer. Tänk om det i stället bara visar vilka vi var hela tiden, på gott och ont? Det betyder förstås inte att det är bra. Att vi plötsligt blottar oss offentligt, med våra halvsmälta förmodanden och fördomar, är inte nödvändigtvis ett civilisatoriskt framsteg och man kan bara hoppas att vi snart lär oss skillnaden på köksbord och digitala massmedier.

Om du är frustrerad över att nätet vimlar av idioter måste du emellertid påminna dig om att det alltid har funnits idioter, det är bara det att de sällan kom in i ditt synfält förr. Och kom ihåg att för en substantiell del av världens befolkning är det du som är idioten. Och tänk också på att så där tänker du bara för att du följer den politiska fribrottningen på Twitter och annat håll, där olika slagskämpar ska visa upp sig för sina stammar och därför inte belönas för nyanser och komplexitet eller ens normalt civiliserat beteende. För de allra flesta människor i världen är du knäpp som ens bryr dig. De använder i stället nätet för att finna gelikar och få fördjupa sig i sitt intresse för lokalmiljön, ornitologi, steampunk, fotboll, förstadagsbrev, restaurerade utombordsmotorer eller Leonard Cohen-bootlegs. Eller för att snabbt lära sig hur man gör en rödvinssås, lagar en dragkedja, läser en årsredovisning, får bort en fläck eller klär sig på en begravning. Dessutom har den exponerat oss för ett helt universum av idéer, kulturer, forskning, berättelser och musik. Det kanske är värt en del vansinne.

Det talas mycket om att vi fastnar i filterbubblor online, men vi exponeras faktiskt mycket mer för motsatta uppfattningar än förr, därför att de som delar våra intressen i en viss dimension (Vi på Gamla Väster, Synth.nu, Glöm aldrig rivningshysterin, Cornish rex kittens, Vetenskap och folkbildning) inte alltid gör det i en annan fråga (skatter, frihandel, abort, invandring, vaccin). Ett index över hur isolerade vi är från motsatta åsikter visar att vi som läser morgontidningar är något mer isolerade än de som läser nyheter online, och arbetsplatser, grannskap och familjer än ännu mer homogeniserade åsiktsbubblor. Den allra värsta ekokammaren är ditt eget köksbord.[200]

Den politiska polariseringen i Amerika skylls på sociala medier, men den tog fart innan det fanns sociala medier och leds av en äldre generation som ägnar sig mer åt pratradio och kabel-tv än åt Twitter och Facebook. I en analys av nio västländer upptäckte forskare vid Stanford och Brown nyligen att polariseringen faktiskt avtog i fem – alla av dem länder med större internetanvändningen än i USA.[201]

Jag vet, det finns hur mycket skräp som helst online också. Ju större något är, desto mer skräp får det nämligen plats där. Jag misstänker också att det plötsliga överflödet av olika och motstridiga berättelser om allting kan skapa en farlig motreaktion hos en liten grupp som börjar längta efter enkla svar, som bara berättar hur det är, en gång för alla. Hur mycket konspirationsteorier och hatbudskap ska plattformarna städa bort? Vi kan ju alla se lögner och trakasserier som ligger kvar, medan fullkomligt harmlösa, ironiska eller till och med angelägna budskap (och personer) slängs ut. Det tyder på att bolagen är inkompetenta eller möjligen onda, säger vissa. Det tyder på att det är en svår uppgift, tror jag. Även när något är över gränsen är frågan om det är bättre om de personerna trycks ned i en än mer hatisk underjordisk nätmiljö. Det är svåra avvägningar utan självklara svar, där vi måste pröva olika lösningar. Det finns inget som säger att den uppgiften skulle bli lättare om den togs över av en myndighet eller av hundratals olika plattformar efter en uppstyckning av de stora bolagen.

Vi ska naturligtvis vara särskilt uppmärksamma på hur våra barn påverkas av tillgången på allt hela tiden. En läckt rapport från Facebook avslöjade att en substantiell minoritet av tonårsflickorna anser att Instagram får dem att må sämre.[202] Men mindre uppmärksammat var att samma siffror visade att något fler uppgav att det fick dem att må bättre. Fyra procent av amerikanska flickor som tampas med oro ansåg att Instagram gör deras problem mycket sämre, men nio procent ansåg att det fick dem att må mycket bättre.

Det finns social press och mobbing i sociala medier, liksom det gör det i skolan och på fritidsgården. Man kan erkänna och bekämpa sådana problem, utan att dra slutsatsen att det är dåligt att det finns sociala medier – eller skolor eller fritidsgårdar. 81 procent av tonåringarna säger trots allt att sociala medier ger dem en starkare gemenskap med vänner och 68 procent att det ger dem känslan att det finns människor som ställer upp om de får det svårt. Stora majoriteter säger att det får dem att känna sig inkluderade och självsäkra, snarare än exkluderade och osäkra.[203]

Det hela är komplicerat och det kommer kräva mycket lärande och experimenterande för att använda nätet bättre och komma åt dess avarter och negativa effekter. Men för min del avgjordes trots allt debatten om techindustrins sociala nettoeffekt när jag för några år sedan talade med en 83-årig rörelsehindrad änka som inte kunde bry sig mindre om den teoretiska skärmdebatten: ”Jag älskar min dator”, sa hon. ”Man kan googla det mesta man vill veta i världen. Och jag behöver aldrig vara ensam.”

Big bad tech

Men oavsett vad man tycker om plattformsbolagens bidrag finns naturligtvis risken att de cementerar sin ledarställning, köper upp små rivaler och skapar en ”innovationsskugga” där det inte lönar sig för andra att ens försöka konkurrera. Det kanske finns en konkurrent som skulle vara bättre, men vi ger dem aldrig en chans, för det är för kostsamt att lära oss en ny tjänst, föra över vår information och få tillräckligt många andra med oss.

”Kommer vår tids dominerande sociala nätverk någonsin förlora sitt monopol?” frågar *The Guardians* techkolumnist. Knappast:

> det är på god väg att bli vad ekonomerna kallar ett ’naturligt monopol’. Användare har investerat så mycket social kapital i informationen de har laddat upp om sig själva så det är inte värt för dem att byta sajt, särskilt som varje ny användare som det attraherar ökar dess värde som ett nätverk för interaktion mellan människor.

Men hur svårt det än låter i teorin fungerar det i praktiken att bryta sådana monopol om någon annat erbjuder något bättre. Vi vet det, för texten ovan handlar inte om Facebook i dag, utan skrevs 2007 och handlade om det fullständigt dominerande nätverket MySpace.[204]

Med tanke på hur omöjligt det anses vara för nya konkurrenter att ta sig in på marknaden är det ett under att det sker så ofta. Se bara på hur nya dagens bjässar faktiskt är – ta bara förkortningen GAFAM (Google, Amazon, Facebook, Apple, Microsoft) för de särskilt framgångsrika techbolagen.

När jag skrev TVF 2001 var Google en treårig nykomling som hade tre år kvar till börsintroduktionen och tampades med sökmotorbjässar som Yahoo, AltaVista och MSN Search. "How Yahoo! won the search wars", kunde *Fortune Magazine* berätta redan i mars 1998. I reportaget kunde man läsa att många tror att Yahoo till och med hade potential att bli nästa America Online (om du kommer ihåg dem).[205] En likhet finns faktiskt: Både Yahoo och AOL köptes sedermera av telekombolaget Verizon, som efter storförluster nyligen sålde dem för 40 miljarder kronor.

Amazon var en nystartad, förlustdrabbad nätbokhandel. Bara året innan hade den anrika investmentbanken Lehman Brothers varnat för att Amazon var inkompetent, blödde pengar och förmodligen skulle gå i konkurs inom ett år (åtta år senare gick Lehman Brothers i konkurs).

2001 hade Mark Zuckerberg inte hoppat av Harvard för att starta Facebook, för han hade inte ens börjat på Harvard. Det sociala nätverket som gällde var Sixdegrees, AIM, Friendster och så MySpace som sagt, som var så hett att Google såg det som ett fantastiskt genombrott att 2006 få till ett treårigt reklamavtal med nätverket, som signerades vid en glamourös fest på Pebble Beach med gäster som Bono och Tony Blair. Äntligen fick lilla Google komma in i finrummet.

Apple var däremot en veteran, men efter en lång kristid själva symbolen för att en tidigt dominerande ställning inte betyder mycket på en snabbrörlig marknad. Men Steve Jobs hade nyligen återkommit till företaget och lanseringen av iPoden i slutet av 2001 gav bolaget nytt hopp. 2003 kunde bolaget äntligen glädjas åt en årsvinst på 600 miljoner kronor. Justerat för inflation är det ungefär vad Apple i dag tjänar på 14 timmar. Men det var först efter att bolaget revolutionerat mobilmarknaden, som då dominerades av Nokia. ”One billion customers. Can anyone catch the cell phone king?” frågade *Forbes* i oktober 2007. ”Inget mobilföretag kommer någonsin veta mer om hur folk använder deras telefoner än Nokia” så ”Nokia har en historisk möjlighet att bli synonymt med webben”.[206]

Microsoft hade förstås också funnits med länge, men vacklade betänkligt när de missade övergången till mobilt internet och återkom som ett hett bolag först efter att nästan helt ha bytt affärsmodell, från persondatorers operativsystem till cloudbaserade tjänster som fungerar även på Apple- och Androidprodukter.

Det finns inget skäl att tro att dessa giganter sitter säkrare än sina företrädare bara för att de nu har slagit sig ned på toppen. Så länge de producerar nya produkter och tjänster som är bättre, billigare eller intressantare än alternativen kommer de att fortsätta få användare, men de får inget gratis. Vi tänker att de är rena rama sedeltryckerierna som lyckas med allt, men det beror på att vi tittar på det utbud de har i dag som säljer bäst. Men kommer du ihåg Amazons ”Fire Phone”, Google Glass eller Microsofts Zune-musikspelare?

Mängder av lanseringar från GAFAM-bolagen har fallit platt till marken, för att de erbjöd något som var ointressant, redan fanns, var för komplicerat, för fult, för dyrt eller bara cringe. Microsoft lyckades aldrig med musiktjänsten Groove Music, högtalaren Invoke, fitnessarmbandet Microsoft Band eller iPad-kopian Surface RT. Att "binga" har fortfarande inte blivit lika populärt som att "googla". Microsofts mobiltelefon Kin floppade svårt, och ersattes med den stapplande Windows Phone. För att få ny energi köpte Microsoft 2013 Nokias mobildivision, men det lyfte inte Microsofts mobiler, utan dödade Nokias.

Facebook vill nog gärna glömma att det 2013 gjorde ett eget försök på mobilmarknaden med "Facebook Home" på en specialmobil som fick prissänkas från 99 dollar till 99 cent efter en månad. Eller för den delen sökmotorn Graph Search, fotodelningsappen Facebook Poke eller dess efterträdare Slingshot, samt Facebook Credits, Facebook Deals och Facebook Offers. Just nu är frågan om Facebookvalutan Diem (tidigare Libra) ska gå samma väg.

Även Amazon har en lång rad projekt som fick slängas överbord när marknaden slog bakut, som den egna mobilen Fire Phone, fototjänsten Spark, spelet Crucible, Amazon Wallet, dotterbolag som sålde mode och bebisprodukter och försöken med auktionssajt, matleveranser, biljettförsäljning, resebyrå och popup-butiker.

Googles förmåga att ta sig in på nya områden omfattar inte sociala nätverk, där det i tur och ordning skapade och lade ned Orkut, Google Buzz och Google+. Samma öde rönte dess Twitterkopia Jaiku, platstjänsten Dodgeball, encyklopedin Knol, spelet Google Lively, arbetsverktyget Google Wave, mediespelaren Nexus Q och det digitala rabatthäftet Google Offers. Vad som hände med de så hajpade Google Glasses är det väl ingen som vet.

Apple var bolaget som nästan gick under innan Steve Jobs gjorde comeback, men även därefter har bolaget trampat i klaveret, till exempel med det sociala nätverket Ping, stereohögtalaren iPod Hi-Fi, den smarta högtalaren Home Pod och kopplingen Firewire, som visserligen kunde mer än usb men kostade för mycket. Mest genant var förmodligen lanseringen av Apples kartapp, som i dess första inkarnation var så buggig och ofullständig att vd Tim Cook var tvungen att be om ursäkt och rekommendera ilskna användare att använda konkurrenternas produkter.

Det är inget konstigt med dessa och många andra misslyckanden från etablerade företag. Att misslyckas är ett sätt att kunna börja om igen på ett smartare sätt, med nya lärdomar. De mest framgångsrika företagen lanserar hela tiden mängder av experiment för att lära sig mer om vad som funkar och vad som inte gör det. Och det är poängen. De här bolagen lyckas inte med nya produkter och tjänster för att de är så stora – så fort de lanserar något lite sämre blir de universellt hånade hur många miljoner de än lägger ned på hypnotiserande marknadsföring – de är tvärtom stora för att de har lyckats skapa så många uppskattade produkter och tjänster.

Frågan är hur länge de orkar fortsätta vara innovativa och hålla undan konkurrensen. Jag tror att de kan snubbla snabbare än de flesta utgår från, av det enkla skälet att jag har sett AOL, Digital Equipment Corporation, AltaVista, Palm, BlackBerry, Nokia, Netscape, Yahoo, MySpace, Compaq och Kodak, som haft en ledande ställning under en viss period, men inte klarade av nästa teknikskifte. Förr än vi anar kommer några andra stora, stolta namn kunna läggas till den listan.

Det finns tyvärr ett sätt på vilket vi befäster giganternas position även när deras tid börjar rinna ut och det är paradoxalt nog genom de regleringar vi tror ska jaga och kuva dem. Invecklade regleringar skapar en fast kostnad för etablerade bolag som de hanterar med divisioner av specialister. Men för nya företag med få anställda och lite kapital fungerar dessa regleringar som direkta etableringshinder. Forskning på den amerikanska ekonomin visar att marknadskoncentrationen ökade snabbast i de sektorer där regleringarna ökade snabbast.[207]

Det är i detta ljus man ska se Facebooks nymornade intresse för att avskaffa avsnitt 230 i den federala Communications Decency Act, som gör att amerikanska plattformar inte kan stämmas för vad någon annan publicerar på deras sajt. Det hälsades av vissa som ett tecken på att Mark Zuckerberg nu har blivit upplyst och inser att Facebook måste bevakas hårdare. I själva verket är det en ny rond i spelet ”öka dina konkurrenters kostnader”. Att läsa, kontrollera och närmast i realtid moderera allt som läggs upp av allmänheten skulle vara väldigt dyrt även för den som har Facebooks hela infrastruktur och 60 000 anställda, men vad som är viktigare för Zuckerberg är att det skulle vara helt omöjligt för de små rivaler som inte har det. Om MySpace hade lyckats få igenom en sådan reglering hade de kanske fortfarande haft sitt monopol i dag.

Om det är något jag är rädd för så är det en utveckling där stat och kapital blir allt mer sammanvuxna, där staten ger bolagen allt mer skyddade positioner i utbyte mot att de anpassar verksamhet och beteende – som publiceringsbeslut på digitala plattformar – efter det som för dagen uppskattas av makten. Mellan olika samhällssfärer ska det finnas en viss hälsosam antagonism, så att de balanserar varandra i ett öppet, decentraliserat system. Kom ihåg att när staten och kapitalet sitter i samma båt är det vi som ror.

Data är den nya sanden

Anledningen till att många tror att de stora plattformarna är oslagbara är missuppfattningen att det är data i sig som är värdefullt. Men data är inte ”den nya oljan”, utan den nya sanden. Sand är inte särskilt värdefullt i sig. Men om du förädlar det på rätt sätt (till kisel) kan du skapa den mest kraftfulla produktivkraft vi har (datachipet). Så är det också med information. Sedan webbens och digitaliseringens genombrott lever vi med ett överskott av information, precis över allt. I sig har det lika mycket värde som sand, men om du förädlar, analyserar och sorterar kan du finna nya sammanhang och matchningar som gör att du kan hjälpa andra att hitta rätt på ett lukrativt sätt. Och det kräver ett oerhört arbete, massiva investeringar och ständig innovation.[208]

Det här betyder att ingen har ett ointagligt försprång bara för att den sitter på mer data, som Joakim Wernberg skriver om i en fascinerande beskrivning av digitala paradoxer.[209] Det kan till och med vara tvärtom. Visst finns det stordriftsfördelar som gör att företag kan skapa bättre tjänster till lägre pris om man har en stor marknad – och då är det bra för konsumenterna om de tillåts växa till den storleken, det är så vi utvinner dessa fördelar – men det finns också stordriftsnackdelar som sätter en gräns för deras expansion. Eftersom en stor del av värdet skapas av intellektuell och individuell matchmaking kan en plattform bli för fullsatt och bullrig. När alla är där kan det bli svårare att hitta det eller den man är ute efter. Man får oförutsedda effekter som att de unga inte vill dela plattform med sina föräldrar och dejtingapparna blir för generella och urvattnade. Då uppstår efterfrågan på det smala och exklusiva och det som bättre uttrycker ens individualitet och gör det möjligt att hitta likasinnade.

Därför ska man inte förvänta sig att konkurrensen kommer från en annan stor bjässe som erbjuder en likartad bred plattform (och frågan är också vad vi användare skulle tjäna på att ha två Facebook), utan från många mindre och mer nischade plattformar. Det finns ytterligare en intressant implikation. Innovationsskuggan är ett reellt fenomen. Stora bolag kan investera mer i små, stegvisa förbättringar och de kan snabbt imitera mindre rivaler. Det gör att det lönar sig mindre för riskkapitalister och entreprenörer att satsa på områden där elefanterna redan dansar. Men Joakim Wernberg menar att det paradoxalt nog är något bra. Det gör att stora resurser inte slösas på saker som är snarlika det vi redan har, utan att resurserna kanaliseras till områden för radikal och omstörtande innovation som inte lätt kan inkorporeras i existerande affärsmodeller. Sådant som kommer att berika oss alla mer än att ha ett andra Facebook eller en lite fräckare uppsättning likes.

Det var inte Netflix försök att bli en postordervariant av videouthyrningsgiganten Blockbuster som var intressant – det gick så dåligt att de år 2000 vädjade till Blockbuster om att köpa dem för en halv miljard. Det som gör att Netflix i dag är värt ungefär tre tusen gånger mer än så är att företaget i desperation utvecklade streamingmarknaden när Blockbuster närmast skrattade ut deras erbjudande (Blockbuster gick i konkurs 2010).

Ett sätt för marknadsledare att fortsätta hålla sig på topp ett tag till är annars just att köpa små, innovativa företag, från Youtube och Instagram till Oculus och DeepMind. Det betraktas ibland närmast som fusk, som om de gamla bjässarna försöker skaffa sig eget liv genom att suga i sig blodet från unga, livskraftiga startups. Men det handlar om en mycket viktig arbetsfördelning. Det är svårt för etablerade företag som är inriktade på att skydda sin gamla affärsmodell att vara radikalt innovativa, samtidigt som nya bolag sällan har kunskapen om marknaden, kapitalet att investera, möjligheten att hantera regleringssystemen eller infrastrukturen att utveckla, marknadsföra och sälja. Genom att slå sig ihop – som Pfizer och BioNTech när det gäller vaccin – kan de se till att det verkligt nydanande snabbt utvecklas till en fungerande produkt. Det är det viktiga. Inte vem som gör det, utan att det blir verklighet och kommer konsumenterna till del. Möjligheten att bli uppköpt förstärker också drivkraften att uppfinna, utveckla och starta företag. Då behöver man inte navigera över hela minfältet själv. Det räcker att man har en potentiellt lovande idé som uppskattas av någon på andra sidan minfältet.

Debatten laggar värre än min fjortonårings speluppkoppling på landet. Det är faktiskt just under den tid som många började se de stora plattformsföretagen som ointagliga monopol som de har fått substantiell konkurrens. De senaste fem åren har det ledande företagets marknadsandel faktiskt minskat i onlineannonser, molntjänster, appbutiker, programvara för företag och appbaserad taxi. När det gäller videostreaming och matleveranser har det ledande företaget förlorat mer än en fjärdedel av marknaden.[210]

Det handlar dels om relativa nykomlingar, som nafsar dem i hasorna. Under pandemin var det Zoom alla konfererade över, snarare än de etablerade bolagens videotjänster. Snapchat och TikTok fick plötsligt de gamla sociala medierna att se reumatiska ut. Salesforce blir allt mer offensiva inom molntjänster och kanadensiska Shopify har på fem år gått från en 70-del av den amerikanska e-handeln till en tiondel. PayPal blir allt viktigare inom onlinebetalningar. Dessutom har anrika företag till slut börjat lära sig nätet. Disney har tagit sig in på streamingmarknaden och Walmart och Target och alla deras lokala motsvarigheter har investerat stort i onlineshopping. Amazon konkurrerar hela tiden mot eBay, Tradera och Blocket.

Den som tror att GAFAM-bolagen ligger och förnöjt räknar pengar i badkaret har missuppfattat det oerhörda konkurrenstryck de är utsatta för. Dessutom måste de hela tiden speja mot varandra. Microsoft och Alphabet har börjat konkurrera med Amazon om molntjänster, vilket pressar priserna. Amazon har tagit upp kampen med Google och Facebook om den digitala annonsmarknaden. Facebook har i sin tur startat Facebook Shops för att slå tillbaka mot Amazon. Apple TV och Amazon Prime jagar samtidigt Netflix. Enligt *The Economists* kalkyler har andelen av GAFAM:s intäkter som överlappar med de andras affärsmodeller ökat från 22 till 38 procent sedan 2015.[211] På ett mer existentiellt vis har Apple börjat göra livet surt för sina annonsberoende konkurrenter genom att erbjuda iPhone-användare möjligheten att slippa följas online av en viss sajt.

Om du är rädd att plattformsföretagens kontroll över söktjänster ska göra att de styr vad du ser, tycker och köper är det värt att påminna om att de har ytterligare tio miljarder konkurrenter. Det vanligaste sättet att ta reda på något, få en ny åsikt eller tips om vad man bör handla online är faktiskt inte att fråga Google eller Facebook, utan att skicka ett meddelande till en vän och fråga. Big Techs största prestation är att ha gjort den formen av rådgivning så otroligt smidig.

6. Den synliga handen

"Marknaden kommer alltid till det mest effektiva ekonomiska resultatet, men ibland strider det mest ekonomiskt effektiva mot det allmänna bästa och det nationella intresset."

Republikanske senatorn Marco Rubio[212]

Men om det är så avgörande att ha framgångsrika företag, innovationer och tillväxt, är de inte lite för viktiga för att lämna åt marknaden? Ska vi inte hjälpa dem lite på traven?

När en intervjuare presenterar den italiensk-amerikanska stjärnekonomen Mariana Mazzucato genom att nämna många av hennes uppdrag i rådgivande organ till politiker och myndigheter, svarar hon: "There's actually even like thirty more." Det är inte konstigt att hon är eftertraktad. Den tes hon driver är nämligen att hennes uppdragsgivare är utvecklingens hjältar.

Många utgår ifrån att näringslivet skapar innovation och att det offentliga står i vägen och slösar resurser, men Mazzucato säger att det är tvärtom. Staten utvecklar och finansierar forskning och innovationer, medan privata företag sedan kan dra nytta av dem. Mazzucatos bild som visar hur staten låg bakom nästan allt viktigt i en iPhone har blivit berömd. Hennes uppfattning är att om staten kan skicka astronauter till månen så borde den klara av att lösa de flesta andra problem om karismatiska politiker och visionära byråkrater bara pekar ut riktningen och finansierar rätt teknik och lösningar. Då kommer kunskap kommersialiseras och nya innovationer utvecklas, menar hon. Därför behöver vi "moonshots", "uppdragsdriven innovation", för alla våra samhälleliga utmaningar:

> Först och främst måste ett uppdrag vara djärvt och inspirerande och samtidigt ha samhällelig relevans. Det måste vara tydligt i sin intention att utveckla ambitiösa lösningar som direkt förbättrar människors liv och det bör tilltala fantasin.[213]

Aktiv näringspolitik blev på modet under 1970-talets industrikriser, och växte bara i popularitet under den stora finans- och eurokrisen. Nu tycks det råda allmän uppslutning om det, när nationer har börjat se över sina av pandemin tillrufsade globala värdekedjor och när vi hamnade i en geopolitisk duell med Kina. Teknokratiska politiker som tror sig kunna styra resurser till det allmänna bästa har de senaste åren fått sällskap av amerikanska konservativa, som menar att en ambitiös industripolitik är ett överlevnadsvillkor, inte bara för att skapa goda industrijobb utan också för att västvärlden helt enkelt måste dominera morgondagens affärssektorer och teknologiska system för att ha en chans i striden mot Kina. I kommunistpartiet sägs vi nämligen ha en rival som tänker strategiskt och planerar för hur framtidens teknologi ska vara uteslutande *Made in China*.

Mazzucato har blivit hårt kritiserad av andra forskare, eftersom hon inte lutar sig mot systematisk forskning, utan i stället berättar olika historier som hon tycker visar på statens inblandning och framgångar, och sådana anekdoter säger ingenting om den övergripande bilden. Dessutom är många av hennes historier tillrättalagda. I en recension i *Ekonomisk Debatt* invänder Christian Sandström att det är missvisande att tala om allt viktigt i en smartphone utan att ta upp transistorn, den integrerade kretsen, den digitala bildsensorn eller annat som kommersiella intressen utvecklade. Dessutom påpekar han att mikroprocessorn, LCD-skärmen och cellulär teknik utvecklades av privata företag och inte av staten, som Mazzucato påstår.[214] Hennes bevisföring är anekdotisk och inte ens anekdoterna stämmer.

Men det finns ett mer fundamentalt problem med Mazzucatos idéer – en naiv syn på innovation. Det är ingen slump att hon så gärna återkommer till månlandningen. Den följer verkligen hennes föredragna uppdragsdrivna mall: presidenten sätter upp ett mål, Nasa planerar, upphandlar och genomför och på vägen sporras teknikutvecklingen i mängder av företag på massor av områden. Det var ett extremt tydligt och begränsat mål där den politiska viljan var så stor att man kunde strunta i att man hela tiden överskred budgeten. Men innovation går väldigt sällan till så.

Nätet, porren och politiken

Ett av Mazzucatos favoritexempel är förstås internet, en stark symbol för att en hierarkisk, förutseende myndighet kan peka ut framtidens lösningar och få saker att hända. Det utvecklades ju av den militära forskningsmyndigheten ARPA/DARPA (den byter ofta namn fram och tillbaka), som Mazzucato är särskilt förtjust i då den ”alltid har varit uppdragsstyrd” och ”definierad av en stark målmedvetenhet, som att vinna ett krig eller implementera en Green New Deal”. Det här var nödvändigt för att utveckla internet, menar Mazzucato. Endast ”staten vågade tänka – mot alla odds – det ’omöjliga’”: att skapa ett kommunikationssystem som skulle överleva ett kärnvapenkrig. Staten inte bara "fantiserade ihop" idén, utan endast den hade "visionen, resurserna och tålamodet att fullborda den" – ARPANET som senare blev internet krävde "a massive push by the state".[215]

Det är en vacker historia Mazzucato berättar om att det var staten som gav dig Facebook. Men lika falsk som den där lättklädda profilen som vill bli din Facebookvän för att du verkar så oerhört spännande och attraktiv. Idéer till nätverk mellan datorer började fantiseras ihop på många håll på 1960-talet, därför att olika former av informationsteknik hade utvecklats vid universitet och i privata företag. 1963 kunde J C R Licklider vid bolaget Bolt, Beranek and Newman föreslå ett "intergalaktiskt datanätverk" som beskrev många av de lösningar som skulle komma att bli internets infrastruktur. Paul Baran vid den privata tankesmedjan RAND Corporation försökte under samma tid sälja in ett förslag om ett distribuerat kommunikationsnätverk.

När Licklider började jobba vid ARPA var han involverad i att skapa ett nätverk mellan dess stordatorer, det projekt som 1969 blev ARPANET, föregångaren till internet. Men det projektet hade inget att göra med militärens behov. Drivkraften var att hans chef Robert Taylor var irriterad över att behöva ta sig mellan olika terminaler och använda olika inloggningsprocedurer för att använda flera datorer samtidigt. Det var tidsödande och gjorde samarbete med andra forskare svårare. Processen för att komma igång hade inga som helst likheter med någon visionär femårsplan eller strategisk Nasakommitté. Taylor gick helt enkelt in till ARPA:s chef och frågade om det var okej att inleda ett arbete för att länka ihop deras datorer.

Långt ifrån att rita upp en plan för en massiv, statlig push för att mot alla odds göra "det omöjliga" sade Taylor (inte helt sanningsenligt) "vi vet redan hur man gör det". Hans chef svarade "bra idé, sätt igång", och gav honom en påse pengar. Mötet tog 20 minuter.[216]

Som Robert Taylor själv har konstaterat: "ARPANET skapades inte med krig i åtanke [och] ARPANET var inte ett internet".[217] Även om det är omtvistat (liksom mycket annat i denna tillkomsthistoria eftersom så många personer hade en aktiv roll på olika och överlappande vis i olika skeden) menar Taylor att ett verkligt internet – ett nätverk av nätverk – skapades på Xerox först 1975, där deras ethernet kopplades till ARPANET.

Staten var inblandad på många vis, genom ARPA, upphandlingar och forskningspengar, men resultatet var en lycklig, oförutsedd bieffekt av offentlig finansiering och något helt annat än föreställningen om uppdragsdriven innovation där karismatiska ledare får folket med sig på bombastiska projekt. Det var inte så att staten "vågade tänka det omöjliga". Ingen president höll någonsin ett högstämt tal om att "vi har bestämt oss för att kommunicera i ett digitalt nätverk", och inget försvarsdepartement publicerade någon visionär PM om hur man med en massiv statlig push skapar ett världsomspännande datanätverk. Och ingen, inte heller Taylor, hade en aning om hur världen skulle förändras för att han inte orkade gå mellan olika terminaler.

Nyligen justerade Mazzucato sin historia om varför internet uppfanns. I den senaste boken heter det inte längre att nätet skapades för att det skulle överleva ett kärnvapenkrig, utan för att "satelliter skulle kunna kommunicera".[218] Det intressanta är inte att hon har fel igen, utan att hon hela tiden har fel på samma sätt – hon tror alltid att det måste vara en stor, viktig plan, bestämd ovanifrån, som skapar innovationen.

I en intervju 1989 tog Taylor direkt sikte på Mazzucatos idéer långt innan hon själv formulerade dem. Taylor menade att amerikanska politiker hade börjat ägna sig allt mer åt ”mission-directed funding” sedan han arbetade där och att det hade ”sänkt kvaliteten på det arbete ARPA stödjer något enormt”. Taylor menade att innovation främst skapas när man hela tiden stegvis löser praktiska problem och på så vis hela tiden expanderar kunskapen och finner nya möjligheter och plötsligt råkar skapa en helt ny värd. En mer uppdragsdriven politik, där politiker efterfrågar ett visst resultat, på ett visst sätt, ”kommer att missa varenda chans till verkliga framsteg, för en stor del av vad vi har gjort över åren är att snubbla över det nya. Vi gjorde det inte genom planering”.[219]

Militären och politikerna valde inte en vinnare, som Mazzucato hävdar, de hade inte den blekaste aning om vad Licklider, Taylor och de andra höll på med. Faktum är att det amerikanska försvarsdepartementet hade fått en liknande idé serverad på silverfat några år tidigare. Paul Baran på RAND Corporation presenterade sin idé för flygvapnet 1965, just med argumentet att ett sådant nätverk skulle klara ett militärt angrepp. Det var alltså inte staten som fantiserade ihop den idén – det var staten som slarvade bort den. Barans kontakter uppskattade idén, men som ett resultat av en maktkamp med Försvarsdepartementet gick projektet till the Defence Communication Agency, som inte hade någon teknisk kompetens på området och lät det ligga.

”Jag kände att de nästan kunde garantera att de skulle sabotera projektet eftersom de inte hade någon förståelse för digital teknologi ... dessutom saknade de entusiasm”, har Baran berättat.[220] Han drog tillbaka sin ansökan och ägnade i stället de närmaste åren till att sprida idén publikt och bli en viktig inspirationskälla.

När Mazzucato trots allt detta vill ge en visionär stat äran för internet reducerar hon sin tes till att allt som staten på något vis, i någon del av processen, har råkat beröra är dess förtjänst, vilket förstås är något helt annat än månlandningens uppdragsdrivna innovation. Bortsett från en serie felaktiga och motstridiga påståenden om internets födelse påvisar hon inga orsakssamband, utan ägnar sig åt *praise by association*. Det verkar faktiskt räcka att någon som startar ett innovativt techföretag har fått en offentlig universitetsutbildning för att hon ska säga att staten gör allt och det privata bara är parasitärt.

Men innovation sker inte genom att någon får en idé och trycker på en maskin, som professor Balthazar eller Skalman, så kommer en uppfinning ut på andra sidan. Matt Ridleys ambitiösa bidrag till teknologihistorien, *How innovation works*, visar övertygande att de stora genombrotten aldrig kom från statliga planer eller ensamma genier, utan från myllrande intellektuella ekosystem med ständig korsbefruktning mellan olika discipliner och verksamheter. Det är en komplex väv av samarbeten, överraskningar, inspiration och improvisation. Stora språng kan tas genom oväntade kombinationer och tillfälligheter. Det gör att mängder av personer och institutioner har berört varenda innovation.[221]

Om vi ska ägna oss åt praise by association så blir det därför väldigt mycket praise åt alla håll (många fler än

Licklider och Baran bar på tankar om något slags internet). Och med tanke på att staten i västvärlden motsvarar nästan hälften av BNP vore det väldigt konstigt om den inte nuddade det mesta i något skede, särskilt i dess roll som finansiär av utbildning och som upphandlare. Det är inte detsamma som att den fått idén och tryckt på knappen, och att det bara skulle vara att trycka lite oftare för att få mer utveckling.

Om man ville skapa uppståndelse skulle man faktiskt kunna skriva en sådan där Mazzucatobok om aktiv näringspolitik men byta ut staten mot porrindustrin. Tänk efter. Det är väl belagt att pornografin haft en avgörande roll i flera teknikskiften. Tryckpressen, fotot, filmen, videostreaming, betalsystem online, chattfunktioner, peer-to-peer-delning och virtual reality har i hög utsträckning utvecklats och spridits för att tillfredsställa köttets lustar. Historikern Jonathan Coopersmith har konstaterat: ”Om det inte vore för ämnets natur skulle pornografin allmänt hyllas som en industri som framgångsrikt har utvecklat, tillämpat och spridit nya teknologier.”[222]

Finns det över huvud taget något staten kan göra som inte också porrindustrin skulle kunna? Och tänk då att porrindustrin inte har statens halva BNP att förfoga över, utan högst några promille av den. Ändå har den varit och tafsat på nästan alla informationsteknikens innovationer. Om jag tillhörde den nya hejarklacken för industripolitik skulle jag av detta dra slutsatsen att vi borde ösa skattemedel över porrindustrin för att stimulera teknisk innovation.

Orsaken till att det är fel är detsamma som skälet till att Mazzucatos perspektiv är fel. Dessa innovationer kom inte från porrindustrins årliga kommittémöten, utan från dess stökiga och ständigt föränderliga samspel och konkurrens med andra innovatörer och branscher och kundernas skiftande efterfrågan.

Brustna drömmars boulevard

Skälet till att ekonomer från 1980-talet och framåt kom att se med sådan skepsis på aktiv näringspolitik var inte att de var nyliberala, utan att de var besvikna. Politiken hade nämligen testats i stor skala och resultatet visade sig inte ha några likheter med skrivbordsdrömmarna.

USA:s federala program för innovation på 1960- och 70-talet "är knappast en framgångshistoria", konstaterade ekonomiprofessorerna Linda Cohen och Roger Noll och tre andra ekonomer som hade en positiv inställning till industripolitik. Deras cost-benefit-analys av sex ambitiösa federala projekt avslöjade att bara ett av projekten var ens "mödan värd" (Nasas kommunikationssatelliter). Fyra av dem var "närmast reservationslösa misslyckanden".[223] Deras bok fick titeln *The technology pork barrel,* vilket anspelar på det amerikanska uttrycket för valfläsk. Skälet var att projekten ofta levde vidare för att de gav politiker något att visa upp i hemmadistrikten, inte för att de var framgångsrika.

När ekonomen Josh Lerner satte sig ned för att skriva en bok om vad staten kan göra för att aktivt sporra entreprenörskap och innovationer var upplevelsen så deprimerande att han gav den titeln *Boulevard of broken dreams.* Lerner noterade, likt Mazzucato, att det finns lyckade exempel på aktiv näringspolitik, särskilt för fattiga länder som använder det för att komma ikapp en redan känd och beprövad teknik. Men Lerner gjorde sig också omaket att titta på den andra sidan: "för varje exempel på framgångsrik statlig intervention finns det dussintals, till och med hundratals misslyckanden, där substantiella offentliga utgifter inte bar någon frukt."[224]

I en utvärdering av svenska företagsstöd finner forskarna inga statistiskt säkerställda effekter på mottagarföretagens produktivitet, omsättning, antal anställda eller andelen arbetstagare som är högutbildade eller forskare. De fann en enda positiv effekt: De små företag som hade fått bidrag hade högre omsättning än andra, men bara under det första året. Stöden fungerar alltså mindre som en inkubator som ger långsiktig utveckling, utan mer som en sockerchock som bara ger tillfällig spralllighet. Inget moonshot, utan en snabb kick som bara ger sug efter mer. Forskarna avslutar:

Avsaknaden av positiva effekter är bekymmersam med tanke på de kostnader som är förknippade med selektiva företagsstöd, till exempel de direkta administrativa kostnaderna, uppkomsten av räntesökande beteenden hos företagen och snedvridningen av konkurrensen.[225]

I ett mångårigt arbete har forskningsinstitutet Ratio studerat statligt stöd till innovation och även deras sammanfattning av forskningsresultaten är nedslående:

> Effekten av sådant stöd lever inte upp till beslutsfattarnas förväntningar, då de planerade vinsterna vad gäller omsättning, vinst, antal anställda, och innovationskraft är icke-existerande. Internationella studier uppvisar likartade resultat.[226]

Ett uppenbart skäl till att månlandningen har fått en sådan hedersplats i debatten om industripolitik är att den lyckades – till skillnad från så många andra försök till offentlig innovation sedan 1960-talet, som Nixons krig mot cancern, bridreaktorerna, produktion av syntetiskt bränsle från kol, fransk-brittiska Concorde, Uddevallavarvet, Stålverk 80, Minitel, Tysklands Energiewende, majsbaserad etanol, kommunala vätgasstrategier och Örnsköldsviks försök att ta över världen med bilbränsle gjort på cellulosa – ett mångmiljardfiasko som kommuninvånare kommer att få betala för med sämre service och högre skatter under många år.

Eller kommer du ihåg Quaero? Den europeiska sökmotor som skulle göra slut på Googles herravälde. ”Vi måste gå på offensiven och uppbåda en massiv ansträngning”, annars förlorar vi ”makten över morgondagen”, kungjorde Frankrikes president Jacques Chirac när han utannonserade projektet tillsammans med Tysklands förbundskansler Gerhard Schröder i april 2005.[227] En massiv (ofrivillig) ansträngning från skattebetalarna kunde emellertid inte hjälpa att alla politiker, bolag och forskningsinstitut i det väldiga Quaero-konsortiet inte ens kunde komma överens om vad det var de skulle söka efter. Redan året efter föll projektet samman.

Eftersom politiska projekt är bättre på att sälja sig än de är på att sälja varor och tjänster, reagerade omvärlden initialt ofta med ängslig vördnad och trodde att de måste svara med samma industripolitiska mynt för att inte förlora framtiden. Nixon ville att USA skulle utveckla ett överljudsflygplan bara för att européerna tog fram dödsdömda Concorde. Den republikanske politikern Newt Gingrich trodde att de interaktiva datorterminalerna Minitel kunde göra Frankrike ”till världens ledande itsamhälle vid sekelskiftet” och ville att den amerikanska staten på samma sätt skulle styra upp tekniken. Sökmotorkonsulten Brad Fallon berättade för *The Economist* i mars 2006 att ”Quaero verkar ha ett försprång” framför Google – innan Quaero var i närheten av att veta vilken produkt de skulle utveckla![228]

Den nya industripolitiken formuleras ofta i kontrast mot den gamla. Nu är inte längre tanken att hålla gamla, föråldrade industristrukturer vid liv, utan tvärtom att sporra de nya, innovativa bolagen. Men så lät det på den tiden också. Det är bara i efterhand de misslyckade projekten framstår som understöd till redan dödsdömda industrier. Från början var de flesta av dem just sprudlande moonshots, som använde den senaste tekniken för att göra det som man trodde skulle bli kommersiellt gångbart.

Nu när vi vet hur det gick kan man naturligtvis inte räkna med att få läsa om just de här projekten i de nya böckerna om aktiv näringspolitik, som säger att *den här gången* är det annorlunda, nu kommer det fungera. Jo förresten, Mariana Mazzucato nämner faktiskt Energiewende, Tysklands avveckling av kärnkraften och satsning på förnyelsebar energi som inleddes 2010. I början nämnde Mazzucato den till och med som en slags modern motsvarighet till månlandningen, ”en förebild för hur man implementerar en integrerad strategi”. Men numera medger hon stora problem och berömmer främst hur goda intentioner den hade och hur briljant uttänkt det var (hon var en av projektets rådgivare).[229] Och det är förstås sant, om den nya innovationspolitiken framgång ska mätas i politikers intentioner kan jag redan nu förutspå att den kommer att bli en braksuccé. För den som bryr sig mer om resultat var Energiewende snarare ett praktfiasko.

2019 konstaterade Tysklands riksrevisorer att omställningen hade kostat 160 miljarder euro bara de senaste fem åren och att utgifterna ”är extremt oproportionerliga mot resultatet”.[230] Försöken att omvandla allt ovanifrån skapade instabilitet och osäkerhet i hela elsystemet och avvecklingen av kärnkraften gjorde att man perverst nog tvingades använda mer kolkraft. I dag står tyskarna där med högst elpriser i EU och med mindre minskning av koldioxidutsläppen än de länder som saknade en bombastisk, visionär plan. Mellan 2010 och 2018 minskade EU sina utsläpp av växthusgaser per capita med tolv procent, Frankrike med 15, Italien 17, Sverige 24 och Storbritannien med mer än 26 procent. Tyskland lyckades inte ens minska dem med tio procent.[231]

När jag frågade energiforskaren Dieter Helm om den tyska energiomställningens tre mål om att minska utsläppen, öka konkurrenskraften och säkerheten, svarade han kort: ”Att misslyckas med ett av målen är en miss som politiker bör ställas till svars för, men att misslyckas med alla tre mål, det är en ganska stor bedrift”.[232]

Mer Vasa än Nasa

Misslyckanden är visserligen en del av alla innovationsprocesser, även privata. Om man inte misslyckas regelbundet tar man inte tillräckligt många risker. Skillnaden är att offentlig styrning tar bort de mekanismer som styr resurser från misslyckanden till framgångar. Privata projekt är beroende av skoningslöst uppriktig feedback från frivilliga finansiärer och kunder som inte vill vara med om något de förlorar på. Ständigt inkommande siffror över kostnader, försäljning, vinst och värdering visar obarmhärtigt vad som funkar och vad som inte gör det.

Offentliga projekt tar också emot feedback, men inte av frivilliga finansiärer eller kunder som väljer själva. Politiker och myndigheter agerar inte på marknader – med den vana det ger av att förstå möjligheter och risker – och de investerar inte sina egna pengar, vilket betyder att de har andra starka motiv än att hitta det som kan skapa större värde på sikt. Politiker har en ideologisk vilja att något verkligen, verkligen ska funka utifrån deras egen förförståelse. De vill också hålla sig väl med viktiga väljargrupper och donatorer, visa sig handlingskraftiga och skapa många foto- och arbetstillfällen under mandatperioden. De vill gärna hamna i historieböckerna genom att ha bidragit till viktiga förändringar, och allra helst genom att mot all ekonomisk och teknisk logik lägga så mycket av produktionen som möjligt i just deras hemkommun.

Myndigheter får ofta rollen att kryssa i rutor, så att de hittar bidragsmottagare som uppfyller en kombination av det för dagen politiskt gångbara och en förhoppning om tillväxtkraft. Och liksom i andra situationer där man inte rår över output börjar man betona input som mått på framgång. ”Man firade med tårta varje gång vi hade lyckats göra av med pengar”, som en tidigare tjänsteman vid Energimyndigheten har berättat. Att inte göra av med den årliga budgeten kan betyda mindre anslag nästa år och därmed minskade möjligheter att växa och anställa. Logiken innebär därför enligt tjänstemannen: ”kommer det in en trovärdig ansökan tar man den, om det inte kommer in någon då tar man den mest trovärdiga som finns att tillgå.”[233]

Det gör att utvärderingarna blir lite luddigare (ofta gör man dem själv), att ja-sägare premieras, problem oftare sopas under mattan och kritiker marginaliseras. Ofta blandar man ihop stora ambitioner och stark vilja med praktisk problemlösning. Det är därför historien om statens försök att styra utvecklingen oftare blir regalskeppet Vasa än rymdstyrelsen Nasa.

Sammantaget gör det att det offentliga sällan hittar de där fantastiska möjligheterna som alla andra försummat, utan tvärtom hoppar på den senaste trenden, där presentationerna innehåller alla kodord, snittarna är aptitligast och man får hänga med de coola entreprenörerna, inte de introverta ingenjörerna. Likt affärstidningarnas löpsedlar hoppar de från it-branschen till bioteknik till spel till grön teknik. När Lerner skrev sin bok 2009 hade 49 amerikanska delstater program för att försöka skapa ett kluster som drar till sig bioteknikföretag från andra delstater och jag skulle inte bli överraskad om den femtionde delstaten har skaffat ett sen dess (och om en enda av dem lyckas kommer de finnas med i Mazzucatos nästa bok som ett exempel på fantastiska, omöjliga projekt som inte hade blivit av om inte staten hade fantiserat ihop det).

I de fall politiken upptäcker en brist i produktionsapparaten som den vill åtgärda, som på halvledare (som inte bara beror på pandemin, utan också på att handelskriget USA–Kina avbröt leveranser och orsakade hamstring) är det en brist som alla andra redan har uppmärksammat och jobbar så snabbt de bara kan för att lösa av rent kommersiella skäl. När president Biden föreslår hundratals miljarder kronor för att subventionera produktionen av det kan det bara beskrivas, som vänsterdemokraten Bernie Sanders gör, som ”välfärdspolitik för några av landets största och mest lönsamma företag, utan några som helst villkor”.[234] Det enda det kommer att generera är en överproduktion av halvledare när banden väl rullar igen.

Varje industripolitisk subvention betalas av skattebetalare som därmed förlorar köpkraft som hade kunnat gynna andra företag som konsumenterna efterfrågar. Det drar också arbetskraft till de politiskt gynnade projekten, snarare än de som kanske hade gett bäst avkastning. Ratioforskarna poängterar att de allra flesta nyföretagare använder sina egna sparmedel för att komma i gång, så om det finns någon näringspolitik som verkligen skulle uppmuntra till entreprenörskap är det tvärtom att sänka de skatter som gör det svårare att få ihop ett sparkapital.

Dessutom förändrar subventionerna företagens beteende. På en fri marknad får företag en tydlig signal om det är dags att sluta expandera. Om deras sist producerade vara kostar mer än de kan sälja den för ägnar de sig åt ren kapitalförstöring. Då är det dags att förändra verksamheten, skala tillbaka eller lägga ned. Men med en aktiv näringspolitik träder plötsligt bidrag och medfinansiering in, som gör att man får mer pengar om man ändå fortsätter att expandera. Det gör att det plötsligt blir rationellt att förstöra kapital.

Staten är dålig på att hitta vinnare, men förlorare är duktiga på att hitta staten. Flera forskare har identifierat släktet ”bidragsentreprenörer”, som systematiskt vänder sig till olika myndigheter för att hålla verksamheten flytande ett tag till.[235] I stället för att utveckla de bästa produkterna för att locka konsumenter skaffar de sig de bästa presentationerna för att locka politiker och tjänstemän. I stället för att fylla orderböcker lär de sig att fylla i blanketter med de kodord som ska utlösa de rätta pavlovska reflexerna hos tjänstemän – ”hållbarhet”, ”mångfald”, ”jämställdhet”, ”innovation”, ”kluster”, ”regional utveckling”, ”industrijobb”, ”digitalisering”, ”grön tillväxt”, ”världsledande”.

På så vis kan de betala kvalificerad personal bra, och håller därmed kvar kapital och kompetens i en verksamhet med låg produktivitet.

Bidragsentreprenörskapet är ett imponerande exempel på hur initiativrika människor kan vara för att tjäna pengar, något som underlättas av att det finns mängder av instanser, kommunalt, regionalt, nationellt och på EU-nivå som delar ut bidrag, ofta helt okoordinerat. Mest påhittig var den svenska företagare som lyckades samla på sig hela 38 olika former av bidrag mellan 1997 och 2013.[236] Tänk hur mycket sådana uppfinningsrika människor hade kunnat bidra till samhällsekonomin om de hade haft incitament att söka marknader i stället för bidrag och hade fått betalt för innovationer i stället för kapitalförstöring!

Allt detta gör att det blir en boulevard av krossade drömmar. Det som är så sorgligt är att det finns en rad insatser som alla bedömare är eniga om skapar ett gott företagsklimat: rättssäkerhet, effektiv byråkrati, god infrastruktur, möjlighet att bygga, bra utbildningssystem och liberal arbetskraftsinvandring. I stället för att lägga energin och det politiska kapitalet på att skapa dessa förutsättningar springer politiker benen av sig för att välja ut specifika affärsmodeller att skicka pengar till. Som Josh Lerner poängterar är det ungefär som att försöka servera huvudrätten utan att duka bordet – det gör det möjligt för en att fokusera på den roligaste aktiviteten, men man förstör hela middagen.

Vi behöver fler händer i verksamheten

Staten kan indirekt bidra till innovation genom att finansiera utveckling och spridning av kunskap, till exempel genom universitet. Det förutsätter nämligen inte någon centraliserad kunskap eller förmåga att förutspå framtiden. Det bygger bara på att man ger smarta människor pengar och ber dem att gå och vara smarta på något excentriskt, oförutsägbart sätt och sedan ger marknadens decentraliserade ekosystem möjligheten att använda dessa insikter till att utveckla innovationer som skapar värde för samhället.

Men teoretisk kunskap är inte detsamma som tillämpning och inte ens uppfinning är detsamma som innovation. För att kunskapen ska omvandlas till processer och produkter som berikar samhället behövs det något annat, och det är när staten vill sporra en viss teknik eller affärsmodell som problemen uppstår. Det är i den fasen vi i stället behöver decentraliserade experiment inom ett ständigt föränderligt ekosystem av investerare, innovatörer och industrialister, samt konsumenter. Det är i den fasen som staten inte expanderar mängden kunskap genom att blanda sig i, utan tvärtom minskar den, genom att peka ut en väg och dra kapital och arbetskraft ditåt, snarare än att bejaka en mångfald av vägar.

En annan form av innovationspolitik som inte träffas av min kritik är att helt enkelt sätta ett pris på det man vill ha. *Om* någon utvecklar ett nytt, viktigt vaccin eller trådlös överföring av elektrisk kraft över stora avstånd så får de en bunt miljarder. Det säger inte vem som ska göra det eller hur, men ger ett generellt incitament till alla som tror att de har en chans att använda sin kunskap till att försöka göra det på sitt sätt. Det gäller bara att de sätter rätt mål också.[237]

Det här är också skälet till att den nationalistiska och geopolitiska attityden till forskning inte håller. Den bygger på idén att vi som land (eller i alla fall länder som är som vi) måste "äga" vissa kunskapskomplex och teknologier. Men anledningen till att vi så ofta låter staten subventionera förutsättningslös forskning och grundläggande kunskap är att det är mindre intressant för kommersiella krafter att göra det då det är svårt att exkludera någon från användning av genombrotten. När någon väl har kommit på hur man fixerar kväve, leder ljus genom optiska fibrer eller klipper av en DNA-kedja är det väldigt svårt att hindra andra från att utnyttja samma kunskap. Och det gäller även om det skulle vara Xi Jinpings utvalda (eller Donald Trumps) som gjorde denna grundforskning och dessa upptäckter. Insikten skulle ändå snart spridas över världen, och då är det avgörande i stället vad vi gör med den.

Under lång tid var det bara i västvärlden som vi i stor skala finansierade den typen av forskning, som alla sedan kunde använda utan att ha varit med och betala för den. Fläckvis finns det stora faror med att andra delar av världen nu också börjar träda fram, som när det används av auktoritära stater för att skapa militär kapacitet eller för att förtrycka sina medborgare, men i den utsträckning det handlar om grundforskning ska vi bara tacka för att de fyller på den globala kunskapsreservoaren. Det centrala är att vi har äventyrligt riskkapital, pigga entreprenörer och nyfikna konsumenter som hela tiden testar nya metoder att använda den kunskapen till att utveckla nya tekniker och produkter som förbättrar våra liv.

Det sker bäst i decentraliserade system eftersom teknik- och affärsutveckling är en riskabel, oförutsägbar process där det är summan av alla experiment som skapar alla resultat, inte något enskilt moonshot. Om vi misstänker att en inledningsvis mycket kostsam teknik eller affärsidé skulle bli en succé som betalar sig många gånger om i framtiden har vi tillgång till en tidsmaskin som gör att vi kan använda oss av de intäkterna redan i dag. Den kallas finansmarknaden. Banksparare, aktieinvesterare och riskkapitalister avstår från sin konsumtion i dag i utbyte mot en rejäl del av intäkterna i morgon.

Politiker som finansierar en viss teknik styr resurser bort från den innovation och industri som annars hade utvecklats och som hade spridit positiva ringar på vattnet. Och varför skulle de veta bättre än miljontals finansiärer, företag, forskare och konsumenter vad som kommer att visa sig fungera? Inte ens de personer som agerar på marknaden och har hangarer av data vet vad som kommer att lyckas nästa gång (kom ihåg listan på felsatsningar som Facebook, Amazon, Apple, Google och Microsoft gjort!), så vad är då chansen att någon som står och tittar på den utifrån ska kunna göra det?

Vem vet? Politiker och byråkrater kanske faktiskt då och då vet bättre än vi vanliga dödliga, men i så fall kan vi åtminstone begära att de satsar sina egna besparingar på de projekten innan de tvingar oss andra att riskera våra. Om de är så säkra på att en europeisk sökmotor eller etanol av cellulosa är framtiden ska vi i alla fall begära att de själva belånar sommarstugan på projektet.

Världen är nämligen stor, med många olika intressen och många lovvärda idéer som söker finansiering. Det viktigaste skälet till att månlandningen inte bör stå modell för utveckling är att samhället inte mår bra av att underordnas en enda målsättning uppifrån och ned. Ingen politisk vision borde få kosta vad den kosta vill, för det tar resurser från andra människor, deras drömmar om framtiden och deras försök att lösa problem som är angelägna för dem.

Faktum kvarstår att månlandningen inte hade ägt rum 1969 om det inte hade varit för den amerikanska statens projekt. Men vad innebar den egentligen? Det blev inga månbaser och ingen asteroidbrytning, ingen solkraft i rymden, ingen rymdturism och ingen fortsatt färd mot Mars och ut i yttre rymden. Eftersom det handlade om politisk symbolik saknades intresset att bygga en uthållig infrastruktur för rymdfarten, och eftersom den politiska viljan var så stor tilläts kostnaderna för Apollo skena, vilket gjorde projektet möjligt då men också fullkomligt ohållbart i längden. Månlandningen är en bisarr symbol för det nya hoppet om industripolitik, för det blev aldrig någon industri. Vi placerade en flagga på månen och sen åkte vi hem igen.

Ironiskt nog börjar rymden erövras först nu, i och med att den privatiseras, med bolag som SpaceX, Blue Origin och Virgin Galactic, som hela tiden utmanar, improviserar, justerar och genom rutinmässiga och stegvisa förbättringar hela tiden hittar nya intäktskällor och driver ned kostnaderna för att göra mänskligheten till en multiplanetär art.

Så industripolitik funkar faktiskt inte heller ute i rymden. Fungerar den ens i Kina?

7. Kina – undantaget som inte är något undantag

”Kinas framgångar innebär en kris för liberalismen.”

Torbjörn Elensky[238]

Ingenting har gjort mig så besviken sedan jag skrev *Till världskapitalismens försvar* som Kinas utveckling. De epokgörande ekonomiska framstegen skulle följas av en politisk öppning, hoppades jag. Det skulle bli allt svårare för regimen att kombinera en rikare och mer utbildad befolkning med en auktoritär stat. Visserligen nämnde jag kommunistpartiets förbrytelser, arbetsläger, politiska fångar och förtrycket av den uiguriska befolkningen i Xinjiang, men jag såg detta som rester från ett tidigare maoistiskt system, och trodde att de steg för steg skulle mildras under trycket från en framväxande medelklass och en internationell opinion. Att TVF kunde ges ut i kinesisk översättning såg jag som ett blygsamt personligt tecken på att landet stegvis öppnades – även om det faktum att jag inte särskilt diskret skuggades av civilklädd polis vart jag än gick under min bokturné i landet tydliggjorde var gränserna gick.

Jag fick fullständigt fel. Under det senaste decenniet har Kina genomfört en auktoritär och planekonomisk u-sväng. Xi Jinping har sedan han 2013 blev generalsekreterare koncentrerat allt mer makt till sig personligen och återskapat en närmast maoistisk politisk modell. Hongkongs friheter har slagits i spillror och kolossala läger i

Xinjiang för tvångsarbete och hjärntvätt har uppförts. Kina testar dagligen grannarnas gränser i Sydkinesiska havet och hotar ständigt Taiwan med en militär invasion.

Där det tidigare fanns ett utrymme för olikartade uppfattningar så länge man inte ifrågasatte partiets rätt att styra har censuren nu blivit aggressiv och allomfattande och dissidenter kidnappas till och med på utländsk mark. Kinesiska ambassadörer hotar medier och forskare, bland annat i Sverige. Kineserna ska inte längre "söka sanningen i fakta", som Deng Xiaoping uppmanade dem till. Nu är det inskrivet i författningen att de ska studera "Xi Jinpings tänkande om socialism med kinesiska förtecken för en ny tidsålder".

Oron för vad denna nya kinesiska modell ska innebära för världen och möjligheten till fredlig samexistens har skapat en helt ny mörk berättelse om Kina, särskilt i Amerika där motstånd mot Kina ofta brukar sägas vara den sista partiöverskridande frågan. Den berättelsen går så här: Kinas ekonomiska mirakel möjliggjordes genom kommunistpartiets strategiska industripolitik och västvärldens naivitet. Steg för steg vägledde och subventionerade Kina sina bolag tills de kunde dominera världsmarknaderna. Genom att släppa in Kina i WTO 2001 stod vi nakna när de stal vår teknik och dumpade sina subventionerade varor här. Västvärldens industrier slogs sönder medan den stora vinnaren var kommunistpartiet, som använde resurserna till att bygga upp framtidens industrier och förbereda sig för morgondagens krig. Det var naivt att tro att det någonsin fanns förutsättningar för verklig liberalisering eller demokratisering. Vi har redan förlorat och kan bara minimera förlusterna genom att försöka stympa dem med sanktioner mot deras teknik och tullmurar mot deras export och genom att imitera deras industripolitik och subventioner för att vinna dragkampen om framtidens teknik och affärsmodeller. Kort sagt: för att kunna besegra Kina måste vi bli som Kina.

Jag delar besvikelsen över Kinas utveckling. Jag oroar mig djupt över landets framtid och den effekt dess auktoritära modell har på omvärlden. Men den allmänna besvikelsen har lett till en berättelse som på nästan varenda punkt är felaktig och om vi omfamnar den kommer det att riskera att leda till stora misstag både i Kina och i vår del av världen.

När Kina blev kapitalistiskt

För att börja från början är det en vanföreställning att det var kommunistpartiets strategiska tänkande och industripolitik som gjorde Kina rikt. Som Ning Wang och Ronald Coase visade i sin bok *How China became capitalist* var det tvärtom en serie folkliga uppror som skapade en folklig kapitalism och drog igång hela reformprocessen.[239] Det var hungriga bönder som i största hemlighet började avveckla kollektivjordbruken och privatiserade marken i slutet av 1970-talet. De skrev hemliga dokument om att marken skulle delas upp mellan dem och att de lovade att uppfostra barnen till de bybor som skickades till arbetsläger om partiet någonsin fick reda på deras komplott. Men det var svårt att hålla det hemligt när deras produktion ökade så snabbt. Privat lantbruk spred sig ”som hönspest”, som en bonde uttryckte det. ”När en by har fått det, kommer hela landet att bli smittat.”[240]

Den snabbt ökande jordbruksproduktiviteten gjorde att landsbygdsbefolkningen kunde använda en del av sin tid till annat än jordbruk. De skapade byföretag som verkade utanför de planekonomiska strukturerna och därför behövde skicka ut egna inköpare för att få tag på material och egna försäljare för att söka marknader. Det gjorde att de utmanövrerade de gamla stela statsbolagen och började vänja kinesiska konsumenter vid enkla men varierade produkter till marknadspriser.

Denna framgång gjorde att arbetslösa ungdomar i städerna krävde rätten att starta liknande företag. Runt 20 miljoner ungdomar hade sänts till landsbygden under Maos styre för att det inte fanns jobb till dem i statsbolagen. Efter hans död återvände de till städerna och krävde sysselsättning. De började protestera, ibland på ett omstörtande vis. I flera städer blockerade de järnvägen. Det tvingade staten att tillåta egenföretagande i städerna från 1983, vilket revolutionerade restaurangbranschen, detaljhandeln och snart även industrin.

Parallellt med denna utveckling hade partiet börjat tillåta särskilda frihandelszoner där företagen befriades från den traditionella planen och tilläts experimentera med teknik och investeringar från utlandet, till och med från Hongkong och Taiwan. Det var tänkt som begränsade experiment på behörigt avstånd från storstäderna, för att planekonomin inte skulle påverkas för mycket av ett fiasko – eller en succé. ”Vi var tvungna att sätta upp ett staket omkring Guangdong”, berättade en vice premiärminister, ”så att andra provinser skulle skyddas från kapitalismens dåliga inflytande.”[241] Men liksom hönspest och privat jordbruk var det svårt att isolera någon del av landet från den remarkabla innovation och produktivitet dessa zoner möjliggjorde. Avkroken Guangdong blev snart landets största ekonomi. Den gamla fiskebyn Shenzen med 30 000 invånare växte till ett globalt ekonomiskt center med mer än 10 miljoner invånare.

Denna entreprenöriella explosion i byar, städer och specialzoner började pressa statsbolagen, som förlorade konsumentmarknader och blödde pengar. Kommunistpartiet inledde efter mycken tvekan därför en hårdhänt omstrukturering som innebar att statsbolag disciplinerades, privatiserades eller lades ned. Mellan 1996 och 2002 minskade arbetskraften i statliga bolag med mer än 40 procent.[242] Tillsammans med ett avskaffande av priskontrollerna och en stor skattereform skapade detta en integrerad nationell marknad, där marknadskrafterna som tidigare tillåtits existera ute i marginalen i praktiken ersatte planekonomin.

Statsbolagens fall skapade emellertid ett nytt problem, eftersom arbetarnas bostäder ägdes av dessa företags arbetsenheter. Hur skulle man se till att människor inte blev bostadslösa för att deras arbetsgivare gick i konkurs? Det enkla svaret var att privatisera bostäderna. Från och med 1998 övergick städernas fastigheter i arbetarnas ägo. De såg i sin tur att de plötsligt ägde en tillgång som de kunde investera i, belåna, sälja eller byta, så resultatet blev en bostadsmarknad, en fastighetsboom och en byggsektor på högvarv.

Reformprocessen skapade en ny obalans. Jordbruksrevolutionen frigjorde arbetskraft samtidigt som de glödheta marknaderna i städerna skrek efter arbetskraft. Migranter ville till varje pris ta sig till städerna, där fabriksjobben visserligen var tunga men också erbjöd en inkomst fem gånger högre än den de lämnade. Det fick kommunistpartiet att inleda den största reformen av alla – att montera ned de interna gränserna. Under Maos tid hade ingen tillåtits lämna sin hemby, och den som på något vis ändå lyckades ta sig till en stad tilläts inte ens handla mat. Nu började systemet urholkas. 2003 avvecklades lagen som gjorde det möjligt för polisen att tvångsförflytta kineser tillbaka till hembyn, vilket ledde till den största migrationsvågen i historien, som gav ytterligare kraft till den företagsamhet och fastighetsmarknad som tidigare släppts fri. På några få år sökte sig 250 miljoner kineser till städerna och kom där att utgöra 00-talets ekonomiska motor, i rollerna som arbetare, konsumenter och nyföretagare. Mellan 1980 och 2010 växte Peking från 9 till 21 miljoner invånare och Shanghai från 11 till 20 miljoner.[243]

Den sista stora reformen var Kinas anslutning till WTO som till slut godkändes 2001. Den uppmärksammade följden var en snabb ökning av kinesisk export, men kinesiska reformatorers främsta avsikt var att göra de egna företagen starka genom att utsätta dem för konkurrens, både internationellt och på hemmaplan. Den viktigaste konsekvensen var en fortsatt öppning av den kinesiska ekonomin. De genomsnittliga kinesiska tullarna minskade från 40 procent 1992 till under tio procent 2004.[244]

Som jag beskrev i kapitel tre är föreställningen att Kina ödelade västerländska industrilandskap uppåt väggarna fel. Tvärtom berikade denna handel både oss och kineserna. Mycket kinesisk export är i själva verket västerländsk export av produkter de har låtit tillverka i Kina. Men tyvärr har många sådana samarbeten tillåtits endast på villkor att teknik och intellektuell egendom överförs till kinesiska partners. Och även om det inte har stått i avtalen spelar det inte så stor roll. Snart efter att en svensk eller amerikansk firma har öppnat en fabrik i Kina ploppar det upp en kinesisk fabrik i närheten som tillverkar en något billigare variant av samma produkt. Stölden av kunskap och teknik har varit massiv och skamlös.

Men den är inte på något vis unik. Svenska och amerikanska företag gjorde precis samma sak på en motsvarande nivå av ekonomisk utveckling. USA hade till och med som officiell politik att smuggla in uppfinningar och muta europeiska hantverkare att avslöja sina hemligheter.[245] Det som förändrades var inte att amerikaner tvingades att byta politik, utan att de blev mer uppfinningsrika själva och därför började inse värdet av att skydda patent och upphovsrätt. Samma sak händer just nu i Kina. I tio år har US-China Business Council frågat amerikanska företag hur Kinas skydd för intellektuell egendom har förändrats under det gångna året. Andelen som upplever en förbättring sedan året innan är i genomsnitt 47 procent under dessa tio år. Andelen som upplever en försämring är tre procent. Påtvingad tekniköverföring är ett stort bekymmer, men hamnar bara på plats 24 bland de 27 största orosmoment som företagen upplever i Kina.[246]

Ett av de bästa sätten att komma till rätta med sådana missförhållanden är att använda WTO:s regelverk. Kritiker av WTO påstår att organisationen är tandlös, att tvistlösningsmekanismen har varit orättvis mot USA ("vi förlorar nästan alla fall i WTO", klagade Trump) och att Kina ändå inte följer domsluten när de förlorar. Men en hel del frågor om intellektuell egendom och statssubventioner täcks av WTO-avtalen. Av de behandlade klagomål USA har riktat mot Kina har USA vunnit 20 av 20 möjliga, medan Kina bara har vunnit runt en tredjedel av klagomålen landet har väckt mot USA. Dessutom har Kina i samtliga fall utom ett (som USA valde att överge) vidtagit åtgärder som ett resultat av att fällas, vilket gör att landet trots alla fel och brister i processen följer processen bättre än USA, som ibland helt har nonchalerat WTO-domsluten.[247] Sättet att få Kina att ägna sig åt fair play är inte att dra sig undan det multilaterala handelssamarbetet, utan att utvidga och fördjupa det – och kanske själv följa reglerna.

Varför tar jag upp din tid med denna genomgång av de olika reformvågorna? För att den riktning vi tar ut är beroende på vår känsla om var vi kommer ifrån. Hur man tolkar Kinas framgång är avgörande för vilken modell landet väljer och hur vi ska se på det. Både det kinesiska kommunistpartiet och dess mest ilskna kritiker i väst ger partiet äran för den fantastiska ekonomiska utvecklingen sedan slutet av 1970-talet. Det skapar en falsk bild av hur strategiskt och vist partiet är och vad som är möjligt att åstadkomma med centralstyrning och industripolitik. Det gör att de styrande vill ha mer av den varan, och att kritikerna i väst ser den kinesiska staten som närmast allsmäktig och menar att vi måste låna dess instruktionsbok om vi ska göra våra egna ekonomier starka.

Det bygger alltså på en fullständig felläsning av Kinas moderna historia. De stora vågorna av liberalisering initierades inte av kommunistpartiet och de förutsågs inte ens av det. Ofta låter betraktare reformprocessens start markeras av den elfte centralkommitténs tredje plenarsammanträde i december 1978, där Deng Xiaoping tog över makten. Men som en av Dengs närmaste, Bao Tong, senare erkände: ”Faktum är att reformer inte diskuterades. Reform fanns inte med på dagordningen, och nämndes inte heller i arbetsrapporterna.”[248]

Vissa av reformerna initierades underjordiskt, av modiga bybor, som markprivatisering och småföretagande. Deng Xiaopings stora insats var att erkänna utvecklingen och att inte bestraffa pionjärerna när det visade sig att de producerade resultat som var överlägsna planekonomins. Andra reformer genomfördes motvilligt därför att det folkliga kravet var för stort, som den fria företagsamheten i städerna. Åter andra kom till därför att tidigare förändringar skapade oförutsedda konsekvenser och pressade partiet att lösa akuta problem, som reformerna av statsbolagen eller öppningen för intern migration. Som ekonomen Weying Zhang vid Pekinguniversitetet uttrycker det handlade reformprocessen om att ”bli bra på att använda sig av spontana krafter och att omvandla spontana krafter till medveten politik”. Processen var inte på något vis planerad, kontrollerad eller ens förutsedd, den var, skriver Weying i en uttrycklig referens till Adam Smith, som styrd av en ”osynlig hand”.[249]

Kinas övergång till kapitalism var med andra ord ett resultat av gräsrötternas initiativ och mod. Det fanns ingen plan för det – allt som gjorde Kina rikt hände utanför femårsplanerna. I mitten av 1990-talet hade de fyra senaste femårsplanerna övergivits innan de kommit halvvägs och planerna därefter handlade mer om vaga målsättningar än om styrning och kontroll. ”Hur mycket av framgången kan förklaras med industripolitik och planering?”, frågar Barry Naughton, en av experterna på Kinas moderna ekonomiska politik, i en ny bok. ”Svaret är enkelt: ingenting.”[250] Skälet till att han kan uttala sig så kategoriskt är att i mitten av 00-talet hade planekonomin brutit samman och Kina hade fortfarande ingen industripolitik.

Figur 10. Extrem fattigdom i Kina 1981–2015[251]

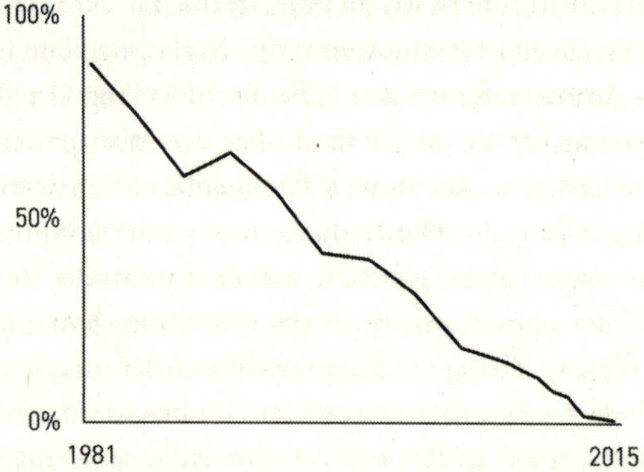

1978 arbetade mer än 99 procent av den kinesiska stadsbefolkningen för staten. 2011 gjorde bara 18 procent det. Nästan alla de 250 miljoner urbana jobb som skapats sedan 1978 var privata. Den privata andelen av exportsektorn ökade från en tredjedel 1995 till nästan 90 procent 2012.[252] Fattigdomen rasade i större skala än någon annanstans någon gång tidigare. Mellan 1981 och 2015 minskade den extrema fattigdomen i Kina från 88 procent till 0,7 procent enligt Världsbanken. Massorna och marknaderna hade till slut besegrat maoismen.

Mao återuppstår

Men sedan, mot slutet av 00-talet började allt gå fel, ekonomiskt och politiskt. Även om det alltid fanns en sådan risk var det inte på något vis ödesbestämt. Tvärtom talade de flesta partidokument ännu ett tag om fortsatta reformer, både ekonomiskt och politiskt.

Under perioden 1995–2008 var det till och med möjligt att tro att Kina var på väg att demokratiseras. När jag skrev TVF pågick experiment med val på bynivå och den under 1990- och 00-talet mycket inflytelserike Zeng Qinghong ledde ett arbete för att göra politiken mer transparent och gradvis liberalisera civilsamhället, medierna och den intellektuella debatten. Det berodde inte på att kommunistpartiet uppskattade politisk frihet, utan på att det var oroligt för att det som inte böjer sig med vinden kan knäckas av den. Det är allmänt känt att de kinesiska makthavarna noga studerat sovjetkommunismens kollaps, och de flesta vet att de tyckte att Gorbatjovs politiska reformer gick för snabbt. Färre minns att en annan central slutsats var att reformerna hade inletts för sent, när systemet hade stelnat och kommunistpartiet redan var djupt impopulärt.[253]

Men 2008 pensionerades Zeng från politbyrån i vad som måste beskrivas som historiskt dålig tajming. Precis då slog den globala finanskrisen till och tolkades av många över hela världen som slutet på den ”nyliberala” eran. USA hade dessutom kört fast i Irak och Afghanistan efter snabba militära invasioner. Konservativa grupper inom Kina såg det som ett tecken på västvärldens dekadens och kommunistpartiets överlägsenhet, samtidigt som revolutioner i tidigare Sovjetrepubliker som Georgien 2003, Ukraina 2005, Kirgizistan 2005 och Moldavien 2009 förnyade deras rädsla för politisk omvandling. Den arabiska våren skulle snart göra det än känsligare. I boken *China's leaders* beskriver Kinakännaren David Shambaug hur fyra grupper som kände sig hotade av reformarbetet – partiets propagandaapparat, statsbolagen, säkerhetsorganen och militären – utnyttjade tillfället till att övertyga den svage generalsekreteraren Hu Jintao att fortsatt liberalisering riskerade att underminera partiets ställning. Utan Zeng i toppen fanns det ingen som höll emot dem, och initiativet övergick till den konservativa fraktionen, som sedan konsoliderade sin makt under efterträdaren Xi Jinping.[254]

Detta nya maktcentrum blockerade inte bara den begynnande politiska öppenheten, de började också montera ned den liberala ekonomiska modellen. De hade aldrig haft någon förkärlek för spontan ordning och gräsrotskapitalism, utan trodde instinktivt på kommandon och kontroll. Det här var de grupper som trodde på den egna propagandan om att det var partiet som i sin oändliga visdom hade lett folket till tillväxt och välstånd. Nu började de försöka få verkligheten att imitera dikten. I stället för att rensa ut storskaliga felinvesteringar efter finanskrisen skapade de ett massivt stimulanspaket där skuldsättning och statliga investeringar skulle leda vägen i stället för produktivitet och innovation. Det började återge staten den ledande rollen.

Även denna fraktion ansåg att Kinas ekonomi behöver moderniseras, men där tidigare generationer var villiga att acceptera att liberaliseringarna gav snöbollseffekter har denna grupp gång på gång ryggat tillbaka över konsekvenserna och rullat tillbaka reformerna.[255] Försöken att disciplinera banker som spekulerade med billiga lån från centralbanken 2013 övergavs när det fick de korta räntorna att skjuta i höjden. 2014 fick kinesiska företag börja investera utomlands, men stoppades när det ledde till ett massivt utflöde av kapital. 2015 släpptes bankräntan fri, men oron över att småbanker som erbjöd högre räntor skulle dra pengar från statsbolagen gjorde att man skapade en informell regel att ingen fick ligga för långt från riktmärket. 2016 inleddes en aggressiv åtstramning av spekulativa krediter, men när det minskade nybyggande och infrastruktur övergavs även den. Man gav techbolagen frihet från regleringar och skydd från utländsk konkurrens, men när de blev för stora vände man fullständigt och började jaga dem till ruinens brant.

Mönstret har upprepat sig gång på gång under Xi Jinpings tid. Den märkliga dansen fram och tillbaka rör sig alltså inte om någon elegant finjustering av ekonomin, som vissa utlänningar tror, och inte heller om någon övertygelse om att ekonomin inte behöver fler liberaliseringar. Partiet har försiktigt inlett reformer som det har sett som nödvändiga, men så fort det har skapat oförutsedda konsekvenser har ledningen fått panik och vänt 180 grader tillbaka till den trygga, lågproduktiva kommandostruktur man är van vid.

När man inte vågar släppa fram marknadskrafterna framstår plötsligt statligt kommenderad innovation som den enda återstående tillväxtkällan. Den industripolitik som nu plötsligt dominerar Kina, där staten gör planer som definierar avgörande tekniska och ekonomiska områden och med piska och morot vägleder företag dit, är något som började ta form i dokument i mitten av 00-talet och förverkligades i stor skala först kring 2010. Statsbolagen har åter fått en växande roll. I stället för att satsa på internationell handel har staten börjat eftersträva självtillräcklighet i allt fler industrier. Denna uppfattning att de ändå ska sikta mot minskat ekonomiskt oberoende (som har sporrats av Trumps handelskrig, som Biden i allt väsentligt fört vidare) förstärker känslan att de kan strunta i vad västvärlden tycker om deras människorättsbrott och aggressiva utrikespolitik.

Både partiet och dess kritiker ser nu dagens kommandopolitik som definierande för Kinas ekonomi, och förklarar dess framgångar med den. Det är att läsa historien baklänges. Som Barry Naughton skriver:

> Kinas utveckling till en ekonomisk och teknologisk supermakt beror framför allt på politiken från 1978 till 2000-talets första årtionde, omkring 2006–2007. Kinas politik i dag – det vill säga den politik som inleddes försiktigt efter 2005 men hade kommit på plats 2008–2010 – är radikalt annorlunda. Därför är det ett misstag att förklara Kinas framgångar med den politik landet för i dag. Den politiken är helt enkelt för ny för att ha haft en betydelsefull effekt på dagens resultat.[256]

Hade ett fattigt Kina varit mindre destruktivt?

Jag är den förste att säga att Kina under det senaste decenniet snabbt har gått åt fel håll. Jag anser att västvärlden (i bred mening, jag syftar på liberala, marknadsbaserade demokratier) har varit usel på att hålla ihop mot Kinas ekonomiska bestraffning av länder som kritiserar dess människorättsbrott och aggressiva utrikespolitik. Demokratier i Stilla Havsregionen måste fördjupa sitt säkerhetssamarbete för att hindra Kina från att underkasta sig land efter land. Jag är också övertygad om att vi har varit naiva i synen på kinesiska investeringar utomlands. Det skapar inte problem när det gäller klockor eller stål, men däremot kan investeringar i central digital eller fysisk infrastruktur göra oss sårbara. Vi måste vara medvetna om att efter 2010 är inga kinesiska företag helt privata. De förväntas alla underordna sig partiets planer.

Men uppfattningen om att det var fel att stödja Kinas öppning mot omvärlden för att det berikade en fiende är något helt annat. Jo, om förväntan var att handel skulle göra Kina till ett liberalt, demokratiskt land har det uppenbart misslyckats. Men västvärldens mål var inte att försöka nå himlen, utan att undvika helvetet. Nixon åkte inte till Kina 1972 för att göra dem till socialliberaler, utan för att splittra ett kommunistiskt block som väst var i existentiell konflikt med, och för att skaka om Sovjetunionen så mycket att det var villigt att komma till förhandlingsbordet.

Det fanns också en plågsam insikt om att ett fattigt men teknologiskt sofistikerat Kina skulle hitta andra sätt att få in pengar om det inte tilläts sälja kläder och skor. Under 1980-talet gav Kina inte bara instruktionsboken för en atombomb till Pakistan, utan sålde hela byggsatsen, inklusive uran och ballistiska missiler. Rädslan var stor att Kina skulle bli en storskalig exportör av massförstörelsevapen till varenda skurkregim runt om i världen. Efter decennier av förbindelser och förhandlingar är Kina i dag en aktiv motståndare till kärnvapenspridning. 1980-talets diplomater hade sett det som en fantastisk framgång som har gjort världen betydligt säkrare.[257]

Idén att det alltid var naivt att förvänta sig att Kina skulle fortsätta mot öppenhet bygger på en föreställning om ett monolitiskt Kina som har spelat efter en långsiktig plan, när det tvärtom hela tiden har pågått en strid inom Kina om både medel och mål, mellan å ena sidan reformister och marknadsliberaler och å andra sidan konservativa och nymaoister. Intressant nog var det ju de förra som understödde den ekonomiska moderniseringen, medan den senare gruppen motsatte sig den. Skulle båda grupperna verkligen kunna ha så fel?

För västvärldens del kokar frågan ned till om Kina i dag hade varit mindre auktoritärt och destruktivt om det hade varit fattigare och mer isolerat internationellt. Det är förstås inte omöjligt, men jag har fortfarande inte hört några övertygande argument för det. Se bara på andra diktaturer som Iran och Nordkorea, som isolerades och hölls kvar i fattigdom av despoter och sanktioner. Inget av dem är WTO-medlemmar. Det fick som bekant inte något av dem att mildra sin utrikespolitiska aggressivitet eller att satsa på demokratiska reformer. Tvärtom. Båda länderna har gått i allt mer despotisk och hotfull riktning och fortsatt utveckla sina kärnvapenprogram, trots sanktioner från en långt enigare värld än vi någonsin skulle ha kunnat samla mot Kina. Då har Iran och Nordkorea inte heller kärnvapenteknologi sedan 1960-talet, en femtedel av världens befolkning och en självbild av att vara ett historiskt dominerande rike som bara tillfälligt tryckts ned och förödmjukats av västvärlden.

Kontrafaktisk historieskrivning är alltid vansklig, men min gissning är att om vi på 1990-talet hade stängt våra marknader för kinesernas varor och våra universitet för deras studenter så hade inte bara många fler kineser fortfarande levt i djup fattigdom, sannolikheten är dessutom mycket större att kineser i allmänhet hade uppfattat västerlänningar som oförsonliga motståndare. Risken är att vi inte bara hade talat om ett möjligt framtida krig mellan Kina och USA, utan kanske redan befunnit oss i ett.

Även om jag som sagt delar uppfattningen att vi på ett helt nytt sätt måste skärskåda kinesiska investeringar utomlands är jag rädd att en politik av handelshinder och isolering av rädsla för ett aggressivt Kina kan bli en självuppfyllande profetia, som stärker de mest reaktionära och nationalistiska krafterna i Kina.

Oerhört slående politisk instabilitet

Ett skäl till att det kinesiska kommunistpartiet under så lång tid presterade oväntat bra var att det lärde sig en avgörande läxa från Maos envälde som resulterade i historiens största svältkatastrof och den ödesdigra kulturrevolutionen. Enmansstyre begränsar mängden kunskap som når toppen, det skapar ja-sägare, paranoia och utrensningar. Väldiga misstag kan begås när dumlojalitet premieras. Därför utvecklades ett mer kollektivt ledarskap med ideologisk flexibilitet inom partiets toppskikt. Intern debatt gjorde att olika fraktioner kunde göra sina åsikter och invändningar hörda och konsensusbeslut gjorde att ingen enskild individ förlorade ansiktet när de behövde ändra uppfattning och staka ut en ny riktning.

Xi Jinping har kullkastat denna ordning. Xi och de andra konservativa var oroliga över att missnöjet med partiet höll på att växa. Particellerna inom näringslivet, statsbolagen och organisationerna hade förfallit och även om medlemsskaran växte betydde det inte längre något att vara med i partiet – man kunde tycka vad man ville i olika frågor. Eftersom de motsatte sig de demokratiska experimenten var deras enda lösning att återgå till en mer maoistisk kontroll, med centraliserad makt och personkult. Liksom Mao styr Xi genom utrensningar, i form av eviga anti-korruptionskampanjer, vilket skapar underdånighet och likriktning. Appar i mobiltelefonen ska få tjänstemän och studenter att öva sig i Xi Jinpings tänkande och arton forskningsinstitut har grundats för att studera hans tal och texter.

Men det är just detta som gör det nya systemet oerhört sårbart. När beslut presenteras som en ofelbar persons vilja är det inte längre möjligt att pragmatiskt pröva sig fram och byta riktning när misstag begås. Det bygger upp motsättningar inom partiet och gör det svårare att försiktigt, stegvis svara på missnöje utifrån. Det ökar risken för katastrofala beslut och minskar möjligheten att slippa ifrån ansvar när något går snett.[258]

Det sägs ofta att Kina uppvisar en slående politisk stabilitet, men hur kan man veta det om ett system som ännu inte har överlevt en ekonomisk depression eller ett militärt nederlag? I dess nuvarande form är modellen inte heller ens ett decennium gammalt. Partiet framställer sig naturligtvis som populärt, men dess behov av att hela tiden skärpa censuren och jaga varenda fri tanke antyder tvärtom insikter om en jäsande frustration i breda folklager. Politiska modeller som ger människor rätten att få välja själva och skapa sina egna liv utövar alltid en lockelse för människor. Men en teknokratisk diktatur som Kina bevisar i stället sitt värde genom att leverera tillväxt och högre löner till folket. Det betyder att den hela tiden måste bevisa sig. Och det kommer inte att bli lätt med den nya ekonomiska politiken.

Ju mer ekonomisk makt kommunistpartiet samlar, desto mer kunskap och initiativ utifrån går förlorad. Skillnaden mellan populärbilden av Kina och forskningen kunde knappast vara större. Våra politiker och medier målar upp skräckbilder av Kinas briljanta strategiska planekonomer, men i den väldiga litteraturen om Kinas ekonomi finns det knappt en enda studie som ens försöker argumentera för att en specifik industripolitik har skapat verkliga kommersiella framgångar.

De västerlänningar som nu tycker att vi måste ha en centraliserad industripolitik för att kunna konkurrera med Kina väljer alltså inte att imitera den kinesiska politik som skapade landets framgångar, utan 2010 års politik som är tidigare oprövad och innebär ett enormt risktagande. I den utsträckning den nya politiken har fått resultat är det genom att avsluta Kinas rekordår. Kapital har förts till de väldiga men improduktiva statsbolagen. Trots att de bara står för runt en fjärdedel av landets BNP får de ungefär 80 procent av bankernas utlåning. Den tillväxt per capita som under 1990- och 00-talen låg kring otroliga tio procent årligen halkade snabbt ned mot fem procent före pandemin (och även det menar vissa bedömare var en överdrift). När jag pratar med ekonomer som kan Kina får jag bilden att den snart kan vara nere kring två, tre procent per år under nuvarande politik. Man har råd att göra många stora misstag om man kan betala sig undan med tvåsiffrig tillväxt. En trögare ekonomi kan inte köpa sig loss från strukturproblem på samma sätt.

Problemet är att Kinas fantastiska tillväxt baserar sig på reformer som ligger långt bakåt i tiden. Steg för steg genomfördes öppningar som gav en ny skjuts till ekonomin. Men sedan liberaliseringen av migrationen och WTO-medlemskapet har inga nya, stora reformer genomförts. Efter finanskrisen hölls ekonomin uppe genom massiva statliga investeringar, men eftersom det inte kompletteras med ökad produktivitet och innovation krävs allt mer insatta pengar för att få ut något. Avkastningen på investerat kapital låg mellan 20 och 25 procent under 1980- och 90-talet, men har nu rasat en bra bit under tio procent. Produktivitetsökningen har minskat med mer än två tredjedelar.

Dessutom minskar nu den arbetsföra befolkningen och snart befolkningen också, vilket innebär att fastighetsboomen är över. I skrivande stund håller det gigantiska kinesiska fastighetskonglomeratet Evergrande på att kollapsa. 2033 kommer nästan en tredjedel av befolkningen vara över 60 år. När kineserna blir äldre kommer de också behöva de sparmedel som staten tidigare har använt för att hålla statsbolagen under armarna.

Allt detta hade varit lättare att hantera om Kina hade varit ett rikt land. Men att det är världens största eller näst största ekonomi (beroende på hur man räknar) beror på att befolkningen är stor, inte på att den är rik. Mätt i BNP per capita är Kina ungefär lika fattigt som Gabon och Dominikanska Republiken, på ungefär en tredjedel av Sveriges välståndsnivå. Andra snabbväxande asiatiska ekonomier började växa långsammare först när de redan var relativt rika, Japan på 1970-talet, och Sydkorea och Taiwan på 1990-talet. När de nått Kinas nuvarande nivå växte Taiwan med 7,5 procent årligen i ytterligare ett årtionde och Sydkorea med 6,3 procent.[259] Enda sättet för dagens kinesiska modell att nå sådana nivåer är att förfalska siffrorna.

Man ska inte underskatta det som krävdes för att Kina skulle växa så otroligt snabbt under de senaste decennierna, men det första steget i tillväxtsagan – att komma i kapp – är trots allt enklast. Det handlar om att få lågproduktiva bönder att flytta till moderna fabriker och att göra dessa fabriker mer produktiva genom att utnyttja teknik och processer som har utvecklats i rikare länder. Nästa skede är otroligt mycket svårare. När det inte finns så många bönder kvar som vill flytta till staden och den gamla tekniken redan är imiterad måste man få fram egna innovationer, nya metoder, produkter och affärsmodeller så att man kan bli en växande ekonomi på egna meriter.

Problemet för kommunistpartiet är att dessa innovationer bara kan komma från det oväntade, från kreativa och till synes kaotiska processer, och om det är någonting auktoritära härskare inte tycker om så är det överraskningar. Så länge den kinesiska staten bara har en fri marknad för varor men inte för idéer kommer det alltid att vara handikappat.

På flera områden har Kina ändå varit överraskande bra på innovation. Ett skäl är att diktaturen paradoxalt nog har givit företag stor frihet om de är inriktade på ett område som uppfattas som politiskt prioriterat. Det är inte ovanligt att höra västerländska företagare vid teknologins frontlinjer berätta att de har betydligt större frihet från regleringar i Kina än i väst. Men å andra sidan har kinesiska företag betydligt mindre frihet så fort något inte passar in i planen, och i takt med att Kina går i auktoritär riktning blir planerna allt mer omfattande och mer oförutsägbara. Dessutom är framgångsrika privata företagare alltid ett hot för grupper som vill ha total makt och inte kan acceptera en mångfald kraftkällor.

Den pågående attacken på Kinas techsektor är ett exempel. Till skillnad från de hårt kontrollerade finans- och energisektorerna var it-bolagen länge oreglerade. Det rör sig inte heller bara om imitatörer, utan om genuint innovativa bolag som har gått om sina västerländska förebilder vad gäller e-handel och digitala betalningar. Men de blev lite för framgångsrika och vågade ta sig ton, och kommunistpartiet har plötsligt svarat med att gå till attack mot hela sektorn med ett helt batteri av regleringar och åtgärder. Det tydligaste exemplet är betaljätten Ant Group, som var på väg mot historiens största börsintroduktion hösten 2020. Men efter att dess grundare, Jack Ma, höll ett tal som kritiserade landets banker blockerades introduktionen, bolaget kastrerades och Kinas mest profilerade företagsledare tvingades bort från offentligheten.

Delvis handlar politiken om att regleringssystemet bara har försökt komma i kapp de nya bjässarna, men det hastiga väderomslaget och godtycket i besluten visar på blottorna i den auktoritära modellen. Genom att slå till så hämningslöst har kommunistpartiet avskräckt andra entreprenörer och jagat kapital på flykten. Det som hade kunnat bli Kinas nästa stora framgångssaga, med potential att erövra världsmarknaderna, ser nu mer ut som en krisbransch. I skrivande stund har angreppen vidgats till spelindustrin och utbildningsbolagen. Ingen vet var sådan godtycklig förföljelse slutar när den väl börjat. I en artikel som snabbt skrubbades bort från nätet varnar ekonomen Weying Zhang för att Xi Jinpings politik för ”gemensamt välstånd” riskerar att leda till ”gemensam fattigdom”.

Experiment och innovation ser alltid stökigt ut och man vet aldrig vad man får, och det kommer aldrig att accepteras av diktatorer med överdrivet ordningssinne. Många despoter har lyckats skapa snabb tillväxt genom att flytta bönder till fabriker, men hittills har ingen klarat av steget till att bli en komplex och innovationsdriven tillväxtekonomi. De flesta utländska bedömare lever ändå på hoppet att kommunistpartiet kommer att lära sig av sina misstag och än en gång göra en kurskorrigering, men det är just det som blir så svårt i denna helt nya personkult. Det skulle snarast förutsätta en kupp mot Xi.

Jag vet att jag sticker ut nacken när jag förutspår att Kinas auktoritära modell inte kommer att överleva. Jag fick ju fel senast. Men jag tror att skälet till att jag fick det var att kommunistpartiet identifierade exakt det dilemma jag pekade på – en fortsatt ekonomisk liberalisering kommer att medföra öppenhet och mångfald som på sikt undergräver diktaturen. Av naturliga skäl valde partiet därför att trampa på bromsen och börja rulla tillbaka liberaliseringarna. De gör det inte av självsäkerhet, utan för att de misstänker att de håller på att tappa greppet.

Därmed inte sagt att jag tror att Kina nödvändigtvis blir en liberal demokrati. Det kan också falla samman i fraktionsstrider och separatism, det kan bli en failed state, och det kan också hända att kommunistpartiet nöjer sig med att bli den halvrika regionala medelmakt som ett auktoritärt system kan bära. Vad jag inte tror är möjligt är en auktoritär supermakt som tar över USA:s och Europas ledande roll.

Många i väst tror att Kina är på ett globalt erövringståg och vår enda chans att klara den ekonomiska och teknologiska konkurrensen är att bli mer som Kina. Men de blandar ihop Kinas makalösa framgångar under öppningsepoken 1978–2010 med den centralistiska politiken efter 2010, som i själva verket håller landet tillbaka och riskerar dess framtid. Så länge Kina inte låter kapitalet flöda till de mest lovande idéerna, vägrar låta entreprenörer jaga innovationer och överraskningar, så kommer Kina aldrig att bli en innovativ, rik ekonomi. Och ju mer Xi Jinping koncentrerar makt till sig och sin lilla klick av ja-sägare, desto mer sårbart gör han landet när det möter oförutsägbara men ofrånkomliga problem och opinioner.

Den despoti som gör landet farligt är också det som sätter en gräns för hur mäktigt det kan bli. Det är inte vi som måste bli som Kina för att slå Kina. Det är tvärtom. Om Kina vill ”slå oss” måste Kina bli som vi.

8. Men miljön då?

"Ett stort mått av direkt planekonomiskt tänkande."

Göran Greider om planetens sista hopp[260]

När jag läser om *Till världskapitalismens försvar* slås jag av ett alldeles uppseendeväckande förbiseende. Jag bläddrar fram och tillbaka, men hittar det ingenstans. Var är den globala uppvärmningen? Jag skriver om miljö, resurser och utsläpp, men jag behandlar inte med ett ord det som nästan alla i dag betraktar som det allvarligaste hotet mot vår miljö och människans liv på jorden. Det känns som en försummelse som det kommer att bli svårt att förklara för mina barn.

Jag missbedömde riskerna med växthusgaserna, delvis därför att så många andra av miljörörelsens varningar hade visat sig vara överdrivna eller direkt felaktiga. Vi skulle få överbefolkning, maten skulle ta slut, vattnet skulle ta slut, oljan skulle ta slut, vi skulle få tysta vårar utan fågelsång, skogarna skulle ersättas med en "kemisk öken" och genetiskt modifierade grödor var "Frankenfoods". Den första miljöfråga som engagerade mig som barn var övertygelsen om att vi alla strax skulle dö av kärnkraft. Miljörörelsen hade ropat varg så många gånger att jag inte såg när en verklig varg faktiskt smög sig på oss. Det säger något om hur man kan lura sig själv med förenklade historiska analogier.

Men det säger också något om hur klimathotet har förvärrats och vår kunskap om det förbättrats. När jag skrev

TVF talade den senast tillgängliga rapporten från FN:s klimatpanel IPCC om en uppvärmning på mellan 0,3 och 0,6 grader de senaste hundra åren, "en förändring som *inte sannolikt* har *helt* naturliga orsaker" (min kursivering). IPCC skrev att det inte fanns tillräckligt med kunskap för att säga om uppvärmningen ledde till mer extremt väder som stormar och cykloner.[261]

Allt har sannerligen inte blivit bättre under de senaste två decennierna. Våra utsläpp av växthusgaser har ökat snabbt och nu står det bortom tvivel att de har bidragit starkt till uppvärmningen. Enligt IPCC:s senaste bedömning har människan ökat den globala temperaturen med runt 1,1 grader och ökar den med ytterligare 0,2 grader varje decennium. Vi har också börjat se de konkreta konsekvenserna av denna uppvärmning i form av nya temperaturrekord, extrema väderhändelser, mer torka, fler översvämningar. Klimatet är extremt komplext, varje verkan har en mångfald orsaker och det är närmast omöjligt att isolera människans betydelse för särskilda vädereffekter. Klimatförändringarna slår lokalt och slumpmässigt och i vissa områden också på ett gynnsamt sätt. Men det vi vet är att en stor mängd förändringar nu inträffar över hela världen i en takt som överträffar tidigare prognoser. Till det kommer risken för *tipping points*: snabba, irreversibla förändringar som riskerar att fullkomligt ställa om förutsättningarna för liv på jorden. Även om riskerna för att de inträffar kan vara små skulle konsekvenserna vara så kolossala att det är värt att lägga en hel del på att försäkra sig mot dem.

Att minska uppvärmningen och dess konsekvenser kommer att kräva omfattande förändringar av oss. Men vilka? En vanlig argumentationslinje är att boven i dramat är hela idén om en ständigt växande ekonomi med flygplan och lastbilar som dygnet runt för människor och varor över kontinenterna. Vänsterdebattörer som Naomi Klein och Göran Greider menar förstås att detta är det ofrånkomliga resultatet av en global kapitalism med ständigt ökad produktion. Men även en klimatdebattör som Greta Thunberg klagar över att världens ledare bara ”pratar om pengar och sagoberättelser om ekonomisk tillväxt” och ”några tekniska lösningar”.[262] Det anspelar på den utbredda uppfattningen att vi inte kan förlita oss på att den tillväxt och teknik som har skapat problemen också ska lösa dem åt oss. Under den svåröversatta slo- ganen ”degrowth” (nedväxt? avväxt?) talar många gröna debattörer om att vi ska konsumera mindre, resa mindre och helt enkelt nöja oss med mindre för att ge planeten en chans.

Jag tror att det är det sämsta vi kunde göra för världen – och för klimatet. Ett bevis är att vi just har testat det. Pandemin 2020 var ett oförutsett och oönskat experiment i nedväxt. Nästan över en natt stannade maskinerna och gränserna blockerades. Flygplanen stannade på marken, lastfartygen ankrade utanför hamnarna och hälften av världens befolkning fick utegångsförbud. Resultatet var katastrof. Människor förlorade sina arbeten och sin för- sörjning. Enligt Världsbanken kastades nära hundra miljo- ner människor tillbaka i extrem fattigdom som ett resultat av pandemin. Hungern ökade snabbt och FAO uppger att mellan 5 till 7 miljoner barn kan komma att hämmas i sin fysiska utveckling på grund av pandemirelaterad undernä- ring.[263]

Och hur mycket minskade detta 2020 års globala koldi- oxidutsläpp?

Med ungefär sex procent. Det är den största minskningen någonsin, men inte i närheten av vad som skulle behövas. Om vi ska klara Parisavtalet till år 2030 genom att göra och resa mindre, behöver vi drabbas av en sådan här pandemi *varje år* det kommande decenniet. Utan att vi tillåts ha någon som helst återhämtning mellan pandemierna. Vilket naturligtvis skulle leda till ett socialt sammanbrott utan motstycke.

94 procent av koldioxidutsläppen fanns alltså kvar även under detta globala undantagstillstånd. Det visar att lösningen aldrig var att sluta flyga och nöja sig med mindre. De stora utsläppen finns inbyggda i samhällsinfrastrukturen och energisystemen. Vi kan få bort dem också, genom en övergång till icke-fossila bränslen och energikällor, men det kommer att kosta hundratusentals miljarder kronor. Och om det är något som människor som slåss för sina jobb och för mat på bordet inte uppskattar är det utgifter på ytterligare några hundratusen miljarder. Det är skälet till att miljöfrågan alltid prioriteras ned under lågkonjunkturer.

Om vi skulle uppnå koldioxidneutralitet genom negativ tillväxt kräver det att vi avvecklar ungefär 85 procent av den globala energiförsörjningen fram till år 2050. Det skulle ha förutsättningar att bli den största katastrof som drabbat mänskligheten. Ungefär hälften av livsmedelsproduktionen skulle hotas, då den är beroende av konstgödsel framställd med kol och gas. Vi skulle behöva avstå från jordbruksmaskiner och kyllagring. Det skulle innebära storskalig svält. Ännu fler skulle dö när vårdkliniker förlorar belysning, medicinteknik och möjligheten att kyla vaccin och mediciner.

För några år sedan besökte jag en liten, fattig by högt upp i Atlasbergen i Marocko. Jag fick tillbringa tid med en vänlig familj med god ställning i byn, som levde nära varandra och nära naturen. Utifrån kunde det se ut som ett enkelt men gott liv, långt från stressen och pressen i västvärlden. Men när jag frågade fadern om deras liv gav han en lång lista över allt de saknade och desperat längtade efter: en vattenpump så att familjen kunde duscha av sig ökensanden och för att bevattna grödorna, ett kylskåp för att lagra matvarorna och belysning så att barnen kunde läsa på kvällen. Han skulle vilja kunna ladda en telefon för att hålla kontakt med omvärlden, inte minst hans äldsta son, som sökt sig till storstaden och universitetet. Alla dessa behov kunde summeras i ett enda önskemål: att elkablarna äntligen skulle nå hela vägen fram till deras by.

Och värst av allt, i brist på el och gas lagar familjen mat och värmer sig på samma sätt som tre miljarder andra människor – genom att elda fast bränsle inomhus. En smutsig vardagsaktivitet som inte bara bidrar till avskogningen utan också resulterar i andningsbesvär och lungproblem som tar livet av runt två miljoner årligen – fortfarande det mest ödesdigra miljöproblemet för mänskligheten.

En indisk studie visar att för varje miljon barn som föds dör 8 000 av elbrist. En rapport från Bangladesh dokumenterar att barnadödligheten är mer än en tredjedel högre i byar som saknar elektricitet.[264] De siffrorna skulle förstås se mycket värre ut om de i energifattigdom inte ändå kunde utnyttja teknik och produkter framställda på platser som har energiförsörjning, men i en värld av energisvält skulle hela världens produktions-, handels- och transportsystem störta samman.

Men det är inte allt. Paradoxalt nog skulle det också göra den globala uppvärmningen ännu farligare för människan, eftersom vi behöver välstånd och innovation för att anpassa oss till den. Rika länder har inte färre naturkatastrofer än fattiga, men de är mycket bättre på att minimera deras skador på liv och hälsa. Enligt International Disaster Database har den globala risken att dö i en klimatrelaterad katastrof – som torka, översvämningar, stormar, skogsbränder och extrem värme – minskat med mer än 90 procent sedan 1950-talet.[265] Inte för att naturkatastroferna har blivit färre, utan för att välståndet, tekniken, byggandet och sjukvården har blivit bättre.

Om vi hade haft nolltillväxt sedan 1950-talet hade vi haft mindre koldioxid i atmosfären, men nästan en halv miljon *fler* skulle ha dött av klimatorsaker varje år.

Lägre tillväxt är ett av de mest kostsamma sätten att minska koldioxidutsläppen på, både i termer av pengar och människoliv. En kalkyl gör gällande att varje ton koldioxid som uteblev genom negativ tillväxt 2020 kostade ungefär 15 000 kronor (i form av minskad BNP), vilket är mångdubbelt mer än kostnaden för de flesta tekniker att minska koldioxidutsläppen redan i dag.[266] Fattigdom är ett av dyraste sätten att rädda planeten.

Vi kan inte rädda klimatet genom att bli fattigare, vi kan bara göra det genom att bli rikare på ett smartare sätt. Och om vi vill komma på hur det kan gå till bör vi lära oss av tidigare miljöframgångar.

Miljöförbättringar

Faktum är att många tidigare miljöproblem har hanterats relativt väl. Naturresurserna tog aldrig slut. De senaste hundra åren har mängden material som går åt till en viss mängd välstånd nämligen minskat med runt två tredjedelar i västvärlden. Det hjälpte inte så mycket när vi samtidigt blev allt fler och skapade allt mer välstånd. Då ökade resursanvändningen ändå i absoluta tal. Tills nu. I rika länder använder vi numera för varje år som går faktiskt mindre aluminium, nickel, koppar, stål, sten, cement, sand, trä, papper, gödsel, vatten och fossila bränslen. Bruket av 66 av de 72 resurser som dokumenteras i USA:s geologiska undersökning har minskat de senaste decennierna.[267]

Problemet är snarare att restprodukterna hamnar på dåliga ställen, men även på det området har vi börjat städa upp. Freonerna fasades ut och ozonlagret började läka. De ledande utsläppen har minskat dramatiskt i USA och Europa. En särskild framgångshistoria är svaveldioxiden som satte sig i lungorna och försurade mark och vatten. Mellan 1990 och 2013 minskade utsläppen av svaveldioxid inom EU med 92 procent. Den fruktade skogsdöden uteblev.[268]

Dessa förbättringar har också försiktigt börjat spridas globalt, inte minst därför att handel och investeringar över gränserna gör den bäst tillgängliga tekniken tillgänglig för fler. Världshälsoorganisationen har ett mått på funktionsjusterade levnadsår (Disability-adjusted life year, DALY), för att bedöma den sammanlagda sjukdomsbörda som något orsakar i en population, både i termer av tidig död och funktionsnedsättningar. Globalt har antalet förlorade DALYs på grund av luftföroreningar minskat med 49 procent 1990–2017 och på grund av vattenföroreningar med 65 procent.[269]

Figur 11. Miljöskador på liv och hälsa 1990–2017

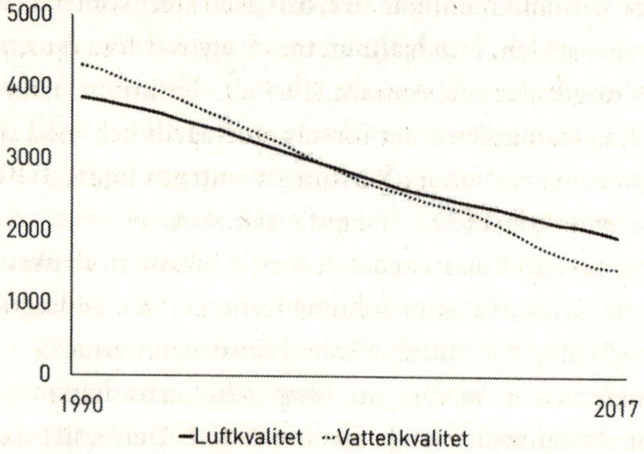

Environmental performance index 2020.

Ett undantag är koldioxidutsläppen, som har fortsatt att öka i takt med att allt fler delar av världen har elektrifierats. Denna elektrifiering har emellertid varit avgörande för att förbättra den inomhusluft som förgiftas av matlagning med biobränslen. Mellan 1990 och 2019 minskade antalet dödsfall på grund av detta med mer än två miljoner. Dödsfrekvensen har minskat med två tredjedelar, en av de största hälsoframgångarna de senaste decennierna.[270]

Den biologiska mångfalden står emellertid under allt större hot när människan tar över vildmarken, framför allt på grund av hungern på jordbruksmark. Det talas ofta om att vi är mitt uppe i det sjätte massutdöendet, den här gången utförd av människan. Men nästan alla siffror du har hört om hur många arter som dör (”150 om dagen” och sådant) bygger på ”pessimistiska projektioner” om relationen mellan yta och art som har visat sig vara felaktiga, enligt Världsnaturfondens tidigare chef Claude Martin. International Union for the Conservation of Nature, IUCN, har dokumenterat färre än tusen arter som har dött ut de senaste fem hundra åren, mest ryggradslösa djur, vilket är ungefär en halv promille av alla beskrivna arter.[271] Å andra sidan är även det förstås en tragedi och med stor säkerhet en rejäl underskattning av utrotningen. IUCN bedömer att 37 000 arter i dagsläget är hotade.

Vissa försöker hantera det genom att skapa större naturreservat. I dag är 13,5 procent av jordens yta skyddad från exploatering, mer än en fördubbling sedan 1990. Ännu snabbare har utvecklingen varit för kustområden och nationellt administrerade havsområden. Den andel som skyddas i dag är femton gånger större än 1990.[272] Även om det naturligtvis inte hjälper långt när resten av havet fiskas sönder av enorma, subventionerade trålare.

Ett av de största hoten mot den biologiska mångfalden är den fortsatta avverkningen av urskogar. Varje år försvinner en yta skog som motsvarar hela Ungern. Ändå har takten i avskogningen minskat med 40 procent sedan 1990-talet, enligt FN:s livsmedels- och jordbruksorganisation FAO. Avskogningen har upphört i rika länder och i USA och Europa växer de tvärtom till sig. Även i Kina och Indien växer skogarna, vilket antyder att växande befolkningar och ekonomier inte behöver innebära överexploatering.[273]

Om det inte vore för avverkning i sju länder – Brasilien, Paraguay, Angola, Kongo, Tanzania, Indonesien och Myanmar – hade världens skogar vuxit under 2010-talet. Det är inte mycket till tröst med tanke på de unika naturvärden som går förlorade med de skogarna. Men det visar att föreställningen om enhetlig, global avskogning inte håller.

Om vi ska rädda den biologiska mångfalden måste människans fotavtryck på planeten minska, vilket bara kan ske genom urbanisering och mer högproduktivt jordbruk. Hälften av världens is- och ökenfria mark används till jordbruk så allt vi kan göra för att få fram mer högavkastande jordar är angeläget. Vi har redan sett väldiga framsteg tack vare den gröna revolutionens produktivitetsförbättringar. Om indiska bönder hade odlat vete som de gjorde i början av 1960-talet hade de behövt ytterligare 65 miljoner hektar för att uppnå 2010 års skördar och kinesiska bönder hade behövt 120 miljoner fler hektar bara för majs. Sammantaget har högre jordbruksproduktivitet förmodligen räddat runt tre miljarder hektar av skog och gräsmarker sedan 1961. Utan det hade en yta som motsvarar två Sydamerika behövt läggas under plogen.[274]

De senaste decennierna har detta lett till ”peak jordbruksmark” och för första gången i historien har vi låtit betesmarker gro igen.[275] Om urbaniseringen och jordbruksproduktiviteten fortsätter att öka, till exempel med hjälp av genetiskt modifierade grödor, har vi en historisk chans för *rewilding*, där den vilda naturen återtar förlorad mark med växt- och djurliv i en brokig mångfald.

I boken *Mer för mindre?* har ekonomerna Jonas Grafström och Christian Sandström samlat en imponerande uppsättning statistik för svenska förhållanden, och de visar att vi på nästan alla miljöområden har sett slående förbättringar sedan 1990. Trots att vi blev 1,6 miljoner fler och ekonomin nästan fördubblades har utsläppen och resursanvändningen minskat, inte bara relativt, utan även i absoluta tal. Vi använder mindre vatten och bekämpningsmedel och nästan hälften så mycket bensin. Mängden kväve och fosfor som vi övergöder våra havsområden med har minskat 40 procent. Utsläppen av metaller som krom, kadmium och kvicksilver från reningsverken har rasat med mer än 80 procent. Mängden avfall har ökat med nästan en fjärdedel, men utsläppen från behandlingen av det har minskat med nästan 40 procent – koldioxidutsläppen från avfallet med 67 procent. Av de 26 skadliga utsläpp i den svenska luften som SCB mäter har 24 minskat sedan 1990, 19 av dem med mer än hälften. Partiklarna har halverats, kväveoxider har minskat med 54 procent, flyktiga organiska ämnen 63 procent, kolmonoxid 69 procent och bly 97 procent.[276]

Det handlar inte längre bara om en relativ frikoppling, där vi använder mindre resurser per person eller BNP-enhet, utan en absolut frikoppling, där vi får mer från mindre även när befolkningen och ekonomin växer. Som ekonomen Paul Romer har konstaterat behöver tillväxt inte handla om att använda fler ingredienser, utan om att komma på bättre recept och många av de bästa skapar mer med färre ingredienser. Om tillväxt bara skapades när man lade mer saker i grytan skulle det naturligtvis finnas gränser för tillväxten, men bara vår fantasi och vår frihet sätter gränserna för vilka recept vi kan komma på.

Vad gick rätt?

Vad hände egentligen? Skulle inte kapitalismen förstöra planeten? Debattörer som Göran Greider och Naomi Klein hävdar fortfarande att vi behöver planekonomi för att rädda miljön. Men en titt på de planekonomier som faktiskt existerade i kommuniststaterna ger en insikt i vad som fungerar och vad som inte gör det.

Öststaterna torterade miljön. Det fanns många skäl till det, men ett av dem handlar om resursanvändning. På 1980-talet räknade sovjetiska ekonomer ut att deras fabriker behövde använda 50 procent mer material och mer än dubbelt så mycket energi för att producera samma mängd varor som amerikanska. Sovjet använde nästan dubbelt så mycket stål och cement, men tillverkade bara hälften så mycket med det. Deras maskiner och verktyg vägde 15–25 procent mer än utländska modeller.[277]

Det berodde förstås på att deras maskinpark och metoder var föråldrade, men varför skulle de inte vara det? Om planerarna ansåg att en viss produktion var prioriterad fick den det material och den energi som den behövde. I det socialistiska systemet hade fabrikerna inte något konstant tryck att hela tiden effektivisera produktionen för att klara konkurrens från andra som var bättre på att hushålla med material och energi.

Det ser väldigt annorlunda ut i en kapitalistisk ekonomi med konkurrens, vinstmotiv och fria priser. Det företag som kommer på metoder att minska en läskburks tjocklek med bara en tiondels millimeter kan tjäna mångmiljonbelopp i materialkostnader (vilket har minskat dess vikt från 85 till 13 gram på ett århundrade). Det gör att produktionen hela tiden revolutioneras. Den som lyckas utveckla grönare teknik kan bli nästa Elon Musk.

Det ser alltid ut som att de resurser vi använder snart ska ta slut om man utgår från att de ska användas på samma sätt och i samma proportioner och inte räknar med mänsklig uppfinningsrikedom. 1800-talsekonomen William Stanley Jevons, som är känd för sin förutsägelse att kolet snart skulle ta slut, samlade också på sig tonvis av skrivpapper och omslagspapper för att han trodde att det snart inte skulle finnas några träd kvar.[278] Men så länge resurser är privatägda och prissatta kommer ett myller av innovatörer och entreprenörer hela tiden komma på nya sätt att hushålla med dem väl, hitta substitut och återvinna – nya recept, helt enkelt.

Ingen mindre än Karl Marx beundrade hur effektivt den kapitalistiska ekonomin gjorde om avfall till välstånd – som när köttindustrin insåg att restprodukter kunde användas till att göra knappar, handtag, klister, tvål och talg i stället för att slänga det. Så länge de utsätts för konkurrens från andra och det inte fanns några allmänningar där de fritt kunde slänga sina sopor.[279] Nu finns det emellertid gott om allmänningar i form av skog, vatten och avlopp, och sambanden mellan utsläpp och skador blev allt mer komplexa under industrialismen.

Men skadorna blev inte mindre bara för att de ägde rum på långt håll. Svaveldioxiden vi byggde allt högre skorstenar för att skicka bort hamnade till slut i någon annan sjö och tömde den på liv. Blyet som smörjde våra motorer hamnade även i barnens nervsystem. Den här formen av miljöförstöring strider mot den grundläggande marknadsliberala principen att var och en ska stå för sina egna kostnader. Man privatiserar vinster (till exempel från produktion eller transport), men socialiserar kostnader (till exempel genom utsläpp som skadar andra, vattnen de fiskar i eller klimatet de är beroende av). Om företag fritt får använda andras resurser eller dumpa sitt avfall kommer de naturligtvis göra det, men om de måste stå för sina egna kostnader – antingen genom att förhandla ett pris med de som påverkas eller genom att staten sätter ett pris på miljön – så kommer de att lägga ned stora resurser på att använda mindre resurser, utveckla grön teknik, rena eller ta till vara utsläpp, precis som Marx observerade.

Det marknadsliberala målet är att ingen ska tjäna på miljöförstöring och bara de utsläpp ska äga rum som skapar så stort värde att de som drabbas av dem tycker att de är rättfärdiga – idealet är att de som drabbas också är de som kompenseras. Detta skulle kunna vara och har historiskt ibland varit juridiska processer där miljöförstörare bär strikt ansvar för konsekvenserna av sina handlingar. Men i en komplex värld med allt mer diffusa samband är det inte alltid tillämpligt. Hur ska några miljarder föra grupptalan mot några miljoner koldioxidutsläppare? Hur kompenserar man för en ökad risk för en skogsbrand? Hur ska man spåra en specifik skada till en viss bil, flygresa eller ko?

Då blir det i stället en viktig politisk uppgift att imitera vad en miljömarknad baserad på äganderätter, skadeståndsansvar och fria förhandlingar hade gjort för att "internalisera externaliteterna" som ekonomerna säger. Sätta ett pris på miljön, heter det på lekmannaspråk. Vissa utsläpp är så destruktiva och har ändå alternativ att de kan förbjudas rakt av, som freoner i kylskåpen eller bly i bensinen, medan andra utsläpp är så centrala för mänsklig välleverand, som de växthusgaser som vår livsstil än så länge förutsätter, att det är bättre att sätta ett pris på dem så att det finns en drivkraft att minska utsläppen och hitta alternativ. Det innebär svåra gränsdragningsproblem som jag inte kan ge några självklara svar på, men principen är angelägen och det är som alltid bättre att ha ungefär rätt än exakt fel.[280]

Ett skäl till de svenska miljöframgångarna är att vi började sätta priser på utsläpp i början av 1990-talet, i form av till exempel kväveoxidavgiften och svavelskatten. Det utnyttjade marknadens kreativitet genom att ge alla producenter en drivkraft att leta efter bättre teknik och mindre utsläpp. Det gjorde att vi inte behövde lita på att politiker kunde förutse vilken teknik som skulle fungera, utan på att företagare var intresserade av att tjäna pengar.

Vi hade råd med västkusten

Fria marknader gör oss rikare och det är avgörande. I ett berömt uttalande från 1972 förklarade Indiens premiärminister Indira Gandhi: ”Är inte fattigdom och nöd de största förorenarna? ... Hur kan vi säga till dem som lever i byar och slumområden att hålla haven, floderna och luften rena när deras egna liv förorenas vid själva källan? Miljön kan inte förbättras så länge människor är fattiga.”[281]

Det är en sanning med modifikation. Det går att förbättra miljön på alla ekonomiska nivåer, även i djupt fattiga länder, men det är svårare att få brett stöd för dyra åtgärder innan människor har mat på bordet. Vi har miljörörelsen att tacka för våra insikter om vikten av miljöproblemen, men att den växte fram just på 1970-talet är i sig en illustration av välståndets betydelse. Dessförinnan kämpade vi i västvärlden fortfarande för att ge våra barn ordentlig utbildning och våra gamla bra vård och pensioner. Då var vi fortfarande beredda att offra väldiga naturvärden för några kronor mer.

”Om vi vill att den här staden ska växa måste den stinka”, som en amerikansk borgmästare formulerade det på 1960-talet. Eller som den socialdemokratiske statssekreteraren i finansdepartementet förklarade 1970 när den svenska storindustrin ville lokalisera till västkusten: ”Ser vi det ur ekonomisk effektivitetssynpunkt och tillväxtsynpunkt är det uppenbart att vi skall offra västkusten. Jag kan inte hitta någon annan lösning som ger bättre avkastning ... Det finns ju hundratals mil kuster runt Medelhavet och andra hav."[282]

Det bästa med att ha pengar är att man kan tänka på annat än pengar. Välstånd förändrar våra preferenser. Som individer börjar vi tänka på hur vårt beteende påverkar lokalmiljön, som konsumenter funderar vi på hur våra varor produceras och som väljare röstar vi fram politiker som skyddar västkusten i stället för att offra den. Dessutom kan rikare ekonomier förstås också ägna mer resurser till forskning, utveckling och konsumtion av grönare teknik. Det är i länder med större välstånd som vi har fått nya processer och teknologier som gör att vi kan producera och transportera miljövänligare och ta hand om och hantera avfall och smutsigt vatten. Det är där vi har fått en snabb utveckling av katalysatorer, cyklonrening, elektrofilter, skrubbers och sorbenter som renar utsläpp och sorterar bort farliga kemikalier. Det är där man har resurser att utveckla blyfri bensin, olja med mindre svavel, elbilar, bränslesnålare flygplan, vitvaror som drar hälften så mycket energi som på 1990-talet och belysning som drar en femtedel. Det är också de länder som leder utvecklingen mot att ersätta fysiska produkter med ettor och nollor. Radioapparater, kameror, miniräknare, väckarklockor, telefonkataloger, kalender, karta och kompass får nu plats i en enda mobiltelefon.

Det ger oss också resurser att ta hand om och behandla vårt avfall. De senaste åren har vår plastkonsumtion debatterats mycket, i samband med plastpåseskatten och naturfilmer där djur fastnar i eller äter våra plastsopor med hjärtskärande konsekvenser. Men vi klarar oss inte utan plast. Ett ton plast har visserligen något större miljöpåverkan än ett ton ersättningsmaterial, men problemet är att inga andra material är lika lätta, starka och flexibla så vi behöver i så fall fler ton av dem. Plast minskar matslöseriet genom att skydda livsmedel från fukt, smuts och insekter och plastförpackningar gör att vi kan packa varor så effektivt att vi klarar oss med en lastbil i stället för två eller tre.

Så den mer intressanta frågan är vart plasten tar vägen när vi använt den. I rika länder hamnar plasten mycket sällan i naturen eller i haven. Den samlas in, återvinns eller bränns upp och blir till el och värme. Även om alla européer och amerikaner slutade med plastpåsar, sugrör, tops, sterila engångspåsar i vården, plasten i bilarna som gör den lättare och drar mindre bensin och *all* annan plast utöver det skulle det inte ens minska plastutsläppen i haven med en enda procent.[283]

I fattiga länder slängs plasten ofta på öppna och läckande soptippar och där dessa är i närheten av floder förs plasten så småningom ofta ut till havs. Bara Filippinerna står för sju gånger mer av plasten som hamnar i haven än hela Europa och Nordamerika gör tillsammans. Även om asiatiska och afrikanska länder använder ganska lite plast per person står de för nästan 90 procent av all plast som hamnar i haven.

Allt detta pekar mot en tydlig slutsats: att ”prata om pengar” är inte problemet, utan lösningen. *Environmental Performance Index* (EPI) är ett ambitiöst projekt från Yale University som med samarbetspartners regelbundet rankar 180 länders ekologiska hållbarhet enligt 32 olika miljömått, från biologisk mångfald till klimatutsläpp. I ett närmast övertydligt motbevis mot föreställningen att guld och gröna skogar står i motsatsställning till varandra grupperar sig världens regioner i rankingen utifrån välståndsnivå och även inom varje region. Rika västerländska demokratier tar upp de 37 första platserna i listan och i botten återfinns framför allt afrikanska länder och de fattigaste asiatiska länderna. EPI:s slutsats är att ”miljöförbättringar är starkt korrelerade med ett lands välstånd”, även om det också finns länder på varje välståndsnivå som presterar både bättre och sämre.[284]

Figur 12. Miljöskydd och välstånd

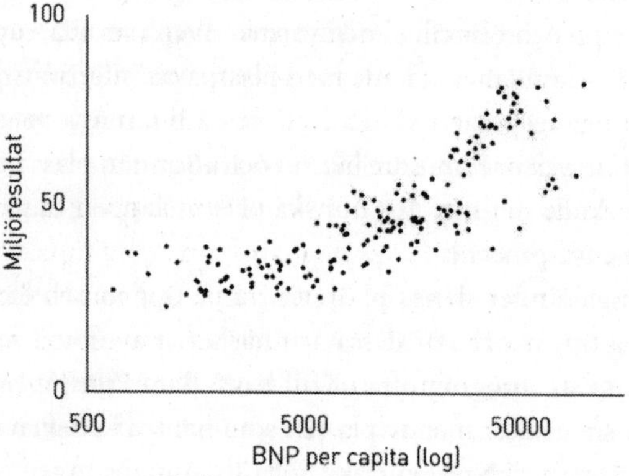

Environmental performance index 2020

I forskningen diskuteras ofta en ”Kuznetskurva” för miljön. Många former av miljöförstöring ser ut som ett uppochnedvänt U. När länder börjar urbaniseras och industrialiseras ökar skadorna snabbt på natur och hälsa, men efter en viss punkt innebär ökade inkomster miljöförbättringar. Hypotesen är kontroversiell och många forskare invänder att det inte finns något automatiskt samband och att det inte gäller alla former av miljöskador. Men en genomgång av mer än hundra empiriska studier mellan 1992 och 2009 visar att det trots allt finns ett sådant samband för många av våra allvarligaste miljöproblem.[285]

Det finns även indikationer på att det kan gälla biologisk mångfald. Living Planet Index, som publiceras av bland annat Världsnaturfonden visar en förbättring sedan 1990 i höginkomstländer, även om den studien bara täcker in ryggradsdjur. En OECD-granskning av mångfalden visar att den minskar i de flesta regioner, men har ökat i Västeuropa det senaste halvseklet. En fördjupad undersökning av nederländska förhållanden visar att den biologiska mångfalden minskade snabbt under 1900-talet fram till 1970, men sedan har den tvärtom ökat snabbt, ”ett mönster som i det stora hela är förenligt med föreställningen om en omvänd U-formad Kuznetskurva för miljön”.[286]

Utmaningarna som världen står inför är mycket stora och hur mycket skada vi kommer att hinna göra innan det blir bättre är fortfarande en öppen fråga. Det som vi däremot har lärt oss är att nedväxt inte är lösningen på miljöproblemen. Frågan är inte hur vi ska kunna hålla kvar kineser och indier i fattigdom, utan hur vi kan få dem över till rätt sida av Kuznetskurvan.

Ett sätt är att hålla fast vid en öppen, global ekonomi. Ofta beskylls långväga handel för att skapa mer utsläpp och vi uppmuntras att köpa lokala produkter. Efter att ha gått igenom forskningen på området skriver Hannah Ritchie från *Our World in Data*: ”Även om det verkar intuitivt rimligt – transporter leder trots allt till utsläpp – är det ett av de mest missriktade råd man kan ge.”[287]

Anledningen till att det låter intuitivt är att vi överskattar transporters miljöbelastning jämfört med andra faktorer. Enligt en genomgång av den genomsnittliga europeiska dieten står transporter inte för mer än sex procent av matkassens klimatpåverkan, och mycket av det är de sista kilometerna – från butik till hem. Resten kommer från markanvändning, produktion och lagring. Undersökningar av så olika varor som skor, öl och iPads visar liknande resultat – nio tiondelar av utsläppen kommer från annat än handel.[288] Det betyder att det gröna valet oväntat nog kan vara att köpa något från andra sidan jordklotet om det bara kan tillverkas lite mer miljövänligt där än lokalt, som lök från Nya Zeeland eller rosor från Kenya i stället för från Nederländerna, där samma ros ger upphov till mer än fem gånger utsläppen.[289]

Den stora effekten av handel är i stället att sporra teknikutvecklingen globalt. Det driver ned priset på grönare metoder och produkter och gör att lokala företag använder dem i högre utsträckning. Det gör det lättare för fattiga länder, som har de största miljöutmaningarna, att lära sig av våra misstag och av våra framgångar. De kan snabbt utnyttja teknik som det tog oss många generationer och många miljarder att utveckla. (Och utifrån det perspektivet är alla tullar på grön teknik ännu mer idiotiska än tullar i allmänhet.)

För att bli av med blyet i bensinen behövde vi investera i avancerade raffinaderier som gjorde det möjligt att få högre oktantal även utan blytillsatser och forska fram natriumtillsatser som ersatte blyets smörjande effekt på motorerna. Först 1995 förbjöds bly i bensin i Sverige. Kina och Indien kunde göra detsamma bara fem år senare, när de hade en inkomst per capita bara en tiondel av den svenska nivån. Efter att Irak och Yemen fasat ut bly i bensinen uppger FN:s miljöprogram att det sista landet som använder bly i bensinen är Algeriet. Medan jag skriver detta kommer emellertid uppgiften att även Algeriet har övergivit det. Från att fullständigt ha dominerat marknaden när jag växte upp finns det i dag inte längre en enda bensinstation i hela världen som säljer blybensin.

Sådan spridning av grönare teknik gör att det går att vara försiktigt hoppfull om även några av de mest drabbade länderna. I takt med att Kinas ekonomi har vuxit har det blivit en av världens största nedsmutsare i nästan alla kategorier, men risken för en kines att dö av utomhusluftföroreningar har minskat med mer än tredjedel 1990–2017 (och inomhus med 85 procent).[290]

I den senaste utgåvan av indexet *Environmental Performance* använder forskarna två olika index över ekonomisk frihet och testar dem mot miljöindikatorerna. Resultatet understryker att man kan vara vän av både kapitalism och miljö:

> vi finner att ekonomisk liberalism är positivt associerad med miljöförbättringar. Även om våra resultat inte ger länder fullmakt att bedriva ekonomisk laissez-faire-politik utan hänsyn till miljön ifrågasätter de om det finns en konflikt mellan ekonomisk utveckling och miljöskydd.[291]

Men hallå, skulle inte det här kapitlet handla om klimatet?

Jo, just det. Vad betyder allt detta för våra möjligheter att klara klimatförändringarna? Tyvärr visar det än en gång varför det har varit så svårt att få något gjort. Ingen äger atmosfären och man behöver inte betala för att skada andra. Externaliteterna är inte heller begränsade till ett land med en politisk församling som kan sätta gränser för dem, och effekterna är oförutsägbara och utspridda över tid, så det är omöjligt att överblicka dem.

Men det betyder inte att ingenting har hänt i klimatarbetet. I världen som helhet minskade den mängd energi som krävs för att producera en enhet BNP med 36 procent mellan 1990 och 2018. Låg- och medelinkomstländer har gjort en ännu snabbare resa då de snabbt har kunnat gå från gammal, smutsig teknik till den allra senaste. Kinas energiintensitet minskade med hela 70 procent under denna tid.[292] Dessutom kräver en allt mindre del av den energiproduktionen fossila bränslen när till exempel solenergi rasar i pris. Mellan 2009 och 2019 sjönk priset på elektricitet från icke-subventionerade solkraftverk med otroliga 89 procent.[293]

Men att vi släpper ut mindre per person och per enhet välstånd vi tillverkar är tyvärr inte tillräckligt eftersom vi fortsätter att bli både fler och rikare. Energianvändningen ökade därför med 59 procent under samma tid och koldioxidutsläppen med ungefär 38 procent. Men det visar att den underliggande trenden är den rätta och att det nu inte handlar om att ställa sig på bromsen, utan om att trycka gasen i botten. De som längtar efter nedväxt borde ta en titt på länder som har upplevt ekonomiska kriser det senaste decenniet, som Grekland och Portugal. Jo, i det korta loppet minskar de utsläppen, men den långsiktiga effekten blir att de lägger mindre intresse och resurser på investeringar. Sedan 2010 har de brutit mot den globala trenden och har ökat mängden växthusgaser de behöver för att producera en enhet välstånd.[294]

Det senaste decenniet har ungefär 50 länder minskat sina koldioxidutsläpp även i absoluta tal, och det handlar framför allt om de rikaste länderna, som Amerika och

Västeuropa. Det tycks alltså som att det finns en Kuznetskurva även för koldioxidutsläpp, det är bara att den viker ned på en betydligt högre nivå än de andra utsläppen. Sverige tillhör de länder som har lyckats bäst. Mellan 1990 och 2018 minskade svenskarnas koldioxidutsläpp med 27 procent. En vanlig invändning är att det skulle bero på att vi har flyttat ut mycket av den mest koldioxidtunga industrin till fattigare länder (läs: Kina). Tyvärr finns det inte bra statistik för de koldioxidutsläpp vår import ger upphov till som sträcker sig längre bakåt än till 2008, men den visar faktiskt att även de har minskat något. Sveriges totala, konsumtionsbaserade koldioxidutsläpp minskade 10 procent mellan 2008 och 2017. (Jag vet att Kina tar en väldig plats i allas grubblerier, men import från Kina står bara för cirka fem procent av vår import, inte ens hälften av vår import från Nederländerna.)[295]

Och förresten, om man ska mäta koldioxidutsläppen i vår import bör vi också räkna dem i exporten. Svenskt Näringsliv har gjort ett försök att uppskatta det. De bedömer att de varor som Sverige exporterar skulle ha gett upphov till 37 miljoner ton (megaton) koldioxid årligen om de hade tillverkats i andra länder, men bara skapade elva megaton i Sverige tack vare kärnkraft och förnyelsebara energikällor, bättre tillverkningsprocesser och mer klimateffektiva råvaror. Det skulle betyda att den svenska exporten varje år minskar de globala utsläppen med motsvarande 26 megaton koldioxid.[296] Om det ens är i närheten av den verkliga siffran är det helt ramla baklängeskolossalt. Det är hälften av Sveriges totala utsläpp och mer än den svenska industrins totala utsläpp på 17 megaton.

Hur ska vi få över fler länder till rätt sida om Kuznetskurvans uppochnedvända U, och accelerera resan för de 50 länder som redan är där? Ja, jag vet inte. Och det vet inte du heller. Och våra politiska representanter vet det inte heller.

Kanske elbilar eller extremt bränslesnåla explosionsmotorer, bättre biobränslen eller helt andra transportformer? Ska vi få energi genom solen, vinden eller en ny generation billig och säker kärnkraft? Och om det är solen, är det genom att bygga massiva, industriella solparker, eller genom att bädda in allt i solpaneler, eller placera ut dem i rymden där solen alltid skiner? Ska vi bli vegetarianer, börja äta laboratorieodlat kött eller utveckla annan diet och nya tillsatser som gör att boskapen inte behöver lika mycket betesmark eller släpper ifrån sig så mycket metan? Eller ska vi kanske fortsätta med vissa fossilbränslen, skilja ur koldioxiden och lagra den, eller kanske genom att suga ut koldioxid från atmosfären via industriella processer?

Är det i så fall genom trädodling, med de krav på kolossala monokulturer och väldiga mängder vatten det innebär om det ska gå fort, eller genom industriella anläggningar som företag som Climeworks, Carbon Engineering och Global Thermostat bygger just nu, där förhoppningen är att kostnaden för att fånga in ett ton koldioxid ska gå ned till under tusen kronor? (Du kanske minns att samma process kostade runt 15 000 när vi gjorde det genom minskad BNP.)

Ingen vet vilken teknik som kommer fungera bäst, vilka innovationer som kommer att driva ned det i pris eller vilka vetenskapliga genombrott som plötsligt gör något helt nytt möjligt. Det är därför vi behöver mobilisera så många som möjligt att experimentera med olika typer av lösningar utifrån deras lokala kunskap och individuella övertygelse och möjlighet. Målet är att accelerera dessa trender, så att det inte förutsätts politiska överenskommelser för att vi ska använda grön teknik, utan att vi gör det för att det även ligger i vårt ekonomiska intresse.

Min vän Mattias Svensson överraskade mig med den fascinerande uppgiften att bevattningen av illegala vallmofält i Afghanistan sker med pumpar drivna av solenergi. Inte för att vallmobönderna bryr sig så mycket om statliga påbud eller ens om miljön, utan för att det helt enkelt är billigast. När vi alla har samma incitamentuppsättning som afghanska opiumproducenter är problemet alltså löst (just vad gäller energikonsumtion, bör tilläggas).

Det bästa sättet att sporra en sådan utveckling överallt är att piska utsläppen och hänga en morot framför den gröna tekniken. En avgift på alla former av fossila bränslen i grossistledet gör att kostnaden för dem sprids till industrier och konsumenter i nästa led. Det gör att alla känner av sitt bidrag till den globala uppvärmningen, inte bara i samvetet utan också i plånboken. Det ger alla ett incitament att styra sin konsumtion till varor och tjänster som skapar mindre växthusgaser och motiverar alla att komma med sina bästa idéer om hur man så billigt som möjligt kan göra varje process mindre fossilintensiv och utveckla helt nya tekniker som minimerar utsläppen.

Med en koldioxidskatt kan politikerna sluta försöka förutspå vilken teknik som kommer fungera bäst för att minska växthusgaserna. De kan sluta dela ut miljöpengar och särskilda förmåner till potentiellt gröna företag som de har privata kontakter med, personligen tror på, gillar av ideologiska skäl, tycker ser bra ut på bild, skapar jobb i deras valkrets eller är beroende av för kampanjbidrag. Företag skulle inte tjäna pengar i relation till hur väl de lyckas charma beslutsfattarna, utan i relation till hur mycket de minskar utsläppen. Då kan man ta bort detaljregleringar som berättar vilken sorts glödlampor vi ska använda, hur stora fönster får vara eller vilket årtal vi ska sluta köra bensinbil.

Det skulle undvika den Potemkinkulissliknande miljöpolitik som sätter särskilda mål för en specifik teknik och subventionerar en utbyggnad som inte alltid har någon relation till vad den levererar. Ett aktuellt exempel är Kinas planekonomiska expansion av vindkraft som ledde till många turbiner men lite elektricitet, då kvaliteten är låg och ineffektiviteten stor. Trots att Kina har dubbelt så mycket vindkraft som USA på pappret genererar de ungefär lika mycket el. Upp till 30 procent av kapaciteten är inte ens uppkopplad till elnätet, men vad gör väl det när målet är att uppfylla planen och imponera på omvärlden?[297]

Sverige har redan en koldioxidskatt och genom EU:s system med utsläppsrättigheter finns även en prissättning av koldioxid på europeisk nivå. Ungefär 40 länder och många städer, delstater och provinser har satt någon slags pris på koldioxid – oftast de rikaste länderna och inom dessa de rikaste regionerna. Men det innebär ändå att bara runt en femtedel av de globala utsläppen är prissatta. Och här kommer vi till det centrala politiska problemet: Hur får man människor att gå med på att betala för något som tidigare var gratis, om belöningen för detta kommer långt in i framtiden och sprids globalt?

Ibland känns det som en hopplös uppgift och i EU pågår ett arbete med att börja bestraffa länder utan koldioxidpris med tullmurar. Men det är inte ett sätt att rädda klimatet, utan att förstöra världshandeln. Eftersom det är fullkomligt omöjligt att ta reda på de individuella utsläppen för alla utländskt exportörer skulle de beläggas med tullavgifter utifrån hur mycket växthusgaser sådana produkter *brukar* ge upphov till. Ett företag som har gjort kostsamma investeringar i grönare produktion skulle bestraffas lika mycket som dem som spyr ut hämningslöst. Det är svårt att tänka sig ett sämre incitament för miljöförbättringar. Och vad gör vi med regioner inom ett land som har infört utsläppsmarknader eller avgifter? Ska EU:s tulltjänstemän börja skilja på varor från Virginia och West Virginia? North Carolina och South Carolina?

Klimattullar är en utpressningstaktik där man saboterar för länder som inte för rätt miljöpolitik, men det riskerar att bjuda in till ett evigt handelskrig, där andras politik används som ursäkt för att hindra deras export (borde inte andra länder svara med tullar mot EU för dess utfiskning av världshaven?). Personligen skulle jag föredra att vi gör precis tvärtom. Vi skulle kunna locka andra länder att införa prissättning genom att säga att de i så fall också får fri tillgång till våra marknader utan tullar eller kvoter. De viktiga länder vi behöver klimatåtgärder från har export som fortfarande möts med höga tullar i rika länder. Kina och Indien skulle till exempel vilja se avskaffade tullar på textilier och Australien och Brasilien frihandel för livsmedel.[298]

Vi behöver inte få med oss alla länder, men ju fler länder som är med, desto mindre är risken att den fossilberoende produktionen flyttar någon annanstans. Det viktiga är initialt att få med oss de stora utsläpparna. Om EU bara kunde komma överens med de fem andra länder som släpper ut mest så täcker det in nästan 70 procent av de globala koldioxidutsläppen. I så fall skulle vi kunna uppmuntra fattigare länder att delta i programmet på villkor att de tillåts införa avgiften gradvis, i takt med att deras BNP per capita stiger.

Ett sätt att uppmuntra väljarna är att ge tillbaka pengarna till dem. En koldioxidavgift ska fungera som ett pris och ett incitament, inte som en intäktskälla för staten. Pengarna bör därför gå tillbaka till befolkningen i form av sänkta skatter på andra områden. Ett sätt att undvika att vi hotar vårt eget näringslivs konkurrenskraft i en värld där få länder har miljöskatter är att använda en rejäl del av intäkterna till att sänka kapital- och bolagsskatter.

Men innan vi kommer dit kan vi göra något ännu enklare: även om vi inte tar betalt för skadan behöver vi alla fall inte subventionera den. Världens stater använde sammanlagt tretusen miljarder kronor i skattepengar för att minska priset på fossila bränslen 2019, främst stora utvecklingsländer som Kina, Indien och Iran.[299] Det är nästan tio miljarder varje dag. Om politiker är rädda för hur konsumenterna ska reagera på högre el- och bränslepriser kan de ju ändå avskaffa alla subventioner och i stället ge de tretusen miljarderna direkt till konsumenterna, så får de bestämma själva om det just är fossila bränslen de vill använda dem på, eller kanske något annat.

Vänta, jag är inte klar. Det finns en avslutande paradox som är alldeles för lite uppmärksammad: Om vi är *för* gröna på kort sikt kommer vi aldrig att bli gröna på lång sikt. Klimatomställningen och elektrifieringen kommer att kräva kopiösa mängder av koppar, aluminium, litium och andra metaller och mineraler, men vi i västvärlden anser numera att gruvor och smältverk är för grova och smutsiga. Det är naturligt att vi tycker så, vi har ju halkat långt ned på den bortre sidan av Kuznetskurvan. Problemet är bara att vi riskerar att bli helt beroende av att importera detta från auktoritära stater med lägre miljökrav, där nedsmutsningen och naturpåverkan från sådana processer är betydligt värre. Dessutom höjer det priserna, vilket fördröjer hela omställningen.

Allt mer komplexa tillståndsprocesser omöjliggör många investeringar och fördröjer alla. Bolag som Boliden och LKAB har varnat att en snårskog av regleringar och myndigheter som överklagar allt i stället för att hjälpa till med processen gör det allt svårare att få något gjort i Sverige. Allt fler investeringar hamnar utomlands, bland annat i våra nordiska grannländer.

Om miljöengagemanget bara är en estetisk hållning kan man förstå detta, men om vi verkligen tror att den globala uppvärmningen är ett avgörande problem för världen kan vi inte ha en miljö- och tillståndspolitik som mest är inriktad på att förhala, begränsa och lägga ned. Då kan vi inte blockera varje ny svensk gruva, förhala alla tillstånd till elledningar, vind- och solkraftsparker, förbjuda genetiskt modifierade grödor som kan göra jordbruket grönare eller avveckla den kärnkraft som ger oss fossilfri energi. Och vi får för allt i världen inte bli en NUMBY – ”not under my back yard” – och protestera mot varje projekt att fånga in koldioxid och lagra den under marken.

Om vi inte är villiga att smutsa ned våra händer kommer vi aldrig att kunna städa bort all lort.

9. Vad är meningen med alltihop?

"Kapitalismen ... producerar alltsomoftast människor som varken är glada eller nöjda, ja, rentav olyckliga och deprimerade."

Göran Rosenberg[300]

Säg att allt det där är sant då. Att kapitalismen gör oss friare och rikare och hjälper oss att lösa miljöproblemen. Blir vi lyckligare av det? Är det verkligen meningen med livet att stressa för att prestera mer, vässa armbågarna för att segra i marknadskonkurrensen, för att samla ännu mer prylar som vi inte behöver och inte kan ta med oss när vi dör? Liberalismen gör oss besatta av att vara oberoende individer, men det leder till att vi frigör oss från det som gör oss till människor – gemenskaperna, relationerna, medmänniskorna. Självförverkligandet blir bara ett vackert ord för tomheten i moderniteten, ensamheten i köpcentret. Kapitalismen kanske gör oss materiellt rika, men vi blir andligt fattiga.

Det här är den sista försvarslinjen mot den liberala kapitalismen från alla kollektivister, både etatistisk vänster, konservativ höger och kulturkritiska intellektuella. En gång i tiden sa de att den aldrig skulle kunna producera välstånd, sen sa de att det kanske den gör, men bara till en liten elit, sen sa de okej, alla kanske blir rikare, men det kommer gå ut över världens fattiga länder, sen sa de okej,

okej, alla kanske blir allt rikare, men varför skulle det vara så himla bra?

Den amerikanska konservatismens mest överskattade tänkare Patrick Deneen menar att liberalismen har gjort oss till ”allt mer separata, autonoma, ickerelationella egon, fulla av rättigheter och definierade av frihet, men osäkra, maktlösa, rädda och ensamma”.[301] Under den uttömmande rubriken ”Nyliberalismen – ideologin bakom alla våra problem” förklarar den brittiska vänsterförfattaren George Monbiot att dessa problem inkluderar (men inte på något vis är begränsade till) ”epidemier av självskadebeteende, ätstörningar, depression, ensamhet, prestationsångest och social fobi”.[302]

Här i Sverige förklarar socialdemokratiska *Tidens* Payam Moula att den liberala jakten på autonomi orsakar ”nedbrytande av kultur och samhälle” och ”psykisk ohälsa, ofrivillig ensamhet och förtvivlan”.[303] ”[V]i blir inte fria, vi blir ensamma”, fyller den kristet konservative Joel Halldorf i. ”Ökande psykisk ohälsa, isolering och populism är tecken på att liberalismen inte kan bära sig själv.”[304] Vi behöver helt enkelt något mer för att bota vår andliga tomhet.

Och vad gör egentligen marknaden med oss? Nina Björk har i åtskilliga texter varnat för att drivkraften att förbättra vår situation äter sig in i varje vrå av våra liv och får oss att inför varje situation och relation fråga: ”Vad tjänar jag på det här?” Det får oss att hela tiden tävla och slåss: ”Att leva i konkurrens föder rädsla ... Vi gör varandra till varandras hot.” Till slut leder det därför till relationsrädsla: ”Om vi har att göra med varandra främst som konkurrenter kanske vi inte vill ha så väldigt mycket med varandra att göra?”[305]

En liknande ängslan får Göran Greider att efterlysa en mer konservativ höger, för ”socialism och konservatism har en viktig beröringspunkt. Båda strömningarna har uppfattningen att det vi kallar samhälle är något mer och större än summan av alla individuella marknadsrelationer.”[306] Vi behöver något *mer*.

Hur i hela världen kan någon människa vilja ha fria marknader om det är så här? På de här beskrivningarna låter det som en helvetesmaskin som maler ned all vår mänsklighet. Den som aktivt förespråkar det måste vara helt dum i huvudet. Eller direkt ond. Någon slags liberal-Sauron.

Om man hävdar att politiska motståndare skapar mänsklig isolering och mental ohälsa tar man på sig en ganska mastig bevisbörda. Otroligt nog följs sådana svepande uttalanden ändå nästan aldrig av försök att dokumentera något orsakssamband, eller ens en korrelation. Förbluffande ofta räcker det med några snabba felläsningar av klassiska liberaler för att påvisa kopplingen mellan liberalismen och rovgirighet och ensamhet. Som om ovilja mot andra människors tvång och våld är detsamma som ovilja mot andra människor. Som om motståndet mot påtvingade relationer byggde på motstånd mot sociala relationer.

Men John Locke, liberalismens fader, skrev 1689 att ”Gud [har] skapat människan sådan att det inte var gott för henne att vara allena” och gick vidare och förklarade varför man inte kan tänka sig individen utan familjen och hennes andra gemenskaper.[307] Adam Smith, den ekonomiska liberalismens bonuspappa, förklarade 1759 att naturen ”formade människan för samhället”, och förklarade på ett sofistikerat sätt hur vårt beteende och vårt moraliska sinne växte fram i våra sociala interaktioner som ett resultat av vår empati under en period då hans konservativa motståndare bara förutsatte att de hade delats ut av Gud.[308]

Poängen är att både liberaler och antiliberaler alltid såg människan som ett socialt djur. Det har aldrig varit tvistefrågan. Både liberaler och antiliberaler menade att individen behövde och blev till inom familjen, kulturen och gemenskaperna. Det de grälade om var något annat. Liberalismens motståndare såg inte bara vår sociala natur som ett faktum, utan som en moralisk förpliktelse. För dem var det inte bara deskriptivt, utan normativt. Så om vi tillhörde en viss familj, gemenskap eller tro hade vi en förpliktelse att stanna där och underkasta oss den bokstavlige eller bildlige familjefadern, oavsett hur denne misshandlar oss. Det följer inte av vår sociala natur, och liberalismens och kapitalismens historiska prestation var att den gav människor friheten att lämna exploaterande kollektiv, kräva att de förändrades för att man skulle stanna i dem eller skapa helt nya som passade hennes behov och intressen bättre, som den arbetarrörelse som Payam Moula kämpar för eller den pingströrelse som Joel Halldorf tillhör.

Liberalismen förnekar inte människans behov av gemenskaper, den förnekar bara att Moula och Halldorf vet vilka som passar oss alla. Liberalismen handlar inte om att vi finner all mening i en inköpslista, vad den säger är att vi behöver mer mening än i en valsedel. Och att den som söker efter meningen med livet i kollektiva projekt som man pressar på minoriteten har mindre känsla för den mänskliga naturens underbara mångfald än de påstått fyrkantiga marknadsliberalerna. Behöver vi något mer? Javisst, men *vad*? Kan vi ens hitta ett kollektivt, politiskt projekt som skulle få Payam Moula, Joel Halldorf, Nina Björk och Göran Greider att mysa tillsammans?

Och då talar vi ändå bara om en liten homogen grupp svenska intellektuella som kräver ett kollektivt politiskt projekt. Hur ser den kollektiva utopi ut som fyller tomheten i hjärtat för så olika personer som Edward Blom, Elon Musk, Billie Eilish, Roger Federer, Mario Vargas Llosa, Camilla Läckberg, Jocke Berg, Angela Merkel, Pewdiepie, Robert Downey Jr, Nick Cave, Fredrik Strage, Maria Wetterstrand Glenn Hysén, Jerry Seinfeld, Donald Trump, Anna Book, Per Hagman, The Rock, Stefan Löfven, Magnus Betnér, Thorsten Flinck, Posh Spice, Thåström, Horace Engdahl, Zlatan, Neal Stephenson, Dogge Doggelito, Johan Norberg och 7,9 miljarder fler?[309]

Liberalism bygger inte på att vi struntar i livets mening, utan på att vi tror att fler har chans att finna den om de har frihet att söka. Motargumentet är att vi inte kan. Att det finns något i just valfriheten som gör att vi blir kortsiktigt själviska, relationsrädda och isolerade, att det just är denna individuella jakt på mening i livet som skapar den epidemi av ensamhet som går över västvärlden.

Men finns det ens någon sådan epidemi?

Hundra år av ensamhet

Det finns få tillstånd som skadar människan fysiskt och psykiskt mer än känslan av att vara övergiven. Ensamheten är en individuell olycka och ett stort samhällsproblem. Men de flesta artiklar som talar om en epidemi av ensamhet handlar i själva verket om att vi har allt fler singelhushåll. Det är inte samma sak. Att bo ensam kan ha sina negativa sidor, men det finns faktiskt inget starkt samband mellan det och känslor av ensamhet eller bristande socialt stöd. Sverige brukar ofta toppa listor över flest singelhushåll, men samtidigt är vi också ett av de länder där människor uppger sig känna minst ensamhet, klart under det europeiska genomsnittet, intressant nog betydligt mindre än det uppfattat familjära Sydeuropa. Det skulle naturligtvis kunna bero på att vi är så introverta att vi tycker att det räcker med ett ICA-besök för att känna gemenskap. Men vi har också mer kontakt med våra vänner än andra européer.[310]

Problemet med att bedöma vår nivå av ensamhet är att vi har en tendens att tolka det slit vi alla upplever med relationer som ett tecken på att de har förfallit och att det måste ha funnits en bättre tid eller plats då vi levde i harmonisk gemenskap. Det kan vara värt att påminna om att det vanligaste våldsbrottet i Sverige i mitten av 1800-talet var våld mot föräldrar, säkert inte sällan för att en påtvingad gemenskap skapar mer konflikt än konsonans.[311]

Jag hör ofta påståendet om att fattiga och mer kollektivistiska länder har en annan och djupare form av gemenskap än vi urbaniserade, individualiserade materialister (från studenter i rika länder, jag har fortfarande aldrig hört det sägas i fattiga länder). Men när Gallup World Poll frågar människor runt hela världen ”Om du har problem, har du släktingar eller vänner som du kan räkna på hjälp från?” framträder ett helt annat samband. I afrikanska länder svarar i genomsnitt 25 procent ”nej”, i Sydamerika och Asien ungefär 20 procent, kring tio procent i Japan och Taiwan, medan det är nere på ensiffrigt i Europa, USA, Kanada, Australien och Nya Zeeland.[312]

Efter att Our World in Data har gått igenom forskningen på området sammanfattar de: "Det finns en epidemi av rubriker som påstår att vi upplever en 'epidemi av ensamhet', men det finns inget empiriskt stöd för föreställningen att ensamheten ökar."[313] Ett skäl till att många tror att det är så är att de som uppger sig vara mest ensamma är de unga, men det bygger på föreställningen att de växer upp och fortsätter att känna sig lika ensamma då. Men i takt med att tonåringarna slutar känna sig så himla missförstådda av samhället, etablerar vänskaps- och kärleksrelationer, bildar familj och får kolleger minskar ensamheten över livet (tills en partner dör på ålderns höst, då känslan av ensamhet ökar igen).

Den mer relevanta frågan är därför om de som är unga i dag är mer ensamma än de som var unga tidigare (och om äldre i dag är mer ensamma än äldre då), och där tycks svaret vara nej. Studier som följer amerikanska collegestudenter sedan 1977 visar att andelen som uppger att de saknar vänner och känner sig utanför tvärtom har minskat något. Inte heller när forskarna jämför dagens medelålders och äldre med gårdagens medelålders och äldre i USA, England, Sverige, Finland och Tyskland finner de belägg för den ökade ensamheten. Vad jag vet har vi inga undersökningar som kan belägga om vi som samhälle har upplevt Gabriel García Márquez hundra år av ensamhet, men vi har i alla fall 75 år av brittiska ensamhetsstudier. De visar inte på någon ökning av andelen som känner sig ensam.[314] Då är det inte heller någon vild gissning att det är mindre skamligt att tala om ensamhetskänslor i dag.

Svenskar har fått besvara frågor om sociala relationer ända sedan kollektivismens guldålder, och det visar att känslan av ensamhet har minskat sedan dess, bland yngre och äldre, män och kvinnor. I början av 1980-talet uppgav mer än var fjärde svensk att de saknade en nära vän. Nu gör bara drygt var tionde det.[315]

Med andra ord är alla dessa separata, autonoma, icke-relationella egon påtagligt sociala. Och det borde ju inte vara en överraskning om vi faktiskt är sociala varelser. Då behövs det inte kollektivistiska påtryckningar, politiska program och subventioner för att få oss att söka och utveckla kontakten med andra människor. Frihet handlar inte om att välja bort relationer, utan om att välja relationer som passar en själv och stämmer med ens värden.

Om man vill känna sig riktigt ensam på jorden ska man låta bli att fantisera fritt om hur meningsmotståndarna förstör alla gemenskaper och i stället, som Caspian Rehbinder, undersöka vad subjektiva ensamhetskänslor samvarierar med. Då framträder motsatsen till det samband som kritikerna ser som liberalismens akilleshäl. Rehbinder noterar i en artikel i *Smedjan* att ensamheten är mindre där friheten är större. För varje punkt högre ett land ligger på Fraser Institutes tiogradiga skala för personlig och ekonomisk frihet – i praktiken ett mått på hur liberalt ett land är – är ensamheten i genomsnitt sex procentenheter lägre. Rehbinder tittar även på jämlik fördelning och grad av religiositet i ett samhälle, eftersom de brukar lyftas fram som svaret på liberalismens tomhet. Där finns inget som helst samband. Det ser alltså snarast ut som att vi behöver personlig frihet och fria marknader för att råda bot på den existentiella isolering som jämlikhet och andlighet inte förmår rå på.[316]

Genomsnittligt finns inte heller belägg för att den stora ökning av mental ohälsa som vi alla utgår från finns. För att återigen lyssna på Our World in Data-projektet skriver Hanna Ritchie där: ”Många (jag själv inkluderad) har känslan att mental ohälsa har ökat rejält de senaste åren. Den statistik vi har från IHME [Institute for Health Metrics and Evaluation] stöder i allmänhet inte den slutsatsen.” Den visar tvärtom att den mentala ohälsan har varit stabil sedan 1990.[317]

I en genomgång av litteraturen på området fann forskare 42 studier mellan 1990 och 2017 som använde samma metodologi för att vid upprepade tillfällen studera mental ohälsa inom samma geografiska område. De flesta studier visade ingen ökning av ohälsan (även om de får mindre uppmärksamhet i medierna än det fåtal som visar en ökning) och det sammanlagda resultatet pekade på en ”minimal” ökning som de tror beror på demografiska förändringar (hälsan förändras med åren). Forskarna sammanfattar: ”vi kan vara ganska säkra på att den övergripande förekomsten av mental ohälsa inte har ökat dramatiskt de senaste decennierna, om den alls har ökat”.[318]

I en befolkning på åtta miljarder kommer det naturligtvis finnas stora grupper vilkas fysiska och psykiska lidande ökar. Det finns illavarslande tecken på en viss ökning av nedstämdhet och oro hos tonåriga flickor i många länder. I USA har vi sett de utbredda dödsfallen av förtvivlan som jag skrev om i kapitel tre. Men globalt har självmordsfrekvensen minskat med ungefär en tredjedel de senaste trettio åren, trots att vi vet att man allt oftare rapporterar den verkliga dödsorsaken i takt med att samhällen sekulariseras och individualiseras. I Sverige har självmordsfrekvensen halverats sedan 1980, även om det mesta av minskningen ägde rum före millennieskiftet.[319]

Så varför är vi så övertygade om att den mentala hälsan försämras? Ett skäl är att vi har lånat en terminologi som egentligen är skapad för kliniska hälsoproblem för att tala om vanliga former av sorg och oro. I takt med att många traditionella, handgripliga källor till lidande försvinner ökar förväntningarna på att vi ska må bra varje dag, och när vi inte gör det börjar vi plötsligt prata psykiatriska, trots att stress, nedstämdhet och sorg är en del av även ett gott liv. Efter att ha konstaterat att andelen som upplever sig ha nedsatt psykiskt välmående är rätt konstant medan diagnoser och sjukskrivningar ökar, menar Christian Rück, professor i psykiatri, att vi har gjort oss skyldiga till en sammanblandning. En del lidande är helt enkelt själens skrubbsår, menar professorn, som vi har börjat blanda ihop med själens benbrott, där vi verkligen behöver hjälp och behandling.[320]

Ett hoppfullt skäl till att vi tror på en ökning är att många tabun har brutits på detta område. Tidigare generationer talade fritt om fysiska åkommor, men de psykiska gömde man undan och talade tyst om. I dag är det mycket vanligare att rapportera mentala symptom och söka hjälp. Omgivningen och vården är mer benägen att ta det på allvar. Det är ett tecken på ett ganska friskt samhälle, inte ett sjukt.

Den generösa egoisten

Men även om det inte finns några belägg för att marknadsekonomin gör oss mentalt sjuka, kan den göra oss förråade och hänsynslösa. Tänk om den förvrider vår personlighet och förgiftar våra relationer, som Nina Björk hävdar? Tänk om ekonomin tränger ut alla andra mänskliga drivkrafter och får oss att se varje möte som ett tillfälle att utnyttja den andra?

Misstaget Björk gör är att hon föreställer sig att det är kapitalismen som har introducerat ett vinstbegär och en vilja att ackumulera som inte fanns tidigare och som skulle försvinna om vi hade ett annat ekonomiskt system. I besvikelse över människans girighet vänder hon sig mot kapitalismen. Men som sociologen Max Weber skrev 1905:

> "Förvärvsbegär", traktan efter vinst, traktan efter pengar, efter mesta möjliga pengar, har i och för sig inget att göra med kapitalism. Denna traktan har alltid funnits och finns hos kypare, läkare, kuskar, kokotter, mutkolvar, soldater, rövare, korsfarare, spelhålsbesökare, tiggare: kort sagt, hos alla slags människor under alla betingelser, under alla epoker i jordens länder.[321]

Inte heller försvinner vinstbegäret där man sätter marknadskrafterna ur spel. Ingen som studerar sovjetiska partitoppar, det iranska revolutionsgardet, chavistiska "boligarker" eller den egyptiska armén skulle hävda att dessa grupper är mindre intresserade av att ackumulera egendomar eller leva ett liv i lyx och flärd än gemene man. Skillnaden är att de inte behöver utveckla varor och tjänster som någon annan vill köpa för att få utlopp för den driften, utan de kan konfiskera företag och plundra befolkningen. Nordkorea är världens minst marknadsbaserade ekonomi, men har förmodligen de ledare som lägger ned mest på Rolexklockor, Mercedeslimousiner, lyxjakter och Hennessys Paradis-konjak.

Frågan om huruvida just marknadsincitament förråar vårt vinstbegär och tränger ut alla andra drivkrafter än de materiella är en empirisk fråga, som inte avgörs bäst genom att citera Marx och Barthes eller genom att försöka läsa in några djupsinniga sanningar ur managementklyschor ("sälj dig själv", "vårda ditt varumärke"). Alla som har sett människor som är lika hårda i ekonomiska förhandlingar som de är generösa mot vänner och främlingar (och vice versa) ser att Björk har fallit för en endimensionell karikatyr av den mänskliga psykologin. Människan är tillräckligt stor för att hysa olika motivationer och tillräckligt komplex för att bete sig olika i olika relationer. Bill Gates vilja att krossa konkurrenterna minskade inte hans intresse att rädda miljoner från malaria.

Vad har Nina Björk för belägg för att just marknadsekonomiska incitament saboterar vår mänsklighet? Vad i hela världen får henne att tro att i kapitalismen blir "egenskaper som solidaritet, empati, lyhördhet, känslighet, viljan att tillfredsställa andra utan tanke på egen vinning närmast ett tecken på svaghet"?[322] Främst citat av Marx och Barthes förstås. Men hon nämner också det välkända faktum att en monetär belöning för något vi tidigare gjorde av inre motiv, som att donera blod, kan sätta de inre motiven ur spel. Men det betyder ju inte att ekonomiska belöningar för arbete, företagande och sparande skulle göra oss mindre intresserade av att donera blod utan att få någon belöning för det. Hade Nina Björk studerat bloddonationer empiriskt hade hon haft svårt att förklara varför de är vanligast i individualistiska marknadsekonomier där vi annars tydligen har "kalkylen som umgängesform". (När betalning för blodplasma införts har det inte ens inneburit en minskning av de obetalda bloddonationerna – utan tvärtom en liten ökning.[323])

En grupp amerikanska psykologer mätte nyligen förekomsten av sju olika former av generositet och hjälpsamhet i 152 länder, viljan att (just det) donera blod, organ och benmärg, donera pengar till välgörenhet, arbeta ideellt, hjälpa främlingar och behandla djur väl. Det visade sig att ett av de tydligaste sambanden var att medborgarna i individualistiska länder var mer benägna att hjälpa till. Även när de kontrollerade för att individualistiska länder också hade mer välstånd, bättre hälsa och utbildning fanns sambandet kvar. Ju mer du bryr dig om ditt eget självförverkligande, desto mer hugger du i genomsnitt i och hjälper andra som har det svårt.[324]

Forskarna spekulerar i att det kan ha att göra med att den som mår bra själv och inte tvingas in i självuppoffrande relationer kan ha mer energi och vilja att hjälpa andra – en slags ”ta på dig syrgasmasken först innan du hjälper andra”-effekt. En annan förklaring de lyfter är att individualistiska attityder river ned stamkulturer och gör oss mer beredda att ställa upp även för främlingar.

Experiment i mängder av samhällen på olika utvecklingsnivå ger en helt annan bild än Nina Björks. De visar att det mycket riktigt finns samhällen där människor liksom i Björks mardrömmar ser varje möte som en möjlighet till utnyttjande och tog allt de kom över – men det var de samhällen som hade *minst* vana av marknadstransaktioner till vardags.

Så här går det till: Du får en viss summa pengar och ombeds att ge en del av dem till en anonym spelare. Den andra spelaren tackar sedan ja eller nej till erbjudandet. Om mottagaren tackar ja går budet igenom, men om hon tackar nej får varken du eller hon någonting. Vad erbjuder du den anonyma medspelaren?

Både marxister och nationalekonomiska läroböcker får oss att tro att du skulle erbjuda mottagaren så lite som möjligt i detta ultimatumspel, och hon skulle ändå alltid tacka ja till det, eftersom nästan inget alltid är bättre än inget. Eftersom spelet bara äger rum en gång finns det heller inte något skäl att bygga upp ett rykte om att vara en sympatisk medspelare. Det finns inte heller något skäl för mottagaren att tacka nej till ett ogint bud för att pressa dig att bli mer generös i framtiden. Men många års forskning över hela världen, från Missouri och Mapuche till Mongoliet visar att vi helt enkelt inte beter oss så. I rika marknadsekonomier är faktiskt det vanligaste erbjudandet att man delar 50–50, och mottagaren blir så förnärmad av dåliga erbjudanden att de brukar säga nej om de erbjuds mindre än 30 procent.

Sådana experiment har genomförts i samhällen som befinner sig på olika utvecklingsstadier, alltifrån industrialiserade städer till bondesamhällen, till grupper av jägare och samlare. Det visar sig att sättet att spela inte har något samband med kön, ålder, utbildningsnivå eller etnicitet – bara med hur vana människor är att agera på marknader. Ju mer människor ägnar sig åt handel i sitt vardagsliv, desto mer benägna är de att ge generösa erbjudanden och att bestraffa snåla erbjudanden, även om det sker på deras egen bekostnad. Marknadsattityden är att vara generös, medan människor i samhällen utan marknader ”visar sig vara rätt ointresserade av rättvisa eller av att bestraffa orättvisa”, konstaterar forskarna. I genomsnitt erbjöd de mest marknadsintegrerade samhällena dubbelt så stor del av summan som de minst integrerade.[325]

Resultatet verkade först så osannolikt att forskarna gav sig ut på fältet igen för att se om de kunde upprepa sina resultat. De lade till andra ekonomiska spel och studerade dessutom skillnaderna inom samma grupper. Resultaten upprepades: ju större vana av köp och sälj, desto mindre hänsynslöst betedde sig människor. När forskarna indirekt påminde undersökningsdeltagare om marknader blev dessa deltagare mer tillitsfulla och satsade mer pengar på interaktion med främlingar. När spelet genomfördes i 53 grupper av oromoer i Etiopien visade sig till och med avståndet till handelsplatser ha betydelse. Ju närmare marknaden man bor, desto mer beredd är man att samarbeta med främlingar. De som bara har en halvtimme till marknadsplatsen samarbetar nästan alltid i experimenten. De som har fem timmar dit samarbetar nästan aldrig.[326]

Vanan att tänka i termer av ömsesidig vinst utvecklar tydligen en känsla för andra och deras behov. Forskarna förnekar naturligtvis inte att även icke-marknadssamhällen har starka normer för rättvisa, men de begränsar sig främst till regler för hur släktingar och vänner ska behandlas. De som inte är vana vid möten med utsocknes bedömer dem som hot eller som en möjlighet att kamma hem kortsiktiga vinster. De som regelbundet bedriver handel har däremot normer som inkluderar en viss generositet och öppenhet som gör att de lätt kan finna gemensamma nämnare med främlingar. Eftersom människor vill umgås med och handla med dem som är vänliga och generösa är det dessa normer som befordras. ”Ju vänligare, desto mer fördelaktigt, sådan är handelns humanitet”, som Marx parhäst Friedrich Engels erkände 1844.[327]

Sådana experiment kan kompletteras med de värderingar vi uttrycker i undersökningar. En analys av World Values Survey-data över många år visar att rikare och mer ekonomiskt fria länder uttrycker *mindre* materialism och girighet. Forskarna menar att ett skäl är pengars avtagande marginalnytta: ”Marknader gör oss rikare och rikedom gör det möjligt att fokusera på alternativa, icke-materiella värden.”[328]

Nina Björk må ha rätt i att marknadsattityderna äter sig in i vår karaktär, men det gift det sprider är öppenhet för samarbeten och generositet mot främlingar. Det dröjer sig kvar så envist att vi uttrycker ett skarpt sinne för rättvisa till och med i ett spel som är riggat för att avslöja vår skrupelfria materialism.

Människan som inte kan se andra utan att ställa frågan "Vad tjänar jag på det här?" och betraktar varje möte som ett tillfälle att äta eller ätas finns förstås också, och vi har alla haft oangenäma tillfällen att möta dem, i affärslivet, i politiken, i journalistiken och i privatlivet. Men störst är sannolikheten att stöta på dem några timmars gångväg från marknadsplatsen.

Den glada kapitalismen

Så nu kanske vi kan återgå till den ursprungliga frågan om kapitalismen verkligen gör oss lyckligare. Kan pengar köpa lycka? Svaret är ja.

I lyckoforskningens barndom pekade data på motsatsen. Ekonomen Richard Easterlin noterade 1974 att vi blev allt rikare, men vi verkade inte bli lyckligare. Vi vande oss helt enkelt vid det stigande välståndet och i stället jämförde vi oss med grannarna som blev ännu rikare. Denna "Easterlinparadox", som har rötter i Rousseaus kritik av materialism och modernitet, blev berömd lång utanför forskningsfältet och det är fortfarande det enda många utomstående minns om sambandet mellan pengar och lycka. Men under det knappa halvsekel som har gått sedan dess har det gjorts mängder av undersökningar på långt fler platser, med mer sofistikerade metoder, så vi har kunnat följa utvecklingen över tid. Och bilden har förändrats.

När jag 2009 skrev en bok om lycka intervjuade jag den holländske sociologen Ruut Veenhoven, mannen bakom den berömda ”World Database of Happiness”. Han berättade för mig att han började intressera sig för lyckoforskningen för att han trodde att den visade att välstånd inte bidrog till lycka och han mötte snabbt intresse från tillväxtkritiska politiker. Men i takt med att han fick in allt mer statistik från allt fler länder började ett annat mönster framträda. Tillväxt visade sig faktiskt vara bra för välbefinnandet: ”Easterlinparadoxen existerar inte. Den stöds inte av data och den teoretiska basen är felaktig.” Den nya insikten fick i alla fall ett entydigt politiskt resultat. ”Då slutade de gröna politikerna att ringa”, konstaterar Veenhoven.[329]

Den nobelprisbelönade psykologen Daniel Kahneman är en annan person som vältaligt har argumenterat för Easterlinparadoxen. Men efter att han fick in statistik från fler länder har han bytt åsikt:

> Vi trodde att inkomsteffekten var liten därför att vi tittade inom samhällen. Men BNP-skillnaderna mellan länder är enorma och förutsäger skillnader i livstillfredsställelse i mycket hög grad. I en undersökning av 130 000 människor i 126 länder, är korrelationen mellan individers livstillfredsställelse och BNP i det land de lever över 0,40, ett exceptionellt högt tal inom samhällsvetenskapen. Människor över allt, från Norge till Sierra Leone, utvärderar tydligen sitt liv enligt en gemensam måttstock på materiellt välstånd, och de justerar den när BNP ökar. Den slutsats som följer av det strider mot allting vi trodde att vi visste för tio år sedan. Vi har haft fel och nu vet vi om det.[330]

I min bok om lyckoforskningen observerade jag att man kan köpa lycka – men bara till en väldigt dålig växelkurs. Jämfört med att ha hälsa, sinnesfrid och lyckliga relationer står sig pengar slätt. Om ens mentala oro och ångest av någon anledning ökar med en tiondel behöver man öka sin månadslön med mer än 210 000 kronor för att komma tillbaka till samma lyckonivå som man hade innan, konstaterade jag utifrån den statistik vi hade då.

Men ett skäl till att den individuella inkomsten har mindre betydelse för ens välbefinnande röjs av farmors morfars farfars mormors tidsmaskin i kapitel 4. De flesta varor, tjänster och teknologier som gör verklig skillnad för ens välbefinnande sprids väldigt snabbt i marknadsbaserade samhällen, så några tusenlappar hit eller dit gör inte så stor skillnad. Det viktiga är att leva i ett rikt, fritt, kapitalistiskt samhälle. Har du varit klok nog att födas där är en stor del av din lycka redan gjord.

Man måste reservera sig för att vi inte talar om några objektiva indikatorer här, utan vad människor själva uppger om sina egna känslotillstånd. Felkällorna är många – både den som är för deprimerad och den som har för mycket spännande i livet kanske låter bli att svara på undersökningarna; tillfälliga händelser spelar en alldeles oproportionerligt stor roll för vår sinnesstämning (som vädret den dag man svarar, om man missade bussen eller om man råkade hittat ett mynt i hissen nyss); alla är inte ärliga ens i anonyma undersökningar; fransmän anser att melankoli är ett tecken på intelligens och nordbor har så låga förväntningar på livet att vi ständigt blir positivt överraskade (säger de som är purkna över att vi alltid kommer så högt i undersökningarna). Så man måste behandla det här datamaterialet med väldig försiktighet, men det är fascinerande att det lyckoforskningen tyder på nu strider så fullständigt mot uppfattningen att fria marknader och individualism suger livsglädjen ur människan.

Forskningen pekar nu på att individers genomsnittliga lycka växer med deras inkomst och befolkningars genomsnittliga lycka växer med landets BNP per capita, samt att båda dessa nivåer i genomsnitt ökar över tid, i takt med att människor och länder blir rikare. I Västeuropa, Nordamerika, Australien och Nya Zeeland uppger människor högst välbefinnande. I Afrika, Sydasien och Mellanöstern lägst. Sambandet är tydligt, om än inte perfekt. Latinamerikanska länder är lyckligare än deras välståndsnivå skulle förutsäga och före detta kommunistländer är olyckligare.[331]

Figur 13. Rikare länder är lyckligare länder

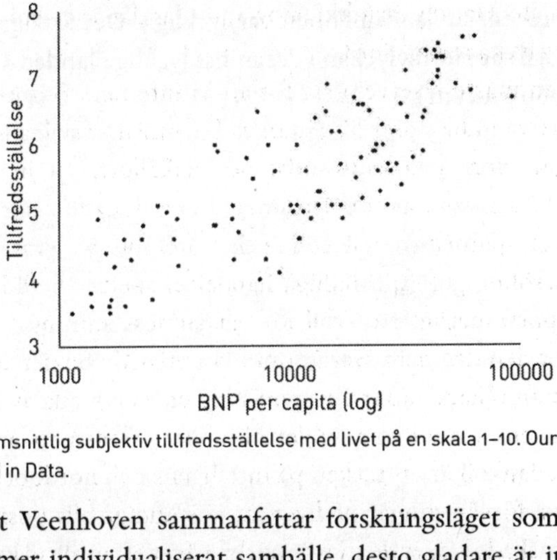

Genomsnittlig subjektiv tillfredsställelse med livet på en skala 1–10. Our World in Data.

Ruut Veenhoven sammanfattar forskningsläget som att ”ju mer individualiserat samhälle, desto gladare är invånarna” och forskningsprojektet World Values Survey dokumenterar att de viktigaste faktorerna bakom ökad lycka är ”global ekonomisk tillväxt, bred demokratisering, ökad tolerans för olikheter och en ökad känsla av frihet”. Och efter att ha ägnat en hel bok åt att tala om en kris i lyckofrågan medger även ekonomen Richard Layard lite undangömt på sidan 235 att ”vi i väst är förmodligen lyckligare än något tidigare samhälle”.[332]

Att människor uppger sig vara så tillfredsställda med sina liv är i sig en överraskning för de flesta. Vi svenskar tror att bara 49 procent av svenskarna uppfattar sig som mycket eller ganska lyckliga, medan hela 95 procent själva uppger sig vara ganska eller mycket lyckliga. Så ser det ut i alla 32 länder där frågan har ställts. Människor ser tydligen olyckligare ut utanpå än de känner sig inuti. Och underskattningen är inte liten. Den högsta gissningen återfanns i Kanada och Norge, där de svarande antog att 60 procent av landsmännen var lyckliga. Det är lägre än den självupplevda lyckan i det minst lyckliga landet, Ungern (69 procent).[333]

Figur 14. Vi underskattar hur lyckliga andra är

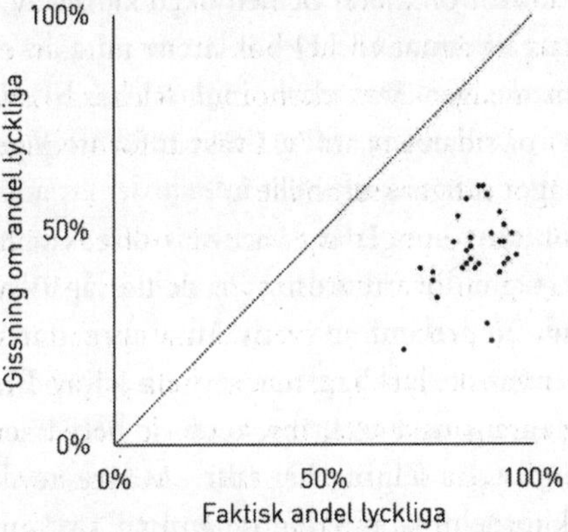

[334]

Om människor hade gissat rätt om andras lycka skulle alla länder ligga på den streckade linjen. Perils of perception, Ipsos, 2016.

Det gör det otroligt vanskligt att spekulera om människors välbefinnande utan ett rejält dataunderlag. Särskilt för intellektuella, som enligt många undersökningar lider mer av ångest och oro än andra.[335] Det är ofta det som driver dem framåt, att skapa, skriva och debattera på den offentliga scenen. Men det gör också att de är än mer benägna att underskatta andras lycka, särskilt som de verkligen inte kan begripa hur någon kan vara nöjd med banala vardagsliv, ointellektuella yrken och tacofredag. Det gör dem också benägna att leta efter sjukdomsorsaker i samhällsstrukturer och i den vulgära kapitalismen. David Hume sade om sin nära vän Rousseau att han helt enkelt är olycklig, men skyller det på samhället i stället för sin egen melankoli.[336]

Kapitalismen är inte så deppig som de flesta intellektuella utgår från, sedd från insidan. Veenhoven, som var aktiv i Nederländernas socialdemokratiska parti när han började studera lyckan, trodde först att ambitiös omfördelningspolitik och stora välfärdsutgifter bidrog till en befolknings välbefinnande. Det är lätt att anta det när man alltid ser länder som Danmark, Finland och Sverige nära toppen på lyckolistorna. Men i takt med att Veenhoven fick in allt mer statistik blev det uppenbart att andra små, rika, demokratier som Island, Schweiz och Nya Zeeland, med mycket mindre välfärdsstater, också låg i lyckotoppen. Irland, Nederländerna och Australien har ungefär hälften så höga sociala utgifter som andel av BNP som Belgien, Italien och Frankrike, men är betydligt lyckligare. Statlig omfördelning har inte ens lyckats skapa en mer jämlik fördelning av välbefinnandet. ”Lyckan är inte större i välfärdsstater” konstaterar Veenhoven nu, ”jag hade helt enkelt fel”.[337]

En annan slutsats som överraskade Veenhoven var att inkomstojämlikhet inte drar ned ett lands välbefinnande: ”Inkomstojämlikhet är en biprodukt av kapitalistiska samhällen och de har en så positiv effekt på välbefinnandet att de kompenserar för den negativa effekten av att vara relativt fattig.” Det är inte en populär slutsats i alla läger: ”Mina kolleger är inte roade. Ojämlikhet är en stor grej här på sociologidepartementet. Hela karriärer har byggts på det.”[338]

Figur 15. Ekonomisk frihet och lycka

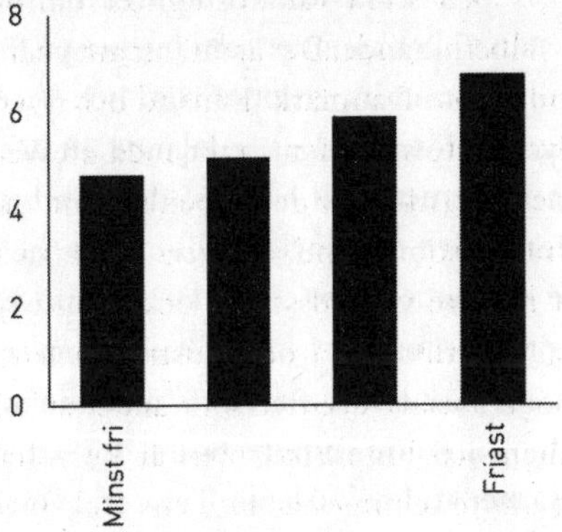

Economic freedom of the world 2021

Det finns ett klart samband mellan ekonomisk frihet och subjektivt välbefinnande och tvärtemot de flestas förväntningar är det starkast för låginkomsttagare. Forskarna misstänker att det beror på att fria marknader introducerar egenmakt och valfrihet för dem som har det svårare: ”För höginkomsttagare är effekten mycket mindre betydelsefull, då deras inkomst ändå ger dem tillgång till fler valmöjligheter.”[339] Hur mycket kritikerna än säger att vi borde känna oss rädda och jagade i kapitalistiska samhällen envisas människor med att säga att det ger dem en känsla av kontroll över sina liv, i alla fall jämfört med andra system.

Inget av detta betyder att de problem som kritiker räknar upp med livet i ett individualistiskt, kapitalistiskt samhälle inte finns. Det betyder bara att samma problem verkar vara ännu större i ickekapitalistiska samhällen. Det kan vara jobbigt att konkurrera, men konkurrensen om resurser och positioner försvinner inte för att de fördelas politiskt i stället för enligt utbud och efterfrågan. Tvärtom ser vi i kapitalismen att vi strävar efter möjligheter till ömsesidig vinst medan vi i ekonomier som bygger på fördelning ovanifrån börjar se andra grupper som hot eftersom det de tar är något vi inte får. Det är talande att även trettio år efter kommunismens fall har dess destruktiva effekter på gemenskapen och den sociala tilliten inte helt klingat av. Även om skillnaden mot andra länder minskar är det fortfarande postkommunistiska samhällen som registrerar mindre tillit, mer ensamhet och lägre välbefinnande.

Statusjakten blir inte mindre brutal för att det finns färre dimensioner att konkurrera i. Tvärtom. Om det finns mängder av olika sätt på vilka människor kan utveckla sin identitet och söka sin bekräftelse på finns chansen för fler att hitta rätt än i mer kollektivistiska samhällen där det finns ett facit. Det kanske till och med gäller vår konsumtion. Filosofen Steven Quartz och statsvetaren Anette Asp menar att valfrihet och mångfald kan vara en förklaring till att ökad ojämlikhet inte har gjort oss olyckligare – även om de markerar att det borde göra det: ”Ett resultat är att social status, som brukade vara hierarkisk och ett nollsummespel, har blivit mer fragmentiserad, pluralistisk och subjektiv. Förhållandet mellan relativ inkomst och relativ status, som brukade vara rätlinjigt, har blivit mycket mer komplext.”[340]

I fattigare samhällen handlar konsumtion ofta om att visa hur högt man nått i välståndshierarkin. Det är därför de paradoxalt nog har en så stor konsumtion av rena lyxprodukter som är eftertraktade just för att de är dyra. I rikare och mer individualistiska samhällen blir konsumtionen i stället ett sätt att uttrycka sin identitet. Människor eftertraktar inte längre automatiskt det dyra, utan det som de tycker passar deras identitet och smak. Någon drömmer om Porschen, men en annan vill hellre visa sin gröna identitet med en Tesla, en tredje föredrar en billig och bekväm bil för att det är status att inte bry sig om status när de väljer bil, en fjärde talar gärna och ofta om hur vulgärt det är att ha en bil när man kan ta sig fram över allt via cykel och kollektivtrafik. Därför kan de alla konvergera i känslor av välbefinnande, även om de divergerar i inkomst och smak.

Det viktigaste ordet i ekonomisk frihet är inte "ekonomisk", utan "frihet". Vi är alla olika med olika behov och chansen för att oss att hitta relationer, gemenskaper, arbete och konsumtion som vi trivs med ökar om vi får friheten att välja det själva. Alla vill inte ständigt arbeta och eftersträva materiella belöningar, och en av fördelarna med ett liberalt samhälle är att man inte behöver välja det. Redan före pandemin brukade undersökningar i västvärlden visa att mellan 20 och 50 procent de senaste åren hade valt ett lugnare jobb med mindre lön, minskat sin arbetstid, tackat nej till en befordran eller flyttat till ett lugnare grannskap för att hinna med familjen, få vardagen att fungera bättre eller bara för att varva ned med ett mindre stressigt liv.[341]

Om man inte gillar ekorrhjulet kan man hoppa av det – under förutsättning att man lever i en växande ekonomi med hög produktivitet så att man kan göra det utan katastrofala följder för privatekonomin. Det är just vad kapitalismen möjliggör, och det är därför den genomsnittliga arbetarens årsarbetstid minskat med ungefär hälften de senaste 150 åren. 1870 jobbade våra svenska förfäder fler timmar mellan januari och juni än vi gör mellan januari och december.[342] Dessutom börjar vi jobba senare i livet och lever långt fler år efter pensionen än de gjorde. Det är därför du sitter här och läser och funderar på olika politiska och ekonomiska systems betydelse för mänsklig blomstring – en sysselsättning som brukade vara förbehållen en mycket liten elit med många tjänare och gott om fritid, eller råkade ha en kompis vars familj hade en bomullsförmögenhet, som Karl Marx.

Slutord: Kejsarens sångtävling

"Först hon har visat, vad mänsklig verksamhet är i stånd att frambringa."

Marx & Engels om kapitalismen[343]

För att låta Marx och Engels sammanfatta: Det storskaliga framsteget är något nytt. Härskande klasser såg alltid primärt ett behov av stabilitet och kontroll. De gjorde sig till fjättrar, som hämmade produktionen i stället för att befordra den. Kapitalismen sprängde dem.

Redan 1848 skrev kommunismens fäder att den då mycket unga marknadsekonomin hade "skapat kolossalare produktivkrafter än alla föregående generationer tillsammans". På bara några decennier fick vi industrialism, kemisk industri, elektrifiering och globala transporter och kommunikationer: "vilket föregående århundrade anade, att sådana produktionskrafter slumrade i skötet av det samhälleliga arbetet?"[344]

Det unika med den fria marknaden är att den förutsatte och möjliggjorde en ständig revolution av produktionsförhållanden. Om det är fritt fram för alla att testa något bättre måste även de gamla företagen göra det, eller gå under. Det var när dessa friheter spreds till allt fler som en våg av kreativitet och innovation som hållits tillbaka av förtryckets fördämningar forsade fram och gjorde om världen för evigt.

Vad Marx och Engels inte lyckades förutspå var att kapitalismen också skulle sprida detta välstånd inom och mellan nationerna, när mer produktiva företag erbjöd arbetare bättre jobb och pressade ned priserna på varor och tjänster. De fick svettas en hel del med sina teser när det började bli uppenbart att något var på gång. I tysthet ersatte de förutsägelser om proletarisering och järnhårda lönelagar med uppfattningen att det är "väldigt komplicerat". I en föreläsning 1865 råkade Marx säga att de brittiska lantarbetarnas löner på bara tio år ökat med 40 procent. 1892 tvingades Engels komplettera sin halvsekelgamla beskrivning av den engelska arbetarklassens nöd med orden "De har det otvivelaktigt bättre än före 1848".[345]

Tänk om de hade fått se hur mycket mer kapitalismen har producerat sedan dess! Under de senaste 200 åren har den extrema fattigdomen gått från att omfatta nio av tio människor till färre än en av tio i dag. År 1800 kunde bara tolv procent av jordens invånare läsa och skriva. I dag är det ungefär lika få som inte kan det. Den globala medellivslängden ökade från runt 30 till mer än 70 år, och barnadödligheten har minskat med ungefär 90 procent.

Otroligt nog har de tjugo åren sedan jag skrev TVF varit de allra bästa. Trots alla krig, orättvisor och farsoter har vi upplevt en remarkabel epok, då indikatorer på mänskligt välbefinnande i genomsnitt har förbättrats snabbare än någonsin. Världens nyhetsredaktioner skulle ha kunnat ha toppnyheten "152 000 människor lyftes ur fattigdom i går" varje dag under dessa två decennier. Och snabbast gick det i de länder som gjorde mest för att integrera sig i världskapitalismen.

Jag har också visat att detta inte kom till priset av goda jobb, lönestagnation och skriande ojämlikhet. Jag har argumenterat för att vi (på det stora hela) inte har fått en ny klass av superrika och monopolbolag som lever och frodas på vår bekostnad, utan att deras innovation och produktivitet bidrar till att fördelningen av teknik, varor och tjänster som förbättrar våra liv är mer jämlik än någonsin tidigare.

Jag har dokumenterat den forskning som visar att vi inte behöver offra miljön och det goda livet för att nå dessa resultat. Tvärtom är det främst i rika marknadsekonomier som vi har viljan och resurserna att minska vår miljöpåverkan och även om man ska vara försiktig med uppgifter om självrapporterad lycka är det slående att det är i rika, individualistiska och kapitalistiska länder som människor anser sig vara mest tillfredsställda med livet.

Men allt är inte optimistjoller (för att citera Björn Elmbrants omdöme om mig). Vi har allvarliga problem med svågerkapitalism, som yttrar sig i regleringar anpassade till stora företag, yrkeslicenser, byggregler som skyddar insiders och ett batteri av subventioner, skatteavdrag och tullmurar till företag som antingen är konkurrenskraftiga så att de inte behöver det, eller inte är konkurrenskraftiga, vilket gör att de drar ned hela samhällsekonomin. Politiken för finansmarknaden påminner nu om vår syn på mental hälsa – man måste vara på topp jämnt, annars är något fel och då måste centralbankerna hjälpa till genom att skriva ut ständigt större doser antidepressiva medel. Här har vi en källa till en ful ojämlikhet som dessutom pumpar upp alla tillgångspriser på ett så absurt vis att fallet till slut kan bli långt och hårt.

Vi har också ett välfärdssystem som bestraffar arbete och så höga lägstalöner att vi bygger upp ett allt större utanförskap. Många hamnar utanför, vilket kan yttra sig i destruktivt beteende mot sig själv eller andra. Dödsfallen av förtvivlan i USA är en grym väckarklocka. Vi kanske har råd att låta allt fler lämna arbetsmarknaden rent ekonomiskt, men vi har inte råd med det mänskliga priset. Dessutom tilltar många former av miljöförstöring. Klimatförändringarna har alla förutsättningar att kasta våra planer över ändå på obehagliga sätt.

På alla dessa områden har konstruktiva marknadsliberaler – och alla andra också – en diger agenda framför sig.

Men även om vi skulle lösa alla dessa problem är inte heller den fria kapitalismen alltid vacker, för vi människor är ju inte alltid det. Den kreativa förstörelse som hela tiden skapar välstånd och nya jobb skadar den som förlorar de gamla. När konsumenterna styr produktionen kommer de att efterfråga en hel del som säkert är onödigt, omoraliskt eller fettbildande. Och företagare kommer inte tveka att tillfredsställa det och bli snuskigt rika och köpa en bullrande bil för pengarna. Irriterande nog är en oproportionerligt stor andel av dem säkert någon gammal klasskamrat till dig som inte kunde multiplikationstabellen och inte brydde sig om svensk litteraturhistoria.

Kapitalismen belönar oss nämligen inte efter förtjänst, trots att det ofta har påståtts av dess försvarare. Den betyder inte att den som har blivit framgångsrik ”har förtjänat det” och den som har misslyckats ”får skylla sig själv”. Det är inte någon meritokrati som berikar den som är bäst, smartast eller har arbetat hårdast. Någon kan ha arbetat hur hårt som helst men ändå inte lyckats – kom ihåg att marknaden är ett minfält och vi vet inte var minorna är begravda – medan någon annan kanske bara slarvade ur sig en produkt som visade sig bli hett eftertraktad. Marknaden belönar oss inte för goda värderingar, begåvning, eller ansträngning, utan för en enda sak: att skapa stort värde för andra till så liten kostnad som möjligt. ”Du kan vara ett arsle och ändå förbättra andras liv”, poängterade den allt för tidigt bortgångne liberalen Steven Horwitz, en man som gjorde mycket av det senare utan att någonsin vara det förra.

I mina ögon är det just denna frivillighet som gör den fria marknadsekonomin moraliskt överlägsen alla andra system. Det är också vad som ligger bakom dess otroliga förmåga att skapa välstånd, eftersom det ger alla ett kraftfullt motiv att hela tiden försöka hitta nya sätt att skapa värde för andra. Men det resulterar också i att en hel del olidliga fördelningar uppstår.

Någon förlorar jobbet oavsett hur hårt hon arbetar, bara för att någon annan kom på något bättre. Någon annan blir på grön kvist bara för att hon råkade vara på rätt plats när efterfrågan drog förbi. Ditt favoritprojekt eller den butik du älskar bär sig en dag inte längre, medan den där fullkomligt hjärndöda affärsmodellen sprider sig som en löpeld till varje kvarter. Om vi hela tiden ska få fram smartare processer och nya jobb som vidgar allas möjligheter måste vi samtidigt göra oss av med gamla. Vi behöver fler som blir snuskigt rika och fler företag som går i konkurs.

Om vi ska kunna utnyttja alla människors lokala kunskap, som vi inte har tillgång till, för att skapa det nya och oväntade, så vet vi inte vad vi bör belöna på förhand, och vi kan aldrig förutsäga resultatet. Det öppna samhället garanterar ingenting, på det sätt centraliserade system i alla fall kan låtsas att de kan. Det är inte helt lätt att leva med sådan öppenhet och oförutsägbarhet alla gånger.

Sådana fel och brister är tillräckliga för att få många att känna motvilja och drömma om andra system. En annan värld bara *måste* vara möjlig. Det skapar den där lockelsen att hela tiden hitta något slags genväg, som skulle ge ett bättre resultat än människors frivilliga samspel, utan dess negativa sidor. Kanske leder det till att man börjar experimentera med protektionism, delar ut de resurser som hade kunnat investeras i framtiden, eller så råkar man förälska sig i den senaste antikapitalistiska populisten.

Ibland när jag lägger fram bevisen för världens unika framsteg under världskapitalismens epok får jag svaret: Ja, det är ju bra, ingen är väl emot det, men varför ska vi vara nöjda med det, varför inte göra det *ännu bättre*?

Det är att fullständigt missuppfatta min poäng. Jag säger inte att det är tillräckligt. Mänskligheten ska vara stolt, men inte nöjd. Vi har börjat se vad som faktiskt fungerar. Och det är en rar planta i den mänskliga historien. Vi måste vara rädda om den, se till att den tar sig och sprids, just för att vi inte kan vara nöjda med de framsteg vi sett hittills.

Problemet med att rycka upp den plantan är inte att vi var nöjda med de framsteg den burit, utan att det skulle omintetgöra dem. Jag är inte emot antikapitalismen för att den skulle göra det *ännu bättre*, utan för att den skulle göra det *mycket sämre*. Utan den ibland problematiska kreativa förstörelse som hela tiden omvandlar vår ekonomi och teknik kommer vi stagnera och förlora möjligheten att lösa de problem vi alltid kommer att överraskas av. Utan en öppen världsekonomi och globala värdekedjor skulle vi beröva oss framtida utvecklingskraft och stänga vägen ut ur nöden för hundratals miljoner. Västvärldens nya infall att lajva Kina med industripolitik och åternationaliserade värdekedjor riskerar att stå oss dyrt. Utan den besvärliga oförutsägbarheten i myllret av mänsklig interaktion och kreativitet vet vi precis vad vi får, för det är vad vi har fått under de flesta andra epokerna i historien.

Det finns en gammal halvsann legend som är talande: För att roa massorna gick en romersk kejsare en dag med på att avgöra vem av två sångare som var bäst. Den första började sjunga och det lät inte alls så pjåkigt, men så träffade han en not lite fel. Kejsaren reste sig omedelbart, förklarade att tävlingen var över och gav priset till den andra sångaren. Den första hade sjungit en aning fel, så den andra kunde omöjligen vara sämre.

Problemet är förstås att det inte alls är självklart. Det räcker inte att hitta fel och brister och sedan fantisera om att alternativet skulle kunna undvika de felen och överlag ändå vara bättre. Den första sångaren gjorde ett misstag, men den andra sångaren kanske skulle göra fler. Eller tänk om han inte ens kan hålla tonen. I värsta fall kanske han är skvatt galen.

Du kanske tror att du har en felfri sångare på lut, eller någon bra idé om hur du kan få den första sångaren att undvika sitt misstag utan att det skapar andra problem? Det låter intressant. Var så god att testa. Men lyssna alltid på båda innan du utser segraren: gör inte den romerska kejsarens felslut. I en komplex, oförutsägbar värld letar vi nämligen inte efter perfektion. Vi letar bara efter det bästa.

Och om du är en av dem som är övertygade om de fria marknadernas betydelse: ta dem inte för givna. Som jag visade i min bok *Öppen/Sluten* är det mer regel än undantag att historiska guldåldrar av öppenhet och framsteg har lagts i ruiner av auktoritära revolter och ledare med överdrivet ordningssinne.[346] Kapitalismen har inneburit det största sociala och ekonomiska lyft mänskligheten någonsin har upplevt, och mänskligheten svarar med att spotta och fräsa. Marknadsekonomin gav för första gången breda folklager resurser och fritid nog att ägna sig åt teoretiska idéer och politisk debatt, och till icke oväsentlig del har vi ägnat dessa åt att döma ut marknadsekonomin som orättvis och själsdödande.

Påhittiga och hårt arbetande människor kommer visserligen att fortsätta slita för att ge oss innovationer och tillväxt oavsett hur mycket vi gnäller. De kommer att fortsätta att fylla din kopp med kaffe även om de inte vet vem du är. Men försvaret för deras frihet att göra det sköter tyvärr inte sig själv. Om du uppskattar deras bidrag är du skyldig dig själv att värna dem. Världskapitalismen behöver vänner, folkbildare och förkämpar.

Friheten och framsteget kan också bli ditt projekt. Vi prokapitalister i alla länder har inget annat att förlora än våra tullmurar, konfiskatoriska skatter och kontraproduktiva regleringar. Vi har en värld att vinna.

Noter

Förord: Vart tog ni vägen, Reagan och Thatcher?

1 Karl Marx & Friedrich Engels, *Det kommunistiska manifestet*. Tiden, 1964.
2 TT, ”Språkrör går med i Attac”, 10 januari 2001.
3 Claes Lönegård, ”America Vera-Zavala om antiglobalisering”, *Fokus*, 19 september 2008.
4 Johannes Klenell, ”Johan Norbergs virusliberalism kraschar in i Jan Emanuel”, *Arbetet*, 21 april 2020.
5 Citatet dock från Ulf Lundell, *Vardagar* 2, 14 jan 2018, Wahlström & Widstrand, 2019.
6 Sommar i P1 med Michael Lindgren, 29 juni 2021.
7 Michka Assayas, *Bono*, Penguin, 2006. Bono, Georgetown Universitys Global Social Enterprise Event, 2013.
8 Hans Olsson, ”Finansministern: Coronakrisen är slutet på den nyliberala eran”, *Dagens Nyheter*, 20 december 2020.
9 ”Boris Johnson challenged over Brexit business ’expletive’”, 26 juni 2018.
10 Elizabeth Knowles, *Oxford dictionary of modern quotations*. Oxford University Press, 2007, sid 152.
11 Jimmy Carter, State of the Union Address, 19 januari 1978.
12 Gavin Poynter, *The political economy of state intervention: Conserving capital over the West's long depression*, Routledge, 2020, sid 3.
13 Robert Bradley, ”Colliery closures since 1947”. <www.healeyhero.co.uk/rescue/individual/Bob_Bradley/PM-Closures.html>
14 Intervjuad av Janne Josefsson, SVT 2006.

1. I den barbariska kapitalismens tidevarv

15 Naomi Klein, *The shock doctrine: The rise of disaster capitalism*, Allen Lane, 2007, sid 252.
16 I den första upplagan angav jag 29 respektive 23 procent, men strax därefter höjde Världsbanken sin definition av fattigdom från en konsumtionsnivå på 1,2 dollar till 1,9 dollar per dag, justerat för inflation och lokala priser. I den här boken använder jag konsekvent denna nya, högre fattigdomsnivå. Siffrorna över global fattigdom kommer från Världsbankens *PovcalNet*, <http://iresearch.worldbank.org/PovcalNet/>. Uppgiften om 8,4 procent 2019 kommer från Världsbanken, *Poverty and shared prosperity 2020: Reversals of fortune*.
17 Michail Moatsos, ”Global extreme poverty: Present and past since 1820”, i OECD, *How Was Life Part II: New perspectives on well-being and global inequality since 1820*. OECD Publishing, 2021.

18 Angus Deaton, "Thinking about inequality", *Cato's Letter*, vol 15, nr 2, 2017.

19 Följande siffror kommer från Världsbankens World Development Indicators, <https://databank.worldbank.org/source/world-development-indicators>. För mer information om sådan statistik och vad den baseras på, se Johan Norberg, *Framsteg: Tio skäl att se fram emot framtiden*. Volante, 2017.

20 International Labour Office and United Nations Children's Fund,"Child labor: Global estimates 2020, trends and the road forward", ILO & UNICEF 2021.

21 Mina beräkningar utifrån siffror från FN:s Food and Agricultural Organisation, Världsbanken, UNESCO respektive FN.

22 Johan Norberg, "Why 2020 was the fourth best year in history", *The Spectator*, 27 december 2020.

23 Uppgifterna om BNP per capita i detta kapitel är justerade för köpkraft och inflation. För tiden efter 1990 använder jag Världsbankens siffror tillgängliga i World Development Indicators , <https://databank.worldbank.org/source/world-development-indicators>. För att gå längre tillbaka i tiden använder jag the Maddison Project, som är en fortsättning på de ambitiösa historiska dataserier ekonomihistorikern Angus Maddison gjorde. <https://www.rug.nl/ggdc/historicaldevelopment/maddison/ >

24 Uppskattningar av historisk fattigdom i länder som nu är rika finns i Martin Ravaillon, *The economics of poverty: History, measurement and policy*. Oxford University Press, 2016, kap 1.

25 Om du utbrister att detta måste vara baserat på ett alldeles heroiskt uppskattnings- och gissningsarbete på gränsen till vansinne gör du alldeles rätt i det, men även om det skulle innehålla enorma fel varje enskilt år skulle det inte påverka diagrammets övergripande utseende. Källorna är Angus Maddison, *The world economy: A millenial perspective*. OECD, 2001, Angus Maddison, *The world economy: Historical statistics*, OECD, 2003 och Maddison Project Database 2020.

26 Jodå, de hade också episoder med importsubstitution och industripolitik, det hade alla fattiga länder. Men under kortare period och mindre genomgripande än andra. För en studie av öppenhetens centrala betydelse för dessa länder, se Arvind Panagariya, *Free trade & prosperity: How openness helps developing countries grow richer and comabt poverty*. Oxford University Press, 2019.

27 Intervju med Parth Shah till dokumentärfilmen *India Awakes*, 2015.

28 Andrea Boltho, Wendy Carlin & Pasquale Scaramozzino, "Will East Germany become a new mezzogiorno?", *Journal of Comparative Economics*, vol 24, 1997.

29 Theo S Eicher & Till Schreiber, "Structural policies and growth: Time series evidence from a natural experiment", *Journal of Development Economics*, vol 91, 2010, sid 169–179.

30 Christer Gunnarsson & Mauricio Rojas, *Tillväxt, stagnation, kaos*, andra upplagan, SNS, 2004, kap 6.

31 Sara Regine Hassett & Christine Weyd, "An interview with Fernando Henrique Cardoso", *Journal of International Affairs*, Vol 58, no 2, 2005.

32 "Income inequality in Latin America, 1981 to 2017", Our World in Data. >

33 De sju var Gabon, Guinea, Liberia, Zambia, Nigeria, Kongo (Léopoldville, nuvarande Kongo-Kinshasa) och Rhodesia (nuvarande Zimbabwe). Andrew Kamarck, *The economics of African development*, Prager 1967, sid 247. William Easterly & Ross Levine, "Africa's growth tragedy: Policies and ethnic divisions", *The Quarterly Journal of Economics*, vol 112, nr 4, nov 1997.

34 George Ayittey, *Indigenous African institutions*, Brill, andra upplagan, 2006.

35 Ayittey 2006, sid 486.

36 Belinda Archibong, Brahima Coulibaly & Ngozi Okonjo-Iweala, "Washington Consensus reforms and economic performance in sub-Saharan Africa: Lessons from the past four decades", AGI Working Paper 27, Feb 2021.

37 Världsbanken, *Economic growth in the 1990s: Learning from a decade of reform*, 2005, sid 271.

38 Scott A Beaulier, "Explaining Botswana's success: The critical role of post-colonial policy", *Cato Journal*, vol. 23, nr. 2, 2003.

39 James Gwartney, Robert Lawson, Joshua Hall & Ryan Murphy. *Economic freedom of the world: 2021 Annual Report*. Fraser Institute, 2021.

40 Joshua Hall & Robert Lawson. "Economic freedom of the world: An accounting of the literature", *Contemporary Economic Policy*, vol 32, nr 1, 2014.

41 James Gwartney, Robert Lawson, Joshua Hall & Ryan Murphy. *Economic freedom of the world: 2021 Annual Report*. Fraser Institute, 2021, sid 163. En del av Sveriges tapp beror på återinförandet av värnplikten, som minskar friheten på arbetsmarknaden.

42 "Public social spending as a share of GDP", *Our World in Data*.

43 William Easterly, "The lost decades: developing countries' stagnation in spite of policy reform 1980–1998", Världsbanken, februari 2001, William Easterly, "In search of reforms for growth: New stylized facts on policy and growth outcomes", working paper 26318, National Bureau of Economic Research, september 2019.

44 Kevin Grier & Robin Grier, "The Washington Consensus works: Causal effects of reform, 1970–2015", *Journal of Comparative Economics*. Pasquale Marco Marrazzo & Alessio Terzi, "Structural reform waves and economic growth", European Central Bank, nr 2111, november 2017.

45 Branko Milanovic, *Capitalism, alone: The future of the system that rules the world*. Belknap Press, 2019, kap 4.2. Richard Baldwin, *The great convergence: Information technology and the new globalization*. Belknap Press, 2016.

46 Dev Patel, Justin Sandefur & Arvind Subramanian, "The new era of unconditional convergence", working paper, Center for Global Development, 2021.

47 Robert Mugabe, "Statement by Zimbabwe", 2 september 2002.

48 Kajsa Ekis Ekman, ”Vinklat om Venezuela”, Dagens Nyheter 17 februari 2009, Kajsa Ekis Ekman, ”Den svenska högern var livrädd för Chávez”, Dagens Nyheter, 12 mars 2013. Ali Esbati, ”Bisarr utnötningsrapportering om Venezuela”, 28 maj 2007, esbati.blogspot.com, Ali Esbati, ”10 år för och med Venezuelas folk”, 11 februari 2009, *esbati.blogspot.com*. Aron Etzler skrev det på Magnus Lintons blogg i februari 2007. Jag har en skärmdump från 8 december 2015 där han står som avsändare, men när man tittar i dag har avsändaren ändrats till ”Anonymous”.

49 Kristian Niemietz, *Socialism: The failed idea that never dies*. Institute for Economic Affairs, 2019, sid 56ff.

50 Se till exempel Johan Fourie, *Our long walk too economic freedom*. Tafelberg 2021.

51 Samuel Absher, Kevin Grier, Robin Grier, ”The economic consequences of durable left-populist regimes in Latin America”, *Journal of Economic Behavior & Organization*, vol 177, sept 2020, sid 787-817.

52 Manuel Funke, Moritz Schularick & Christoph Trebesch, ”Populist leaders and the economy”, discussion paper 15405, Centre for Economic Policy Research, oktober 2020.

53 Jordan Kyle & Yascha Mounk, ”The populist harm to democracy: An empirical assessment”, Tony Blair Institute for Global Change, 26 december 2018.

2. *Att tjäna varandra*

54 Idévärlden i SVT, 13 februari 2017.

55 Jag har justerat för inflation och ökat antal arbetande. Jämförelsen är inspirerad av nationalekonomen Fredrik N G Andersson som använde en variant av den vid en debatt på Café Athen i Lund 11 april 2019. Göran Greider sade detta i Opinion Live, SVT, 6 oktober 2019.

56 Lant Pritchett, ”There is only one poverty strategy: (broad based) growth (Part I)”, *lantpritchett.org*, 6 februari 2019.

57 David Dollar, Tatjana Kleineberg, and Aart Kraay, ”Growth still is good for the poor”, Working Paper nr 596, Luxembourg Income Study, Cross-National Data Center in Luxembourg, september 2013.

58 Bruce D. Meyer & James X. Sullivan, ”Identifying the disadvantaged: Official poverty, consumption poverty, and the new supplemental poverty measure”, *Journal of Economic Perspectives*, vol 26, nr 3, 2012.

59 Jo, jag vet att jag citerade det i förra boken också, men det bör upprepas åtminstone vart tjugonde år. John Stuart Mill, *Principles of political economy*, bok V, Liberty Fund, 2006, sid 810f.

60 Andreas Bergh & Magnus Henrekson, ”Government size and growth: A survey and interpretation of the evidence”, Working Paper nr 858, Institutet för näringslivsforskning.

61 James Gwartney, Robert Lawson, Joshua Hall & Ryan Murphy, *Economic freedom of the world: 2020 annual report*, Fraser Institute, 2020, sid 19f.

62 A. J. Jacobs, *Thanks a thousand: A gratitude journey from bean to cup*. London, Simon & Schuster, 2018. Om du noterar en viss likhet med Leonard Reads fabel *I, pencil* så har du alldeles rätt. Det är den bästa beskrivningen av marknadens magiska samarbete som finns, men det är ju ingen som använder blyertspennor längre.

63 Niclas Berggren & Therese Nilsson, "Economic freedom as a driver of trust and tolerance", i James Gwartney, Robert Lawson, Joshua Hall & Ryan Murphy, *Economic freedom of the world: 2020 annual report*. Fraser Institute, 2020. Se också Antonio Farfan-Vallespin, Matthew Bonick, "On the origins and consequences of racism", bidrag till årsmötet för Vereins für Socialpolitik, Deutsche Zentralbibliothek für Wirtschaftswissenschaften, Leibniz-Informationszentrum Wirtschaft, Kiel & Hamburg, 2016.

64 Thomas Sowell, *Preferential policies: An international perspective*. William Morrow, 1990, sid 21ff. Om du nu invänder att kapitalismen inte hade blivit möjlig utan bomullen och bomullen inte hade blivit möjlig utan slaveriet, och att kapitalismen byggde på kolonialism, så är boken du söker Fredrik Segerfeldt, *Den svarte mannens börda*. Timbro, 2018.

65 Swaminathan Anklesaria Aiyar, "Capitalism's assault on the Indian caste system", Policy Analysis nr 776, Cato Institute, 21 juli 2015.

66 Börja med *Frihetens grundvalar*. Om den är avskräckande tjock, börja med *The use of knowledge in society*.

67 Mårten Blix & Henrik Jordahl, *Privatizing welfare services: Lessons from the Swedish experiment*, Oxford University Pres, 2021.

68 Frédéric Bastiat, *Det man ser och det man inte ser*, Timbro, 2021, sid 198.

69 Dessutom implicerar den att "statskapitalism" inte är kapitalism. Om staten äger företag och kontrollerar ekonomin har vi varken äganderätt eller marknadskoordination. Statskapitalism finns inte, det är bara ett försök av marxister att slippa ta ansvar för statssocialismen.

70 "Även om det vore att gå för långt att införa socialism som straff för våra synder, kan gamla orättvisor vara så stora att de på kort sikt framtvingar en mer omfattande stat för att de ska korrigeras." Robert Nozick *Anarki, stat och utopi*. Timbro, s 477f. Se också Fredrik Segerfeldt, *Den nya jämlikheten: Global utveckling från Robin Hood till Botswana*. Timbro, 2014, 105ff.

71 Hernando de Soto, *The mystery of capital: Why capitalism triumphs in the west and fails everywhere else*, Bantam Press, 2000.

72 Trotskij hade inget emot att själv använda den principen mot oppositionella, men protesterade när Stalin använde den mot trotskister. Lev Trotskij, *Den förrådda revolutionen: Vad är och vart går Sovjetunionen?* René Coeckelberghs Partisanförlag AB, 1969, kap 11.

73 Statement by Federal Chancellor Merkel", Office of the German Federal Government, 6 april 2020, "Covid-19 exposes EU's reliance on drug imports", *Financial Times*, 20 April, 2020.

74 Vincent Geloso & Jamie Bologna Pavlik, "Economic freedom and the consequences of the 1918 pandemic", *Contemporary Economic Policy*, vol 39, nr 2, 2021.

75 Christian Bjørnskov, "Economically free countries have fewer and less severe economic crises", Timbro briefing paper, nr 29, 2020.

76 Keith Bradsher, ”China delays mask and ventilator exports after quality complaints”, *New York Times*, 11 april 2020. Maria Manner & Paavo Teittinen, ”HS:n haltuun saamat Huoltovarmuuskeskuksen luvut paljastavat, miten vähän Suomen valtiolla oli kasvosuojaimia koronakriisin iskiessä päälle”, *Helsingin Sanomat*, 10 april 2020.
77 Johan Norberg, ”Covid-19 and the danger of self-sufficiency: How Europe's pandemic resilience was helped by an open economy”, ECIPE Policy Brief, nr 2, 2021.
78 ”EU should 'not aim for self-sufficiency' after coronavirus, trade chief says”, *Financial Times*, 23 april 2020. Andrew Edgecliffe-Johnson, ”Manufacturers warn US must do more to maintain fragile PPE production”, *Financial Times*, 13 april 2021.

3. När fabriksvisslorna tystnar

79 Robert Z Lawrence, ”China, like the US, faces challenges in achieving inclusive growth through manufacturing”, Policy Brief, Peterson Institute for International Economics, augusti 2019.
80 Ekonomifakta, ”Industriproduktion – internationellt”, Federal Reserve Bank of St. Louis ”Industry production: Total index”. <https://fred.stlouisfed.org/series/INDPRO>.
81 Michael Hicks & Srikant Devaraj, ”The myth and reality of manufacturing in America”, Center for Business and Economic Research, Ball State University, 2015.
82 ”China's future economic potential hinges on its productivity”, *The Economist*, 14 augusti 2021.
83 Philippe Aghion, Céline Antonin & Simon Bunel, *The power of creative destruction: Economic upheaval and the wealth of nations*. Belknap Press, 2021, sid 51f.
84 S L Price, *Playing through the whistle*, First Grove Atlantic, 2016, kap 11.
85 J D Vance, *Hillbilly elegy: A memoir of a family and culture in crisis*. William Collins 2016, sid 55.
86 Daniel Clark, ”Detroit autoworkers' elusive postwar boom”, The Metropol Blog,
87 Daniel Clark, ”The 1950s were not a golden age for Detroit's autoworkers”, *What it means to be American*, 9 maj 2019.
88 U.S. Bureau of Labor Statistics, ”Characteristics of minimum wage workers, 2020”, report 1091, februari 2021.
89 Michael Strain, *The American dream is not dead (but populism could kill it)*. Templeton Press 2020.
90 Ray Chetty, Nathaniel Hendren, Patrick Kline, Emmanuel Saez, Nicholas Turner, ”Is the United States still a land of opportunity? Recent trends in intergenerational mobility”, *The American Economic Review*.
91 ”Ingångslöner”, Ekonomifakta, 19 augusti 2021.
92 Simeon Alder, David Lagakos & Lee Ohanian, ”Competitive pressure and the decline of the Rust Belt: A macroeconomic analysis”. Working Paper 20538, National Bureau of Economic Research, oktober 2014.

93 Strain 2020, sid 33.

94 Strain 2020, kap 6.

95 Federal Reserve Bank of St. Louis, "Nonfarm Business Sector: Real Hourly Compensation for All Employed Persons". <https://fred.stlouisfed.org/series/COMPRNFB>.

96 Strain 2020, sid 98f.

97 Strain 2020, sid 72f.

98 Och på farfars tid fördyrades inte bygget av krav på brandsäkerhet, fuktsäkerhet, barnsäkerhet, glassäkerhet, tillgänglighet, grönyta, friyta, parkering, ljudisolering, dagsljus, solvärme, energiförbrukning eller skydd mot klämning, fall, sammanstötning eller brännskada, eller krav på arbetsmiljö. Se Mårten Belin, "Här får vi inte bo", *Sydsvenska Dagbladet*, 25 september 2021.

99 Robert Atkinson & John Wu, "False alarmism: Technological disruption and the U.S. labor market, 1850–2015", Information Technology & Innovation Foundation, maj 2017.

100 United States Census Bureau, "Table A-1. Annual geographic mobility rates, by type of movement: 1948–2020". <https://www.census.gov/data/tables/time-series/demo/geographic-mobility/historic.html>

101 Charlie Giattino, Esteban Ortiz-Ospina & Max Roser, "Working hours", *Our World in Data*, december 2020.

102 Arbetsmiljöverket, "Antal dödsfall i arbetsolyckor efter kön 1955–2020, arbetstagare och egenföretagare", 30 mars 2021.

103 Gallup, "Work and Worplace. <https://news.gallup.com/poll/1720/work-work-place.aspx>

104 David Graeber, *Bullshit jobs: A theory*. Simon & Schuster, 2018, Roland Paulsen, *Arbetssamhället: Hur arbetet överlevde teknologin*. Gleerups, 2010. Se också Andreas Bergh, "Tre böcker av Roland Paulsen – en kritisk läsning", *Ekonomisk Debatt*, nr 3, 2017.

105 Graeber, 2018, sid xix, xxiv.

106 Magdalena Soffia, Alex Wood, Brendan Burchell, "Alienation is not 'bullshit': An empirical critique of Graeber's theory of BS jobs", *Work, Employment and Society*, juni 2021

107 Sarah Damaske, Matthew Zawadzki, Joshua M. Smyth, "Stress at work: Differential experiences of high versus low SES workers", *Social Science & Medicine* 156, mars 2016.

108 Alan Manning & Graham Mazeine, "Subjective job insecurity and the rise of the precariat: Evidence from the UK, Germany and the United States", CEP Discussion Paper No 1712, augusti 2020.

109 Se till exempel Thor Berger, Carl Benedikt Frey, Guy Levin, Santosh Rao Danda, "Uber happy? Work and well-being in the 'gig economy'", *Economic Policy*, vol 34, nr 99, 2019.

110 Linda Weidenstedt, Andrea Geissinger & Monia Lougui, "Varför gigga som matkurir?", rapport nr 15, Ratio 2020.

111 Andreas Bergh, "Låt giggarna gigga", *Arbetsmarknadsnytt*, 2 december 2020.

112 Federal Reserve Bank of St. Louis, "All employees, manufacturing". <https://fred.stlouisfed.org/series/ MANEMP> och "All Employees, total nonfarm" https://fred.stlouisfed.org/series/ PAYEMS. Se också Lawrence Edwards & Robert Lawrence, *Rising tide: Is growth in emerging economies good for the United States?*, Peterson Institute for International Economics, 2013, sid 15.

113 Adam Posen, "The price of nostalgia", *Foreign Affairs*, maj/juni 2021. Siffrorna om försvunna jobb kommer från "Job openings and labor turnover survey" från US Bureau of Labor Statistics. 2019, året före pandemin, försvann 67,9 miljoner jobb och 70 miljoner nya skapades.

114 Ildikó Magyari, "Firm reorganization, Chinese imports, and US manufacturing employment", Job Market Paper, 2017.

115 Nicholas Bloom, Mirko Draca, and John Van Reenen. "Trade induced technical change? The impact of Chinese imports on innovation, IT and productivity" *Review of Economic Studies,* vol 83, nr 1, 2016.

116 Zhi Wang, Shang-Jin Wei, Xinding Yu, Kunfu Zhu, "Re-examining the effects of trading with China on local labor markets: A supply chain perspective", NBER working paper 24886, 2018.

117 Jason Dedrick, Greg Linden, Kenneth L. Kraemer, "We estimate China only makes $8.46 from an iPhone", *The Conversation*, 6 juli 2018.

118 Anne Case Deaton & Angus Deaton, *Deaths of despair: And the future of capitalism*. Princeton University Press, 2020.

119 Nicholas Eberstadt, "Education and men without work", *National Affairs*, nr 48, 2021.

120 Deaton & Deaton 2020, sid 222.

121 "The welfare state needs updating", *The Economist*, 12 juli 2018.

122 Dick Carpenter, Lisa Knepper, Angela Erickson & John K. Ross, "License to work: A national study of burdens from occupational licensing", Institute for Justice, 2012.

123 Bastiat 2021.

124 Gary Clyde Hufbauer & Kimberly Ann Elliott, *Measuring the costs of protection in the United States.* Peterson Institute for International Economics, 1994.

125 Pablo D Fajgelbaum & Amit K Khandelwal, "Measuring the unequal gains from trade", *Quartely Journal of Economics*, vol 131, nr 3, 2016.

4. Till de superrikas försvar

126 Daniel Suhonen, *Vad hade Erlander gjort?*, Verbal förlag/Katalys, 2021, sid 32.

127 Ung Vänster, foto på *Facebook*, 28 januari 2018.

128 Jagdish Bhagwati, *Essays in development economics: Wealth and poverty*. MIT Press, 1985, sid 18.

129 August Strindberg, *Tjänstekvinnans son II*, Bonniers 1919, kap 9.

130 Sheryl Gay Stolberg, "Bernie Sanders, now a millionaire, pledges to release tax returns by Monday", *New York Times*, 9 april 2019.

131 William D Nordhaus, "Schumpeterian profits in the American economy: Theory and measurement", NBER Working Paper 10433, 2004.

132 Jämför Frédéric Bastiats resonemang om boktryckarkonsten, *Det man ser och det man inte ser*, Timbro, 2021, sid 130f.

133 Jag har lånat detta tankeexperiment av Donald Boudreaux, *Globalization*, Greenwood Press 2008, sid 32f.

134 Inte Gates längre, utan Jeff Bezos, men det förändras så snabbt beroende på tillfälliga börskurser för just det företag den superrika startat, så jag fortsätter använder Gates som exempel ett tag till.

135 Thomas Piketty, *Capital in the twenty-first century*. Belknap Press, 2014, sid 444ff.

136 Ibid, sid 31.

137 Ibid, sid 435–439.

138 Robert Arnott, William Bernstein & Lillian Wu, "The myth of dynastic wealth: The rich get poorer", *Cato Journal*, vol 35, nr 3, 2015.

139 William McBride, "Thomas Piketty's false depiction of wealth in America", Tax Foundation Special Report nr 223, juli 2014. Chris Edwards & Ryan Bourne, "Exploring wealth inequality", Policy Analysis, nr 881, Cato Institute, 5 november 2019.

140 Amy Castoro, "Wealth transition and entitlement: Shedding light on the dark side of a charmed life", *The Journal of Wealth Management*, vol 18, nr 2, 2015.

141 Paul Graham, "How people get rich now", *paulgraham.com*, april 2021.

142 Branko Milanovic, *Capitalism, alone: The future of the system that rules the world*. Belknap Press, 2019, sid 63.

143 Matthew Rognlie, "Deciphering the fall and rise in the net capital share: accumulation or scarcity?", Brookings Papers on Economic Activity, våren 2015.

144 Milanovic, 2019, sid 26–29.

145 Betsey Stevenson & Justin Wolfers. "Happiness inequality in the United States", *The Journal of Legal Studies*, vol 37, nr 52, 2008. Andrew Clark, Sarah Flèche & Claudia Senik, "Economic growth evens out happiness: Evidence from six surveys", *Review of Income and Wealth*, 2015.

146 Olle Hammar & Daniel Waldenström, "Global earnings inequality 1970–2018", *The Economic Journal*, Vol 130, november 2020.

147 Credit Suisse, *Global wealth report 2021*. Credit Suisse Research Institute, 2021, sid 25.

148 Oxfam, "Time to care", Oxfam Briefing Paper, januari 2020.

149 Suhonen 2021, sid 32.

150 Erik Bengtsson & Daniel Suhonen, "Nej, jämlikheten har inga djupa rötter i vår historia", *Dagens Nyheter*, 6 september 2021.

151 Daniel Suhonen, Göran Therborn och Jesper Weithz, *Klass i Sverige: Ojämlikheten, makten och politiken i det 21:a århundradet*, Arkiv förlag, Lund, 2021, sid 492.

152 Daniel Suhonen m fl, "Ojämlikheten fördjupas i det svenska klassamhället", *Dagens Nyheter*, 26 januari 2021.

153 Daniel Waldenström, "Perspektiv på den ekonomiska jämlikheten i Sverige", *Ekonomisk Debatt*, nr 4, 2020.

154 Rolf Aaberge, Audun Langørgen och Petter Lindgren, "Accounting for public in-kind transfers in comparisons of income inequality between the Nordic countries", *Nordic Economic Policy Review,* 2018.

155 Siffrorna som följer kommer från Anders Björklund & Daniel Waldenström, "Myter i fördelningsdebatten", 3 juni 2021.

156 Jacob Lundberg, "Platt skatt för högre intäkter", Timbro, 14 juni 2016.

157 Anders Björklund & Markus Jäntti, *Inkomstfördelningen i Sverige*, SNS Välfärdsrapport 2011. SNS Förlag, 2011, sid 62f.

158 "Fördelningspolitisk redogörelse", bilaga 2 till budgetpropositionen, 2019

159 Fredrik Segerfeldt, "Arbetarrörelsens bild av historien är falsk", *Nyheter24*, 28 augusti 2014.

160 Anders Björklund & Daniel Waldenström, "Myter i fördelningsdebatten", 3 juni 2021, sid 16ff.

161 Matthew Rognlie, "Deciphering the fall and rise in the net capital share: accumulation or scarcity?", Brookings Papers on Economic Activity, våren 2015.

162 I det här fallet rörde det sig om en teknikalitet kring egenföretagares socialavgifter, som socialdemokraterna skyndade sig att ändra. Jacob Lundberg, *Allt du behöver veta om: skatter*. Timbro, 2021, kap 3.

163 Gunnar Myrdal, "Dags för ett bättre skattesystem!", *Ekonomisk Debatt*, nr 7, 1978.

164 Kjell-Olof Feldt, *Alla dessa dagar*, Norstedts, 1991, sid 386.

165 Utom musikaliskt då, där 1980 var ett av de bästa åren i historien. Då grundades Depeche Mode, The Sisters of Mercy, Laibach och Einstürzende Neubauten. Lustans Lakejer släppte sin första singel, Ebba Grön gjorde *Staten och kapitalet,* OMD *Enola Gay* och Visage *Fade to Grey*. Vi fick Joy Divisions *Closer*, The Cures *Seventeen Seconds* och Ultravox *Vienna*.

166 "Real löneutveckling i Sverige", *Ekonomifakta*, 3 juni 2021.

167 Angus Deaton, "Health, inequality, and economic development", Prepared for Working Group 1 of the WHO Commission on Macroeconomics and Health, maj 2001.

168 Deaton & Deaton 2020, sid 139f.

169 Vicky Bartelink & Anton Lager (red), *Folkhälsorapport 2019*. Centrum för epidemiologi och samhällsmedicin, Region Stockholm, 2019.

170 Fredrik Segerfeldt, "Sverige är ett klassamhälle. Och?", *Smedjan*, 13 mars 2018.

171 Raj Chetty, Michael Stepner, Sarah Abraham, Shelby Lin, Benjamin Scuderi, Nicholas Turner, Augustin Bergeron, David Cutler, "The association between income and life expectancy in the United States, 2001–2014", *The Journal of the American Medical Association*, vol 315, nr 16, 2016.

172 Seth Stephens-Davidowitz, *Everybody lies: Big data, new data, and what the Internet can tell us about who we really are*, Dey Street Books, sid 178.

173 P J O'Rourke, *Parliament of whores*, Atlantic Monthly Press, 1991, sid 210.

174 Johan Norberg, *En perfekt storm: hur staten, kapitalet och du och jag sänkte världsekonomin*. Hydra förlag, 2009. Johan Norberg, *Eurokrasch: en tragedi i tre akter*. Hydra förlag, 2012.

175 Ryan Banerjee & Boris Hofmann, "Corporate zombies: Anatomy and life cycle", BIS Working Paper, nr 882, The Bank for International Settlements, september 2020.

5. Minecraftkapitalismen

176 George Monbiot, "Neoliberalism – the ideology at the root of all our problems", *The Guardian*, 15 april 2016.

177 Nina Björk, *Lyckliga i alla sina dagar: Om pengars och människors värde*. Wahlström & Widstrand, 2012.

178 Council of Economic Advisers, "Benefits of competition and indicators of market power," Issue Brief, april 2016.

179 Nicolas Crouzet and Janice Eberly, "Understanding weak capital investment: The role of market concentration and intangibles", David Autor m fl, "The fall of the labor share and the rise of superstar firms," NBER Working Paper nr. 23396, maj 2017.

180 U.S. Bureau of Labor Statistics, "Quarterly census of employment and wages: Employment and wages, annual averages 2019", Table 4, <https://www.bls.gov/cew/publications/employment-and-wages-annual-averages/2019/home.htm>

181 David Autor, David Dorn, Lawrence F Katz, Christina Patterson & John Van Reenen, "The fall of the labor share and the rise of superstar firms," NBER Working Paper nr. 23396, maj 2017.

182 Philippe Aghion, Céline Antonin & Simon Bunel, *The power of creative destruction: Economic upheaval and the wealth of nations*. Belknap Press, 2021, sid 66f.

183 Esteban Rossi-Hansberg och Chang-Tai Hsieh, "The industrial revolution in services," NBER Working Paper nr 25968, juni 2019. Se också Ryan Bourne, "Does rising industry concentration signify monopoly power?", Economic Policy Brief, nr 2, 13 februari 2020, Cato Institute.

184 När en student en gång bad Milton Friedman att signera ett Monopolspel gjorde Friedman det, men lade till orden "Down with" före spelets namn.

185 Mark J Perry, "Only 51 US companies have been on the Fortune 500 since 1955, thanks to the creative destruction that fuels economic prosperity", *Carpe Diem blog*, AEI, 26 maj 2020.

186 Anders Ström, *Sveriges mäktigaste familjer: Företagen, människorna, pengarna*. Lind & Co, 2017.

187 Ludwig von Mises, *Mänskligt handlande*. Timbro 2021, sid 317.

188 Hal R Varian, "Recent trends in concentration, competition, and entry," *Antitrust Law Journal*, vol 82, nr 3, 2019.

189 Mary Amiti & Sebastian Heise, "U.S. market concentration and import competition", Federal Reserve Bank of New York, 5 april 2021.

190 Tyler Cowen, *Big business: A love letter to an American anti-hero*. St. Martin's Press, 2019, kap 2.

191 Seth Stephens-Davidowitz, *Everybody lies: Big data, new data, and what the Internet can tell us about who we really are*. HarperCollins, 2017. Så kom ihåg att aldrig jämföra ditt inre med andras sociala medier.

192 Mattias Svensson vet svaret. Fråga honom helst inte. Eric Schwitzgebel, ”Do ethicists steal more books?”, *Philosophical Psychology*, vol. 22, nr. 6, december 2009.

193 Till exempel Nina Björk, ”Klimatet kräver kontroll över ekonomin”, *Dagens Nyheter*, 30 augusti 2021 och ”Dokument utifrån: Glödlampskonspirationen”, SVT, 13 maj 2012.

194 Dexter Ford, ”As cars are kept longer, 200,000 is the new 100,000”, *New York Times*, 16 mars 2012. Bruce Hamilton & Molly Macauley, ”Heredity or environment: Why is the automobile longevity increasing?”, *The Journal of Industrial Economics*, vol 47, nr 3, 1999.

195 Anna Quindlen, ”Honestly – you shouldn't have”. *Newsweek*, 3 december 2001.

196 Robert Wright, *Nonzero: History, evolution & human cooperation*. Abacus, 2001, sid 43.

197 Om du vill veta mer om hur detta fungerar och yttrar sig, se Virginia Postrel, *The substance of style: How the rise of aesthetic value is remaking commerce, culture and consciousness*. HarperCollins, 2003.

198 Nej, förresten, vid närmare eftertanke är den allra vanligaste frågan: ”Har du läst alla de här?” Nu svarar jag en gång för alla så behöver ni aldrig fråga mer: Nej.

199 Erik Brynjolfsson, Felix Eggers & Avinash Gannamaneni, ”Using massive online choice experiments to measure changes in well-being”, NBER Working Paper 24514, 2018.

200 Matthew Gentzkov & Jesse M Shapiro, ”Ideological segregation online and offline”, Chicago Booth & National Bureau of Economic Research, 28 mars 2011.

201 Levi Boxell, Matthew Gentzkow, Jesse M Shapiro, ”Is the internet causing political polarization? Evidence from demographics”, NBER Working paper 23258, mars 2017.

202 Georgia Wells, Jeff Horwitz & Deepa Seethharaman, ”Facebook knows Instagram is toxic for teen girls, company documents show”, *Wall Street Journal*, 14 september 2021.

203 Monica Anderson & Jingjing Jiang, ”Teens social media habits and experiences”, Pew Research Center, november 2018.

204 Jag bytte bara ut ”MySpace” mot ”det”, i övrigt är citatet ordagrannt från Victor Keegan, ”Will MySpace ever lose its monopoly?”, *The Guardian*, 8 februari 2007.

205 Randall E Stross, ”How Yahoo! won the search wars”, *Fortune*, 2 mars 1998.

206 Bruce Upbin, ”The next billion”, *Forbes*, 26 oktober 2007.

207 Germán Gutiérrez & Thomas Philippon, ”Declining competition and investment in the US”, NBER Working paper 23583, juli 2017.

208 Se Tim O'Reilly, ”Data is the new sand”, *The Information*, 24 februari 2021.

209 Joakim Wernberg, ”Innovation, competition and digital platform paradoxes”, Swedish Entrepreneurship Forum, Policy papers on technology, economics and structural change, nr 1, 2021.

210 ”The new rules of competition in the technology industry”, *The Economist*, 27 februari 2021.

211 ”The new rules of competition in the technology industry”, *The Economist*, 27 februari 2021.

6. Den synliga handen

212 Marco Rubio, ”Senator Marco Rubio speaks at National Defense University on the need for a ’pro-American industrial policy’ to counter China”, *The American Mind*, 10 december 2019.

213 Mariana Mazzucato, *Mission economy: A moonshot guide to changing capitalism*. Allen Lane 2021, sid 121.

214 Christian Sandström, ”Skapades iPhone av den amerikanska staten?”, *Ekonomisk Debatt*, vol 41, nr 3, 2015.

215 Mariana Mazzucato, *The entrepreneurial state*. Anthem Press 2013.

216 Tom Harford, *The next fifty things that made the modern economy*. Hachette, 2020, kap 24.

217 I en epostkorrespondens dokumenterad på *NetHistory*: <http://www.nethistory.info/Archives/origins.html>.

218 Mazzucato 2021, sid 123.

219 Oral history interview with R W Taylor, William Aspray, Charles Babbage Institute, 28 februari 1989. <https://conservancy.umn.edu/handle/11299/107666>, sid 42f.

220 Oral history interview with Paul Baran, Judy O’Neill, Charles Babbage Institute, 5 mars 1990, <https://conservancy.umn.edu/handle/11299/107101>, sid 34.

221 Matt Ridley, *How innovation works – And why it flourishes in freedom*. HarperCollins, 2020.

222 Jonathan Coopersmith, ”Pornography, technology, and progress”, *Icon*, vol 4, 1998.

223 Linda Cohen & David Noll, *The technology pork barrel*, Brookings Institution Press, 2002, sid 365, kapitel 12.

224 Josh Lerner, *Boulevard of broken dreams: Why public efforts to boost entrepreneurship and venture capital have failed – and what to do about it*. Princeton University Press, 2009, sid 5.

225 Sven-Olof Daunfeldt, Patrik Gustavsson Tingvall & Daniel Halvarsson, ”Statliga innovationsstöd till små och medelstora företag – har de någon effekt?”, *Ekonomisk Debatt*, vol 44, nr 1, 2016.

226 Christian Sandström, Karl Wennberg & Nils Karlson, *Bureaucrats or markets in innovation policy?* Ratio, 2019, sid 100.

227 ”Attack of the Eurogoogle”, *The Economist*, 11 mars 2006. Jag vet vad du tänker – och precis så var det. Tyskarna ville ha en textbaserad sökmotor medan fransmännen ville utveckla någon slags multimedial sökning som skulle tilltala alla sinnen. Alla blev sura på varandra.

228 Tim Murphy, ”Your daily newt: A $40 billion entitlement for laptops”, *Mother Jones*, 20 December 2011. ”Attack of the Eurogoogle”, *The Economist*, 11 mars 2006.

229 Mariana Mazzucato, ”Mission-oriented innovation policy”, Royal Society for the encouragement of arts, manufactures and commerce, september 2017. Mazzucato 2021, sid 145.

230 Frank Dohmen, Alexander Jung, Stefan Schultz & Gerald Traufetter, ”German failure on the road to a renewable future”, *Der Spiegel International*, 13 maj 2019.

231 ”Greenhouse gas emissions per capita”, Eurostat. <https://ec.europa.eu/eurostat/databrowser/view/t2020_rd300/>

232 Intervju med Dieter Helm till dokumentären *Power to the people*, 2015.

233 Jan Jörnmark & Christian Sandström, *Den industripolitiska återvändsgränden: En historia om det statliga riskkapitalet*, Skattebetalarnas förening, 2020, sid 64f.

234 Bernie Sanders, *Twitter*, 24 maj 2021. <https://twitter.com/SenSanders/status/1396856598283366403>

235 Jörnmark & Sandström, 2020, sid 46f, Anders Gustafsson, Andreas Stephan, Alice Hallman & Nils Karlsson ”The ’sugar rush’ from innovation subsidies: A robust political economy perspective”, *Empirica*, vol 43, 2016.

236 Anders Gustafsson, Patrik Gustavsson Tingvall & Daniel Halvarsson, ”Subsidy entrepreneurs”, Ratio working paper, nr 303, 2017.

237 Även om de nog skulle kunna göra sig en rejäl hacka på sådant även utan pristävlingar. Man ska också notera att många av de mest produktiva pristävlingarna har etablerats privat, som X Prize Foundation.

7. Kina – undantaget som inte är något undantag

238 Torbjörn Elensky, ”Årtiondet då liberalismen bet sig själv i svansen”, *Svenska Dagbladet*, 9 december 2019.

239 Ronald Coase & Ning Wang, *How China became capitalist*, Palgrave MacMillan, 2013.

240 Kate Xiao Zhou, *How the farmers changed China: Power of the people*, Westview Press, 1996, sid 56.

241 Coase & Wang 2013, sid 63.

242 Barry Naughton, *The rise of China’s industrial policy 1978 to 2020*, Enero 2021, sid 41

243 Bradley M Gardner, *China’s great migration: How the poor built a prosperous nation*. The Independent Institute, 2017.

244 ”World Development Indicators”, Världsbanken.

245 Doron Ben-Atar, *Trade secrets: Intellectual piracy and the origins of American industrial power*. Yale University Press, 2004.

246 US-China Business Council, ”Member survey”, 2019, 2020.

247 Scott Lincicome, ”Testing the ’China shock’”, Policy Analysis nr 895, Cato Institute, 8 juli 2020. Jeffrey J Scott & Eujin Jung, ”In US-China trade disputes, the WTO usually sides with the United States”, Peterson Institute for International Economics, 12 mars 2019. James Bacchus, Simon Lester & Huan Zhu, ” Disciplining China’s trade practices at the WTO: How WTO complaints can help make China more market-oriented”, Cato Institute, 15 november 2018.
248 Paul R Gregory & Kate Zhou, ”How China won and Russia lost”, *Policy Review*, Hoover Institution, 1 december 2009.
249 Weiying Zhang, *The logic of the market: An insider’s view of Chinese economic reform*, Cato Institute, 2015, sid xx.
250 Naughton 2021, sid 47.
251 Världsbanken, PovcalNet.
252 Nicholas Lardy, *Markets over Mao: The rise of private business in China*, Peterson Institute for International Economics, 2014.
253 David Shambaug, *China’s leaders: From Mao to now*, Polity, 2021, kap 4 & 5.
254 Shambaug 2021, sid 246.
255 För en sammanfattning, se Daniel H Rosen, ”China’s economic reckoning”, *Foreign Affairs*, juli/augusti 2021.
256 Naughton 2021, sid 14.
257 Lyssna till exempel på Jeffrey Bader i *US-China Dialogue Podcast*, 19 augusti 2019. <https://uschinadialogue.georgetown.edu/podcasts/jeffrey-bader-part-one>
258 Se till exempel Minxin Pei, ”China’s coming upheaval”, *Foreign Affairs*, 5 april 2020, och John Mueller, ”China: Rise or demise?”, Policy Analysis nr 917, Cato Institute, 18 maj 2021.
259 Greg Ip, ”China’s state-driven growth model is running out of gas”, *The Wall Street Journal*, 17 juli 2019.

8. Men miljön då?

260 Göran Greider, ”Stoppa köpfesten – rädda planeten”, *Aftonbladet*, 18 augusti 2018.
261 Intergovernmental Panel on Climate Change, ”IPCC second assessment climate change”, 1995.
262 Vid FN:s Climate Action Summit i New York, 23 september 2019.
263 Daniel Gerszon Mahler, Nishant Yonzan, Christoph Lakner, R Andres Castedana Aguiilar & Haoyu Wu, ”Updated estimates of the impact of COVID-19 on global poverty”, World Bank Blog, 24 juni 2021. FAO, IFAD, UNICEF, WFP & WHO, *The state of food security and nutrition in the world 2021*. FAO 2021.
264 Johan Norberg, *Power to the people*. Sumner Books, 2015.
265 ”OFDA/CRED International Disaster Data”, *Our World in Data*.
266 Zeke Hausfather, ”Covid-19 could result in much larger CO2 drop in 2020”, *Breakthrough Institute*, 30 april 2020.
267 Andrew McAfee, *More From Less*, 2019, sid 67.

268 ”Air pollutant emissions data viewer (Gothenburg Protocol, LRTAP Convention) 1990–2019”, European Environmental Agency, 11 augusti 2021.

269 Z A Wendling, J W Emerson, A de Sherbinin, D C Esty, *The environmental performance index 2020*. Yale Center for Environmental Law & Policy, 2020, sid 69.

270 ”Household air pollution from solid fuels – level 4 risk”, Institute for Health Metrics and Evaluation. <http://www.healthdata.org/results/gbd_summaries/2019/household-air-pollution-from-solid-fuels-level-4-risk>

271 Claude Martin, *On the edge: The state and fate of the world's tropical rainforests*, Greystone Books 2015, sid 141.

272 United Nations Environment Programme, *Protected Planet Report 2020*, uppdaterad maj 2021, kap 3.

273 FAO, *Global forests resources assessment 2020: Main report*, Rome 2020.

274 Jesse Ausubel, ”Peak farmland”, Lecture for the Symposium in Honor of Paul Demeny, 16 december 2012.

275 Joseph Poore, ”Call for conservation: Abandoned pasture”, *Science*, vol 351, 8 januari 2016.

276 Jonas Grafström & Christian Sandström, *Mer för mindre? Tillväxt och hållbarhet i Sverige*. Ratio 2020.

277 Nikolai Shmelev & Vladimir Popov, *The turning point: Revitalizing the Soviet economy*. Tauris, 1990, sid 128f.

278 Tydligen beklagade sig Jevons son inför Keynes att barnen fortfarande inte lyckats göra slut på pappas papper. Milanovic 2019, sid 256.

279 Karl Marx, *Kapitalet*, volym III, del I, kapitel 5. Se också Pierre Desrochers, ”Did the invisible hand need a regulatory glove to develop a green thumb? Some historical perspective on market incentives, win-win innovations and the Porter hypothesis”, *Environmental and Resource Economics*, vol 41..

280 För en diskussion om hur marknadsliberalism kan och bör kombineras med miljöregleringar, se Mattias Svensson, *Miljöpolitik för moderater*. Fores, 2015.

281 ”Indira Gandhi's Address”, *The Times of India*, 15 juni 1972.

282 Andrew McAfee, *More from less*. 2019, sid 67. Statssekreteraren var Kjell-Olof Feldt, som sade detta vid ett seminarium på Chalmers.

283 Hannah Ritchie, ”Where does the plastic in our oceans come from?”, *Our World in Data*.

284 Wendling m fl 2020, sid 39.

285 Bishwa S Koirala, Hui Li, Robert P Berrens, ”Further investigation of Environmental Kuznets Curve studies using meta-analysis”, *International Journal of Ecological Economics and Statistics*, No S11, vol 22, 2011.

286 Thomas van Goethem & Jan Luiten van Zanden, ”Biodiversity trends in a historical perspective”, i OECD, *How was life? Volume II: New perspectives on well-being and global inequality since 1820*, Paris, 2021.

287 Hannah Ritchie, ”You want to reduce the carbon footprint of your food? Focus on what you eat, not whether your food is local”, *Our World in Data*, 24 januari 2020.

288 Vilma Sandström, Hugo Valin, Tamás Krisztin, Petr Havlík, Mario Herrero, Thomas Kastner, ”The role of trade in the greenhouse gas footprints of EU diets”, *Global Food Security*, vol 19, 2018. Desrochers & Shimizu 2012, p. 154.

289 ”Airfreight transport of fresh fruits and vegetables : A review of the environmental impact and policy options”, International Trade Centre, 2007, Martina Alig & Rolf Frischknecht, ”Life cycle assessment cut roses”, *Treeze*, juli 2018.

290 Hannah Ritchie & Max Roser, ”Air pollution”. *Our World in Data*, 2017.

291 Wendling m fl 2020, sid 47. Se också Amaryllis Mavragani, Ioannis Nikolaou & Konstantinos Tsagarakis ”Open economy, institutional quality, and environmental performance: A macroeconomic approach”, *Sustainability*, vol 8, 2016.

292 IEA, ”Energy efficiency indicators”. Statistics report, december 2020.

293 Max Roser, ”Why did renewables become so cheap so fast?”, *Our World in Data*, 1 december 2020.

294 Wendling m fl 2020, sid 129.

295 Grafström & Sandström 2020. SCB, ”Export och import av varor fördelade på länder”, januari–maj 2021.

296 Per Klevnäs & Per-Anders Enkvist, ”Klimatnyttan av svensk export”, Svenskt Näringsliv, 2021.

297 Jonas Grafström, ”Public policy failures related to China’s wind power development”, Ratio working paper, nr 320, 2019.

298 Nu undrar du kanske om det inte är så att jag vill att EU avskaffar sina tullar och kvoter mot alla länder oavsett politik? Jo. God poäng. Men det är min idealiska lösning. En annan av mina idealiska lösningar är att alla länder inför koldioxidavgifter. Här handlar det inte om mina ideal, utan om vad som är politiskt möjligt i en värld som inte är idealisk. För en mer utarbetad version av detta argument, se Svensson 2015, sid 101ff och Fredrik Segerfeldt och Mattias Svensson, *Frihandel för nybörjare*. Timbro 2019, kap 7.

299 IEA, ”Fossil Fuel Subsidies Database”. <https://www.iea.org/data-and-statistics/data-product/fossil-fuel-subsidies-database>

9. Vad är meningen med alltihop?

300 Göran Rosenberg, ”Kapitalismens lyckoproblem”, *Sekotidningen*, 17 februari 2012.

301 Patrick Deneen, *Why liberalism failed*. Yale University Press, 2019, sid 16.

302 George Monbiot, ”Neoliberalism – the ideology at the root of all our problems”, *The Guardian*, 15 april 2016.

303 Payam Moula, ”Vi måste hitta tillbaka till Per Albins folkhem”, *Expressen*, 7 februari 2020.

304 Joel Halldorf, ”DN:s liberalism dog i Immanuelskyrkan”, *Dagen*, 23 september 2019.

305 Nina Björk, *Lyckliga i alla sina dagar*, Wahlström &Widstrand 2012, sid 176f och 173.

306 Göran Greider, ”En konservativ höger måste ta plats igen”, *Aftonbladet*, 13 februari 2020.

307 John Locke, *Andra avhandlingen om styrelseskicket*. Daidalos 1996, sid 81.

308 Adam Smith, *The theory of moral sentiments*. Liberty Fund, 1976, sid 116.

309 Se Nozick 2019, sid 624ff, för en utvecklad form av detta argument.

310 Henrik Höjer, "Svensken är inte så ensam som vi tror", *Svenska Dagbladet*, 20 oktober 2019.

311 Birgitta Odén, "Våld mot föräldrar i det gamla svenska samhället", i Ida Hydle, *Overgrep mot eldre*. Nordiska ministerrådet, 1994.

312 Gallup World Poll 2021, data citerad av Max Roser på Twitter 25 maj 2021. <https://twitter.com/MaxCRoser/status/1397213506802442243>. En liknande bild men av färre länder ger OECD, *How's life: Measuring well-being*, 2017.

313 Esteban Ortiz-Ospina, "Is there a loneliness epidemic?", *Our World in Data*, 11 december 2019.

314 Ortiz-Ospina 2019. Christina Victor, Sasha Scambler, Sunil Shah, Derek Cook, Tess Harris, Elizabeth Rink & Stephen De Wilde, "Has loneliness amongst older people increased? An investigation into variations between cohorts", *Ageing & Society*, vol 22, nr 5, September 2002

315 Henrik Höjer, "Ensamheten minskar i Sverige", *Forskning & framsteg*, 13 april 2018.

316 Caspian Rehbinder, "Ensamheten är mindre där friheten är större", *Smedjan*, 18 februari 2020.

317 Hannah Ritchie, "Global mental health: Five key insights which emerge from the data", Our World in Data, 16 maj 2018.

318 Dirk Richter, Abbie Wall, Ashley Bruen & Richard Whittington, "Is the global prevalence rate of adult mental illness increasing? Systematic review and meta-analysis", *Acta Psychiatrica Scandinavica*, vol 140, augusti 2019.

319 Mohsen Naghavi, "Global, regional, and national burden of suicide mortality 1990 to 2016: Systematic analysis for the Global Burden of Disease Study 2016", *BMJ*, 2019. "Självmord i Sverige", Nationellt Centrum för Suicidforskning och prevention, *Karolinska Institutet*. Läst 24 augusti 2021.

320 Christian Rück, *Olyckliga i paradiset: Varför mår vi så dåligt när allt är så bra?*, Natur & Kultur, 2020.

321 För det här tilldrog sig nämligen på den tiden då "kokott" inte var en sufflé-skål, utan en prostituerad. Max Weber, *Den protestantiska etiken och kapitalismens anda*. Argos, 1993, sid 9.

322 Björk 2012, sid 99.

323 William English & Peter Jaworski, "The introduction of paid plasma in Canada and the U.S. has not decreased unpaid blood donations", SSRN, juli 2020.

324 Shawn Rhoads, Devon Gunter, Rebecca M Ryan, & Abigail Marsh, "Global variation in subjective well-being predicts seven forms of altruism", *Psychological Science*, vol 32, nr 8, 2021.

325 Joseph Henrich m fl, "'Economic man' in cross-cultural perspective: Behavioral experiments in 15 small-scale societies", *Behavioral and Brain Sciences*, vol 28, nr 6, 2005. Joseph Henrich m fl, "Markets, religion, community size, and the evolution of fairness and punishment", *Science*, vol 5972, nr 327, 2010.

326 Joseph Henrich, *The weirdest people in the world*. Allen Lane, 2020, kap 9.

327 Friedrich Engels, *Outlines of a critique of political economy*, Deutsch-Französische Jahrbücher, 1844.

328 Megan V Teague, Virgil Henry Storr & Rosemarie Fike, "Economic freedom and materialism: an empirical analysis", *Constitutional Political Economy*, vol 31, 2020.
329 Intervju med Ruut Venhoven, 23 april 2007.
330 Daniel Kahneman, "The sad tale of the aspiration treadmill", *Edge*, 2008.
331 Johan Norberg, *Den eviga matchen om lyckan*. Natur & Kultur 2009. World Happiness Reports årliga rapporter. Esteban Ortiz-Ospina & Max Roser, *Happiness and life satisfaction*, Our World in Data, maj 2017. Central i denna omvärdering var Betsey Stevenson & Justin Wolfers, "Economic growth and subjective well-being: Reassessing the Easterlin Paradox, *Brookings Papers on Economic Activity*, nr 1, 2008. Se också Ruut Veenhoven & Floris Vergunst, "The Easterlin illusion: Economic growth does go with greater happiness", EHERO working paper, nr 1, 2013. Ed Diener, Louis Tay & Shigehiro Oishi, "Rising income and the subjective well-being of nations", Journal of Personality and Social Psychology, vol 104, nr 2, 2013.
332 Ruut Veenhoven, "Quality of life in individualistic society : A comparison of 43 nations in the early 1990's", i M J deJong & A C Zijderveld (red), *The gift of society*. Enzo Press, 1997, Roland Inglehart m fl, "Development, freedom and rising happiness: A global perspective (1981–2007)", *Perspectives on Psychological Science*, vol 3, nr 4, 2008, Richard Layard, *Happiness: Lessons from a new science*. Allen Lane, 2005, sid 235.
333 Bobby Duffy, *The perils of perception: Why we're wrong about nearly everything*. Atlantic Books 2018, kap 1. Hur går detta ihop med det samband vi såg i kapitel 5? Att vi visar upp en lycklig fasad på sociala medier och googlar vår ångest i hemlighet? Bra fråga. Vi kanske genomskådar andras sociala medieuppdateringar så mycket att vi *övergenomskådar*?
334 Esteban Ortiz-Ospina & Max Roser, "Happiness and Life Satisfaction", Our World in Data, maj 2017.
335 Daniel Nettle, *Happiness: The science behind your smile*. Oxford Universsity Press 2005, sid 101.
336 David Edmoonds & John Eidinow, *Rousseau's dog: Two great thinkers at war in the age of Enlightenment*. Harper Perennial 2007, sid 131. Strax därefter blev Hume och Rousseau ovänner för livet
337 Intervju med Ruut Veenhoven, 23 april 2007.
338 Intervju med Ruut Veenhoven, 23 april 2007. Eric Weiner, *The geography of bliss: One grump's search for the happiest places in the world*. Twelve, 2008, sid 16.
339 Hans Pitlik & Martin Rode, "Free to choose? Economic freedom, relative income, and life control perceptions", *International Journal of Wellbeing*, vol 6, nr 1, 2016. Kai Gehring, "Who benefits from economic freedom? Unraveling the effect of economic freedom on subjective well-being", *World Development*, vol 50, 2013. Boris Nikolaev & Daniel L. Bennett, "Economic freedom and emotional well-being", *Journal of Regional Analysis and Policy*, vol 47, nr 1, september 2017.
340 Steven Quartz and Anette Asp, "Unequal, yet happy", *New York Times*, 11 april 2015.

341 Den första studien jag såg var i Robert William Fogel, *The escape from hunger and premature death, 1700-2100: Europe, America, and the third world*. Cambridge University Press 2004, där 48 procent hade lugnat sig under de senaste fem åren.

342 Charlie Giattino, Esteban Ortiz-Ospina & Max Roser, ”Working hours”, Our World in Data, december 2020. Se också Andreas Bergh, ”Tre böcker av Roland Paulsen – en kritisk läsning”, *Ekonomisk Debatt*, nr 3, 2017.

Slutord: Kejsarens sångtävling

343 Karl Marx & Friedrich Engels, *Det kommunistiska manifestet*. Tiden 1964, sid 18.

344 Ibid, sid 20f.

345 Karl Marx, ”Lön, pris och profit”, 1865, Friedrich Engels, ”Förord till den engelska upplagan”, i *Den arbetande klassens läge i England*, 1892.

346 Johan Norberg, *Öppen/Sluten: Hur människan skapar och förstör framsteg*. Volante, 2020.